La France
de nos grands-parents
1880-1960

Sélection
READER'S DIGEST

La France
de nos grands-parents

est une création de Sélection du Reader's Digest

Équipe de Sélection du Reader's Digest

Responsable éditoriale : Anne Grégoire
Directeur artistique : Didier Pavois
Lecture-correction : Béatrice Argentier
Iconographie : Danielle Burnichon

Nous remercions tous ceux qui ont participé à cet ouvrage.

Iconographie : Nathalie Lasserre

Auteurs : Pierre-François Aleil, Emmanuelle Ballot-Pascal, Nathalie Beaud, Michel Bert, Fernand Carton, Marie Cegarra, Philippe Cayla, Jean-Paul Chauveau, Jean-Joseph Chevalier, Catherine Destephen, Sylvie Fresnais, Stéphane Gendron, Mathée Giacomo-Marcellesi, Gérard Gonfroy, Liliane Jagueneau, Jean Lanher, René Lepelley, Claude Martel, Maria Meria, Laure Peraudin, Jean-Pierre Pinies, Alexandre Rabot, Paul-Édouard Robinne, Marie-Odile Rousset, Patrick Sauzet, Gérard Taverdet, Renée Tebib, Roger Tebib et Éléonore Thery, ainsi que Francis Christian pour « Généalogie mode d'emploi » et Patrice Milleron pour sa participation à l'ensemble de l'ouvrage

Nous remercions également les familles Bollée, Guichard, Hennessy, Holder, Lescure, Naudan-Legrand, Triboulot et Violet pour leur aimable collaboration.

Direction d'auteurs : Ædelsa, Catherine Girard

Maquette : Véronique Zonca
Consultant prépresse : Damien Noirot

TROISIÈME ÉDITION
Premier tirage

ISBN 978-2-7098-2581-8

Code projet : FR 1876c/L

Avant-propos

Quelle maison ne garde pas, dans un tiroir, dans une armoire, un vieil album ou une boîte à chaussures emplis d'anciennes cartes postales et de photos jaunies ? Photos de famille, souvent, sur lesquelles on ne parvient pas toujours à mettre des noms ; c'est si loin… Et cartes de vacances : la tante Madeleine au cirque de Gavarnie, le cousin Jean en cure à Vichy… Allez ! la nostalgie fonctionne toujours : on les aime, ces images chargées d'un peu de mystère, d'étrangeté, mais aussi, souvent, d'affection.

Ce sont elles, justement, que rassemble ce livre, modestes signes de modes de vie révolus, de gestes du passé, de métiers disparus. Beaucoup, en le feuilletant, vont s'y reconnaître ; d'autres, y retrouver des souvenirs ou peut-être juste le reflet d'une scène entrevue et sitôt oubliée, mais ici ravivée. Dans chaque grande entité régionale, ces documents anciens sont complétés par une rubrique sur les noms et les parlers locaux : de quoi poser de vieux accents sur les images… Et, quitte à remonter le temps, adresses et informations pratiques pourront faciliter les recherches généalogiques de chacun.

De page en page, les sujets sont divers, les pays, variés, mais ils sont tous là ; partout, comme un fil conducteur, une réalité les unit : toutes ces images sont des images du cœur.

L'ÉDITEUR

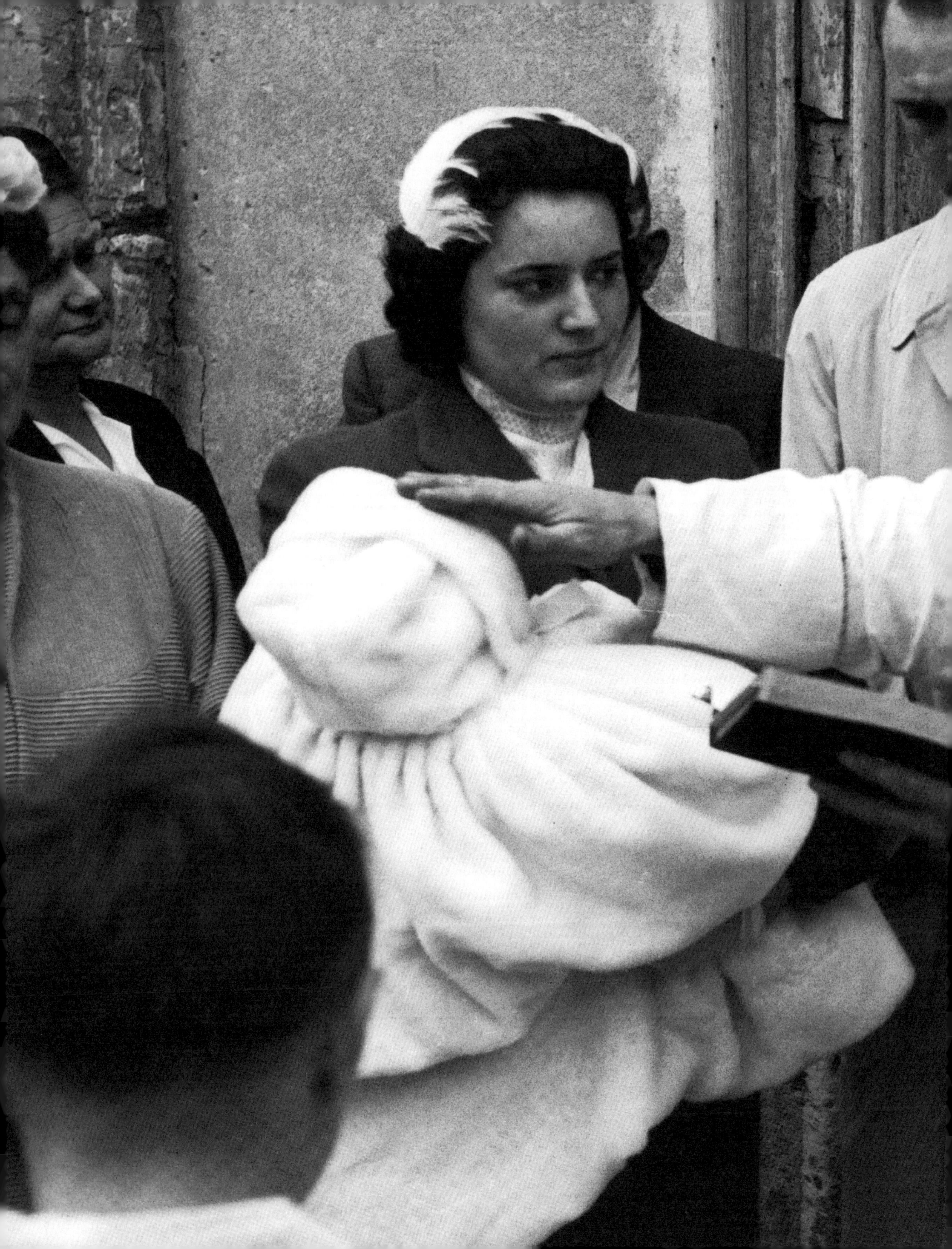

LES AVENTURES DE TINTIN
LE CRA
AUX PINCE

Sommaire

Entre Manche et Champagne :

Nord-Pas-de-Calais, Picardie, Champagne-Ardenne

L'image colle au pays : le Nord, c'est la mine, ses peines, ses peurs et ses drames. Même durant la pause, où seules les lampes frontales éclairent le repas, on se souvient en cette année 1906 de l'accident terrible survenu il y a peu et qui a fait 1 100 morts… Dans le bassin houiller, le nom de la mine de Courrières restera dans toutes les mémoires.

Un monde de labeur

Mines, aciéries, filatures, usines : la présence industrielle est telle dans le Nord que la campagne n'a nulle place dans l'imaginaire collectif. Pour ses habitants, le pays est avant tout celui des durs labeurs du charbon et de l'acier. Celui des travaux pénibles et dangereux, acceptés comme un destin, bien souvent de père en fils. Rien d'étonnant si naît là une solide tradition, faite à la fois de revendications, de sursauts devant la souffrance et l'injustice et d'une solidarité sans faille, véritable esprit de corps de la classe ouvrière.

Bien sûr, on vient y prendre un verre. Mais l'estaminet – personne ici ne l'appellerait autrement – permet beaucoup plus : ensemble, soudés par la solidarité du travail, on y participe à la vie syndicale et associative. On y parle de tout et de rien, de ce qui fait le quotidien, ses plaisirs – rares – et ses peines, toujours moins lourdes quand elles sont partagées. Certes, ce n'est pas en travaillant qu'on peut parler ! Ici, on se sent libre, et les mineurs ont l'illusion, durant quelques instants, de maîtriser leur vie.

Leurs bras, leurs mains n'ont pas encore oublié les gestes du travail de la terre ou de la vigne. L'ont-ils d'ailleurs vraiment quittée, leur campagne champenoise, en venant à la ville, attirés par le revenu fixe d'un salaire ? Comme pour prendre une bouffée de nature aux marges des faubourgs, ils sont nombreux, en 1910, à passer chaque jour un moment dans les jardins ouvriers. Femmes et enfants sont souvent de la partie. À table, bientôt on pourra déguster nos légumes…

Lens, 1906. Bien sûr que la noire poussière du charbon est partout ! Est-ce une raison pour ne pas tenir toujours propre la courée, ce modeste espace de vie extérieure entre les murs de brique du coron ? Au retour du travail, les hommes apprécient la propreté ; c'est aussi pour eux que la ménagère nettoie sans relâche. D'autant que ce soir, comme tous les soirs, on se retrouvera là pour échanger quelques mots avec les voisins.

À la fin des années 1940, on les appelle déjà les métallos, solidaires dans les métiers de la métallurgie et à la pointe des luttes syndicales. Ils en parlent sûrement au réfectoire, autour de leurs gamelles. À l'époque, les usines de Denain et d'Anzin forment un ensemble industriel considérable : 742 000 tonnes d'acier en 1947 ! Mais, hélas, de restructuration en restructuration, elles fermeront en 1980.

Ce n'est pas un village, ce n'est pas une rue : c'est le coron et sa courée. L'univers des mineurs, construit à l'aube du XXe siècle par les directions des houillères, soucieuses de politique sociale. À Auchel comme ailleurs, les maisons sont basses, simples, accolées, ouvrant sur la courée devant et sur de petits jardins potagers derrière. À cet urbanisme collectif, témoin d'une vie presque communautaire, succéderont, après guerre, des zones pavillonnaires.

Entre puits et corons

Entre puits et corons, entre corons et puits… La répétition est à l'image de la monotonie des paysages industriels et des longs alignements de maisons ouvrières dans les corons. À l'image aussi des vies vouées à la mine, de génération en génération, hommes, femmes et enfants emportés dans le même univers. Et, pour toute la France, le pays minier du Nord est le baromètre du monde ouvrier, sensible à ses trop fréquents accidents autant qu'à ses crises sociales.

1934. Comme une vague, la crise économique est venue de Wall Street. En France, le patronat n'a plus le choix : il faut réduire la production des puits. Et donc le nombre des mineurs. Alors, bien sûr, ce sont ceux que l'on avait fait venir de loin qu'on renvoie les premiers. Ainsi, à Leforest, des milliers de Polonais sont rapatriés de force vers leur pays, en convois… Des scènes parfois cruelles.

1902. Une rotation de plus : l'équipe remonte après avoir fait son temps au fond. Les matériels modernes apportent un relatif progrès : les mines de Carvin sont équipées de chevalements et de cages métalliques tout au long des puits. Cela permet désormais à la remontée de se faire dans les berlines qui, il y a un instant, transportaient encore le charbon. Mais, attention ! Pour s'y tenir à quatre, il faut se serrer les uns contre les autres et bien rentrer la tête dans les épaules ; sans quoi c'est le choc garanti contre les traverses de la cage !

À Lens, c'est à quatorze ans que l'on descend au fond en 1945, après six mois au triage. Comme son père. Comme son grand-père. On se retrouve alors galibot, sous la gouverne d'un ancien, un chef, le porion. Et pas peu fier d'avoir son casque et sa lampe à soi ! Il est bon pour les plus jeunes de se retrouver avec les anciens dans une même équipe. On apprend le métier, les coups de main, les astuces… Et puis, c'est rassurant, dans cet univers si particulier où il faut sans cesse dominer ses peurs.

Il faut faire vite, au rythme bruyant du tapis roulant. Les trieuses, les mahuts, n'ont pas de répit. Un simple geste pour ajuster leur coiffe censée les protéger de la poussière, et un caillou, un déchet peuvent passer. Main-d'œuvre sous-payée, elles sont nombreuses sur le carreau de Lens en 1946.

10 mars 1906 : le drame de Courrières

10 mars 1906, 6 h 34. En quelques secondes, un redoutable coup de poussière balaie 110 km de galeries d'une mine de charbon située entre Méricourt, Sallaumines et Billy-Montigny, près de Lens. Un drame atroce. La catastrophe de Courrières – du nom de la compagnie d'exploitation – est la plus importante d'Europe ; 1 099 mineurs et 16 sauveteurs sont tués… La colère est à la mesure de la tragédie : un vaste mouvement social s'étend à tous les bassins miniers français.

C'est l'heure du briquet, ce casse-croûte qui fit cruellement défaut aux sinistrés. Ceux-là n'eurent pas le choix, non ; et personne, même les gamins – quinze ans ! –, n'a vraiment hésité... Il fallait survivre. Alors, manger du cheval et boire son urine, oui, ils l'ont fait... Les 13 miraculés qui ressortent le 30 mars, vingt jours après la catastrophe, ont connu l'enfer, tâtonnant dans le noir, buttant sur des cadavres. Le 10 mars, en fin de journée, seuls 576 des 1 800 mineurs descendus sont remontés. Au bout de trois jours, on arrête les recherches. Pire : une partie de la mine est murée pour étouffer l'incendie et préserver le gisement : « Ils ont voulu sauver les mines avant nos hommes », diront les femmes et les mères...

Avril 1948, puits n° 4 des mines de Sallaumines. Qui aurait alors imaginé que, quelques jours plus tard, du poussier, ces maudites poussières de carbone très inflammables, exploserait, tuant 16 hommes ? Les grèves provoquées par le drame de 1906 avaient pourtant obtenu certains résultats : le remplacement des lampes à feu nu par des lampes de sûreté, un repos hebdomadaire et la création d'un poste central de secours pour le bassin Nord-Pas-de-Calais. Mais la mine a, une fois de plus, eu le dessus.

Eh oui ! ils sont allemands... Mais, le 4 avril, ils retrouvent un quatorzième rescapé. Au même moment, Français et Allemands se battent au Maroc... Ces secouristes venus d'outre-Rhin ont apporté leur aide malgré le décès de 16 sauveteurs lors des trois jours suivant la catastrophe. En outre, ils disposent d'appareils respiratoires que l'on n'a pas localement. Une nécessité, puisque la compagnie a préféré inverser l'aérage pour extraire la fumée plutôt que d'envoyer de l'air frais !

Quelle attente ! Atroce… Toute la journée du 10 mars, les familles des mineurs guettent des nouvelles, espérant la découverte d'un rescapé, le leur… Le 13 mars, les premières victimes sont enterrées dans une fosse commune en présence de 15 000 personnes et du directeur de la compagnie, accueilli sous des huées. Les corps de 272 mineurs non identifiés sont inhumés dans une autre fosse commune, à Méricourt, appelée le Silo. La tension est extrême. Face aux mineurs en colère qui refusent de reprendre le travail, Clemenceau envoie 30 000 gendarmes et soldats ! Lors du centenaire de la catastrophe, en 2006, un parcours des rescapés sera établi entre le Silo et l'emplacement de l'ancienne fosse n° 2, manifestant que le souvenir du drame est encore vif et se doit d'être entretenu.

Ils sont tous là, les 13 rescapés, sortant de l'infirmerie avec le docteur Lourties (9). Il y a César Danglot (1), Romain Noiret (2), Élie Lefèbvre (3), Henri Wattiez (4), Victor Martin (5), âgé de seize ans, et Louis Castel (6), Anselme Pruvost (7), le benjamin, de quinze ans seulement, Henri Neny (8), Charles Pruvost (10), le plus vieux d'entre eux, âgé de quarante ans, Léon Vanhoudenove (11) et Albert Dubois (12), Léon Boursier (13) et Honoré Couplet (14). Tous ont le regard ailleurs : la pensée des copains disparus les obsède, et sûrement aussi les incroyables conditions de leur survie au fond de la mine pendant vingt jours.

Pelotes et bobines

Le textile est une industrie : la fileuse au coin de la cheminée devient rare, les machines débitent à une vitesse étourdissante laine et coton, tissant aussi rapidement toutes les toiles et tous les tissus nécessaires à la confection du linge de maison comme à la mode. Dans les régions industrielles, c'est une façon de trouver un emploi, surtout pour les femmes, en évitant les mines et les aciéries. C'est également une incitation à quitter la campagne pour s'installer en ville. Mais, là aussi, le travail est dur, et des luttes sociales acharnées contribuent à bâtir une société nouvelle, celle du xxe siècle, celle d'un monde moderne et avant tout urbain.

Passer cadre : c'est l'objectif d'une carrière dont on parle le soir à la table familiale. Souvent, les parents étaient ouvriers. Une scolarité plus longue, parfois quelques années d'études, et les enfants se retrouvent employés dans la même entreprise. Dans les années 1950, ils sont de plus en plus nombreux dans l'industrie, dans le textile comme ailleurs. À Roubaix, en lisière des agglomérations que l'on dit encore ouvrières, en marge des cités et des corons, les pavillons se multiplient. C'est l'époque où les cols blancs prennent une place grandissante dans la société, accédant à un pouvoir d'achat bien supérieur à celui des générations précédentes.

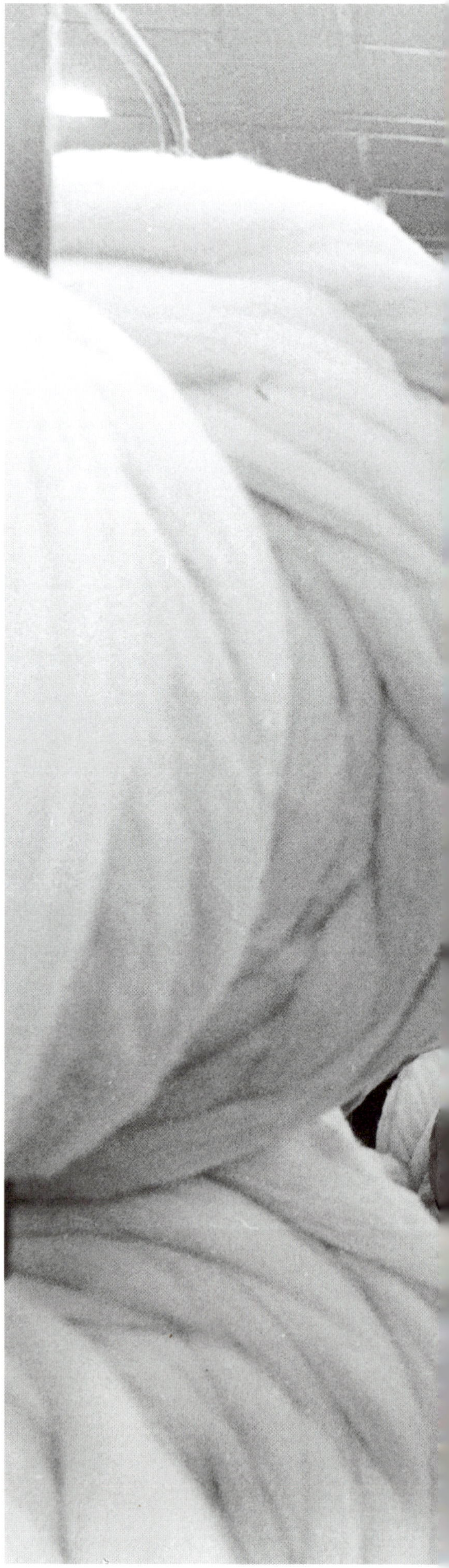

Même si les ballots sont bien lourds, même si la poussière racle la gorge, la filature, c'est toujours mieux que la mine ! Les ouvrières ont le sentiment d'un progrès, et pourtant la tâche est dure à l'usine Prouvost de Roubaix. Les ateliers se succèdent suivant l'ordre des tâches à accomplir : le cardage, qui donne un ruban, le peignage, le filage puis le bobinage.

SINGER

Tourcoing, Roubaix, Lannoy : entre 1920 et 1950, le textile règne en maître dans ces trois agglomérations du Nord. Les usines y excellent dans le travail de la laine, du coton et du lin. Et les produits sont multiples, les entreprises de seconde main se spécialisant, par exemple, comme ici à Tourcoing, dans la maille. En fin de fabrication, une ouvrière répète donc mécaniquement les gestes de l'étiquetage, tournant quatre fois les bas et les chaussettes sous l'aiguille de sa machine. Même répétitive, ce n'est pas, et de loin, la pire des tâches…

Un geste malheureux, et tout s'emmêle, bloquant la machine à bobiner le fil. L'apprentissage s'impose, facilité par les écoles professionnelles. Dès les années 1930, le patronat soutient leur création : elles sont, comme ici à Lille, les pépinières de son futur personnel.

Les choses ont bien changé en quatre-vingts ans à Caudry. Comme dans tout le Cambrésis, d'ailleurs. Désormais, on est ici tullier ou dentellier. Non pas que l'on manie l'aiguille sur ses genoux, non. En 1905, on conduit des machines. La rencontre de la mécanisation et de nouvelles fibres de coton fait de la localité une capitale du tulle et de la dentelle mécanique. En 1826, Placide Gabet a installé ici un premier métier à tulle ; depuis, le nombre d'habitants a été multiplié par six. La localité est méconnaissable : corons textiles, vastes ateliers et, bien sûr, un peu à l'écart, maisons de maître.

Chaque jour, M. Dondelle fils s'informe à la porte de l'usine. Une usine désespérément vide… Que disent-ils, les travailleurs de cette entreprise qui fournit la mode de Paris en boutons, broches et accessoires divers ? Trois mois déjà qu'en ce printemps 1909 cette grève des boutonniers agite Méru, dans l'Oise. Pourtant, on commençait à sortir de la crise. Mais il est vrai que c'était au prix de la baisse des salaires ! Comme dans le Jura, on s'est spécialisé ici dans les articles de luxe en écaille, en ivoire et en os.

Un âne, une carriole : c'est bien suffisant pour aller se fournir tôt le matin chez le grossiste puis parcourir les rues de Maroilles en proposant des graines de toutes sortes. Qui, vers 1905, n'a pas un bout de jardin où faire ses semis ? Jean Priez a ainsi trouvé son métier, et sa silhouette – gros tablier de toile, indémodable casquette – est familière en ville. Comme celle de tant d'autres marchands ambulants.

Sou après sou…

La ville est un village ? Non, pas vraiment. Mais, jusqu'aux années 1950, les nouveaux citadins n'oublient pas la vie rurale, les services réciproques, les petits métiers de la campagne qui facilitent la vie quotidienne. En ville, le même esprit caractérise les métiers ambulants, animation familière du quartier. Partout, en fait, même les plus démunis et les plus modestes peuvent trouver l'occasion de gagner quelques sous et de rendre service.

Un coup de bêche puis le tri du sable à la main, et voilà quelques vers recueillis en profitant de la marée basse sur la plage de Berck. Femmes et enfants les repèrent grâce aux tortillons qu'ils laissent sur le sable et les récoltent comme appâts pour les pêcheurs. Vers 1900, c'est une bien modeste activité qui ne rapporte que quelques sous.

Chèvre ou vache ? En 1906, les estivants de Berck achètent directement sur la plage du lait tout juste trait. La bonne est là pour l'emporter bien vite à la maison, l'une de ces villas cossues qui s'élèvent le long du littoral.

Ils vont de village en village, et on ne sait trop où ils habitent. Un peu de crainte ou de suspicion les entoure. Ainsi ce chiffonnier picard, dont le costume souligne l'origine : pantalon rayé, vareuse de grosse toile et casquette. L'autre, c'est Bourgeois, le saigneur de Thury-en-Valois, qui va de ferme en ferme pour abattre les bêtes. Fichu métier de ces années 1900 !

Qui étonne le plus, ce matin de 1907, dans les rues de Givet, à deux pas de la frontière belge, dans les Ardennes, l'attelage ou le photographe ? Jusqu'aux années 1930, on voit en effet dans la région des chiens tirer de lourds chargements, gros sacs ou bidons de lait. Peu à peu, ils vont être remplacés par des bicyclettes, mais alors ils font encore partie du spectacle toujours animé de la rue.

André, Louis et Adolphe

« Le prix Fémina 1955 a été décerné à M. André Dhôtel (1900-1991), pour son roman *le Pays où l'on n'arrive jamais*. » Discret, l'écrivain né à Attigny accède ainsi à la notoriété. Les paysages de ses Ardennes natales forment la toile de fond de son œuvre, qui mêle romanesque et fantastique, rappelant l'atmosphère du *Grand Meaulnes*, d'Alain-Fournier.

Adolphe Clément (1855-1928) et son épouse vont en tricycle sur les routes de Picardie, vers 1900. Et tant pis si on les prend pour des originaux ! L'ingénieur a connu le succès dans la production de cycles et de pneus, aussi n'hésite-t-il pas à se lancer dans l'aventure automobile en s'associant avec l'industriel anglais Talbot. En 1903, il crée sa propre marque et devient l'un des plus grands fabricants d'automobiles français : les Clément-Bayard portent ce nom en hommage au chevalier sans peur et sans reproche, qui avait vaillamment défendu Mézières, où Clément a une usine ; et quelle belle devise, pour faire la réclame de produits de qualité !

Patron d'une entreprise de phares d'automobiles à acétylène, Louis Blériot (1872-1936), un jeune ingénieur de Cambrai, ne manque pas d'audace : il croit en la technique et ne résiste pas à l'envie de s'investir dans l'aéronautique naissante. Après maints échecs dans ses premiers vols, comme ci-contre, d'Étampes à La Croix-Biquet, il connaît la célébrité le 25 juillet 1909 : en 37 minutes, aux commandes d'un avion de son cru, le *Blériot XI*, il traverse le premier la Manche de Calais à Douvres. En 1914, il rachètera les usines Spad, d'où sortiront de nombreux avions utilisés pendant la Première Guerre mondiale.

La messe est dite, mais les rites ne sont pas terminés : à la sortie de l'office dominical, vers 1908 et encore pour bon nombre d'années, les usages sont bien établis. On commente le sermon, on échange les nouvelles et quelques mondanités, on partage ses projets pour l'après-midi – irez-vous jusqu'à la mer, aujourd'hui, avant le thé ? Une grande majorité des habitants du Crotoy fréquentent l'église, et la vie religieuse organise bien des emplois du temps. D'ailleurs, n'est-ce pas ce dimanche que nous avons monsieur le curé à déjeuner ?

Au fil des jours...

Au fil des jours, le temps s'écoule un peu de la même manière dans toutes les provinces françaises. Le poids de la vie sociale impose à tous ses rythmes et ses rites. Bien sûr, les paysans, les ouvriers et les bourgeois ne mènent pas la même vie ; mais, au-delà des différences, chacun se retrouve dans une communauté sociale, participe à un groupe : l'individualisme n'est pas de mise, et il est exceptionnel que quelqu'un reste vraiment seul. La solidarité villageoise se retrouve fréquemment en ville, à l'échelle du quartier. D'autant que, dans le Nord et dans l'Est, le tissu des relations sociales est traditionnellement dense.

Tous les enfants aiment l'abbé Bonwyn, à la paroisse Notre-Dame-des-Dunes de Dunkerque. Leur raconte-t-il ses souvenirs de prisonnier de guerre ? Dans les années 1950, rares sont ceux qui ne suivent pas le catéchisme, fréquentant les églises au moins jusqu'à leur première communion. Et puis, il y a le patronage, le jeudi…

1916. Les Ardennes sont occupées depuis deux ans. Sur le marché de la place Ducale, à Charleville-Mézières, on s'écarte discrètement des uniformes prussiens et des casques à pointe. Mais on apporte tout de même quelques produits à vendre, venus du jardin ou de la ferme.

Pages suivantes
Certes, le café Mottin est bien modeste, rue de l'Église, à L'Écaille, dans les Ardennes. Mais, puisque la rue est l'endroit où l'on se rencontre, où l'on cause, on n'hésite pas à installer une table dehors. Cela ne gêne personne : s'il passe une ou deux voitures hippomobiles, c'est là toute la circulation !

À deux pas d'Hénin-Beaumont, on trouve toujours l'occasion de faire un bouquet ; et, sur fond de terrils, toujours un pré où fleurissent les boutons-d'or. Pour les enfants du pays minier, la campagne n'est jamais loin, et tous les prétextes sont bons pour y replonger. Oubliés alors les chevalements de puits, les hautes cheminées et les tristes corons. Au plus fort de son industrialisation, ou comme ici en 1950, le Nord demeura une importante région agricole.

Mais si ! C'est dans le journal ! À la fin du repas, toute la famille rassemblée autour du café a droit à la lecture des nouvelles. Un moment de la vie familiale qui a depuis peu, enfin, trouvé son cadre. Car l'après-guerre est le temps de la crise du logement : ici, à Dunkerque, 70 % de la ville ont été détruits. Cependant, peu à peu, le tissu urbain se reconstitue, et de nouveaux quartiers cernent bientôt la ville. Agent de maîtrise à la raffinerie, le père a obtenu un logement neuf à la cité Bayard de Saint-Pol. Une page est tournée, un nouvel âge commence…

La façade est bien modeste mais, à l'intérieur, la cordialité est de rigueur. L'estaminet – le nom est tellement plus évocateur que celui de bar ou de café ! – est d'abord un lieu de rencontre. On y discute, on y refait la vie et le monde, on y joue aussi, et les nombreuses associations si chères au cœur des Nordistes s'y réunissent régulièrement.

ESTAMINET

Dans la courée, au moins, les enfants ont un peu de place ; et puis, pour la lessive, c'est plus commode. Il n'y pas d'eau à la maison, on va la chercher à la fontaine ou à la borne, dans la rue. Quand le temps le permet, dans les quartiers populaires comme le fief ouvrier de Saint-Sauveur, la vie déborde ainsi des maisons, où les logements sont bien petits. Espace à la fois public et privé, la courée est à Lille un lieu de convivialité important.

Lille

Ville historique, place militaire, la métropole du Nord profite du développement industriel de la région ; à tel point que très tôt la cité est profondément marquée par la tradition ouvrière. La solidarité, l'esprit associatif y sont très développés. Fêtes et manifestations commerciales entretiennent l'animation, qui culmine, pour les occasions majeures, sur la Grand-Place. Là, tous les quartiers se retrouvent et se confondent : on est tous lillois.

Contiguës, Lille, Roubaix et Tourcoing forment dès le XIXe siècle une très grande agglomération. D'autant que Lille annexe cinq autres communes. De nouvelles artères sont tracées pour structurer et desservir ce vaste espace urbain unifié à partir de 1909 par les lignes de tramway. C'est le cas du boulevard Carnot, qui relie le centre au Grand Boulevard, assurant la liaison avec Roubaix et Tourcoing. Aérées et bordées d'espaces verts, les voies nouvelles permettent à l'agglomération de s'adapter au développement de la circulation automobile. Longtemps encore, elle devra pourtant partager la chaussée avec les véhicules hippomobiles.

La Braderie ? C'est fou ! d'ailleurs, les Galeries lilloises vous le disent bien : réclame monstre, prime étonnante ! Toute la ville n'est qu'un gigantesque marché de soldes où l'on vient de loin, sûr de faire des affaires tout en faisant la fête. Certes, il faut aimer la foule ; mais de tels moments, ça se partage…

Quitter Saint-Martin, son quartier, pour aller jusqu'à la Grand-Place ; mais pour quoi faire ? C'est une expédition exceptionnelle, et on a tout, ici, pour la vie de chaque jour. En ville, plusieurs halles et marchés couverts assurent en effet le ravitaillement en produits frais. Ils attirent les marchands ambulants et suscitent la création de nombreux petits commerces alentour, garantie d'une vie commerciale autonome des quartiers.

Le marchand de frites de la Grand-Place n'a nul besoin de crier pour attirer le client : sa carriole est une institution qui fait partie du décor. Et quel décor ! Grandiose ! Les façades anciennes sont le cadre de toutes les festivités lilloises. Au quotidien, tous les chemins de la ville se croisent ici. On s'y retrouve toujours. Alors, quelle que soit l'heure, un cornet de frites permet de s'arrêter un instant, le temps de jeter un œil sur *l'Écho du Nord*, *le Progrès du Nord*, le réveil du Nord, en somme…

La grande saga ouvrière du Nord, l'épopée minière évoquée par Zola dans *Germinal,* ne résume pas tout l'univers de cette région. Au-delà des terrils et des cheminées d'usine, derrière les cités et les jardins ouvriers, du Pas-de-Calais aux Ardennes, toutes les terres sont cultivées, tout le pays est agricole. C'est même l'une des régions les plus productives de France et l'une de celles où, dans la première moitié du XXe siècle, se développent les conserveries de légumes.

La terre nourricière

Ne dites pas que, dans le Nord, on cultive des endives ! Pour tous, ici, ce sont des chicons. Les diverses variétés de chicorée en sont parentes, comme la barbe-de-capucin, dont la culture forcée donne de longues tiges blondes et craquantes qui constituent une salade d'hiver traditionnellement appréciée dans le Nord depuis le XIXe siècle. Récolte faite, les femmes rassemblent les feuilles en bottes, qu'elles iront vendre sur les marchés.

1950. Au pied du solide moulin à vent, le cheval tire la herse : la vie agricole en Flandre n'a guère changé depuis des siècles. Mais c'est une longue époque qui s'achève : bientôt, les moulins de la région de Cassel ne seront plus que des attractions touristiques.

En 1908, on récolte encore les betteraves, surtout pour leurs feuilles, et à la main, à en avoir le dos cassé… On est encore loin de l'exploitation industrielle qui fera du Nord une grande région sucrière.

1900. La batteuse est là pour trois jours, avant de partir pour un autre village de Haute-Marne. Tous s'associent au travail qui consiste à séparer la paille et le grain, événement annuel que clôturera bien sûr une fête.

Du houblon à la bière

On peut cueillir plusieurs milliers de fleurs sur une seule liane de houblon : c'est dire la main-d'œuvre nécessaire ! Or, sans houblon, pas de bière : c'en est un ingrédient indispensable, avec le malt, la levure et l'eau. Depuis le XVIIIe siècle, la géométrie régulière des houblonnières est caractéristique des paysages du Nord, où les brasseries, artisanales ou industrielles, sont nombreuses.

Les perspectives de la houblonnière, ce sont en quelque sorte les allées de son château… En 1952, cette vieille paysanne voit revenir avec plaisir le moment de la récolte du houblon, une culture qu'elle a toujours connue et qui couvre des milliers d'hectares dans le nord de la France. Sur de hautes perches, la plante à bière peut grimper jusqu'à 10 m.

Une brasserie au pays du champagne. Place d'Erlon, l'établissement affiche sa référence alsacienne au cœur de Reims. Qu'elle vienne d'Alsace, de Lorraine ou du Nord, la bière est consommée partout, mais ce sont plutôt les bourgeois aisés qui fréquentent les grandes brasseries que toute ville se doit de posséder. On rivalise d'élégance à la terrasse, qui déborde largement sur la rue : la halte ici est une étape obligée de la vie citadine.

1911. Ce n'est pas tout d'avoir récolté les fleurs de houblon, ou cônes, qui seront utilisées pour la fabrication de la bière, lui apportant arôme, degré d'amertume et capacité de conservation. Encore faut-il que leur qualité soit agréée par les vérificateurs avant la livraison à la brasserie. De la culture du houblon jusqu'à la vente de la bière, tout est très contrôlé.

Au XIXe siècle, chic et champagne vont de pair, et cela dans le monde entier. Synonyme de fête et d'élégance, le vin créé par dom Pérignon assure alors la notoriété des maisons champenoises de Reims ou d'Épernay, et de nombreux petits producteurs, qui champagnisent parfois eux-mêmes. Le monde du vin de Champagne est prospère : n'appelle-t-on pas les sièges des grandes maisons qui se construisent alors les « châteaux du champagne » ?

De grappes en bulles

Les invités peuvent juger sur pièce : voici la vendange de 1933. En ce mois d'octobre, la prestigieuse maison Moët et Chandon a convié quelques-uns de ses gros clients pour l'événement, aboutissement de bien des tâches conduites avec le plus grand soin : travail du sol, taille, débuttage, lutte contre les maladies, les parasites et le gel. Sans compter la crainte d'un coup de froid tardif ou d'une averse de grêle, toujours possibles…

Une fois encore, en ce début d'automne 1930, les charrois convergent au château de Saran, au cœur du vignoble de Moët et Chandon. La vendange est transportée avec grand soin jusqu'au grand pressoir mécanique. Plusieurs pressées vont fournir le précieux jus ; 4 tonnes de raisin donnent environ 2 500 litres de jus.

Pas trop de secousses : des précautions s'imposent… Dans les fûts, ce n'est encore que du jus de raisin, mais promis au plus noble avenir. Chez Moët et Chandon, la récolte de 1930 est de provenance multiple : le champagne est un vin d'assemblage, clé de la qualité constante et des caractères spécifiques de chaque maison. Quant aux tonneaux de chêne, demi-muids, tierçons ou barriques, ils ont le privilège d'abriter la métamorphose du vin…

Au début du XXe siècle, la mécanisation est limitée dans les maisons de champagne, où travaille une abondante main-d'œuvre. Au printemps, sous l'œil vigilant du contremaître, les ouvriers assurent la mise en bouteilles chez Mumm. Le vin a subi une première fermentation dans les fûts ou les cuves ; c'est maintenant le moment de lui ajouter des ferments naturels pour une deuxième fermentation et, surtout, le sirop, dont chaque marque possède une recette secrètement gardée.

Il fait bien frais, ce 23 mars 1934 à la foire au vin d'Épernay ; chapeaux et pardessus ne sont pas inutiles dans les courants d'air qui se glissent entre les stands. Petits producteurs ou grandes maisons, ils sont tous là, et amateurs et spécialistes vont de dégustation en dégustation : le nez, les bulles, la robe, l'impression en bouche… Cette année encore, le Pol Roger n'est pas mal. Quelques tours dans la bouche, un coup de langue pour confirmer le verdict et, malgré toutes ses qualités, le champagne est recraché : d'autres dégustations vont suivre…

Animation en cave : choc des bouteilles, claquement des bouchons qui sautent, bruit des sabots… Après le dégorgement, qui élimine le dépôt formé par la deuxième fermentation, on place les bouteilles la tête en bas puis on les bouche définitivement.

Refusé ! Intraitable, l'Administration a refusé en 1909 à ce petit vignoble de l'Aube, pourtant bien en Champagne, le droit de produire… du champagne ! Après le drame encore récent des ravages du phylloxéra, les viticulteurs de la région de Bar-sur-Aube sont à la dernière extrémité. À quoi bon ces outils, ces hottes et ces paniers ? En mars 1911, désespérés, ils manifestent violemment. Bien sûr, la population comme les élus sont de leur côté. Finalement, on arrive en juin à un compromis : le vignoble de l'Aube aura droit à l'appellation « champagne de deuxième zone ». Un ostracisme qui n'aura heureusement qu'un temps.

Le vol du diamant rose

Encore un client qui a abandonné quelques bricoles en quittant la chambre terne de ce petit hôtel du quartier de la gare de l'Est ! Tiens, voilà même une pomme ! Au moins, elle ne sera pas perdue... Mais les dents de la femme de chambre ripent sur un morceau de verre... Du verre, vraiment ? Un bijou fantaisie ? Pas très naturels, ces reflets roses...

Sans le savoir, l'honnête employée de maison vient de mettre fin à une rocambolesque affaire policière qui, en cette année 1926, traîne depuis plusieurs mois et tient en haleine la presse populaire. Au château de Chantilly, musée Condé, on a volé les armes d'Abd el-Kader et, surtout, l'un des plus beaux joyaux du monde, le diamant rose surnommé le Grand Condé, car celui-ci le portait, dit-on, au pommeau de sa canne ! La maison princière en avait fait don à la France en 1892. D'une taille et d'une couleur exceptionnelles, ce diamant de 9 carats fut rendu en grande pompe au musée du château, qu'il n'a plus quitté depuis. Mais l'histoire ne dit pas si la femme de chambre fut conviée à la grande réception organisée pour l'occasion...

Drôle de terrain de jeux qu'une péniche ! Dans les années 1950, les enfants de mariniers font bien des jaloux chez ceux qui restent à quai, eux qui voyagent tout le temps et ne vont qu'épisodiquement à l'école… Dans le plat pays irrigué de rivières – la Lys, l'Escaut, la Deule – et de canaux, les mariniers sont les gens du voyage. Ils transportent les matières premières indispensables à l'industrie et, bien sûr, le charbon. Ici, le chargement de houille va alimenter la centrale thermique de Harnes.

En 1906, sur les quais de Saint-Quentin, on décharge à la main le charbon de la péniche *le Jeune Henri*. Sans doute pour une utilisation locale, car la plupart des embarcations ne font ici qu'une étape : grâce à son canal reliant la Somme et l'Escaut, la ville est à l'époque un vrai carrefour de voies navigables.

Au fil de l'eau

1879 : le ministre Freycinet laisse son nom au gabarit qui vient harmoniser les dimensions des péniches et des canaux. Il a compris l'intérêt de la navigation fluviale pour le développement industriel des régions du Nord et de l'Est. Rien de mieux, en effet, pour les transports pondéreux, que les péniches, alors halées par des chevaux mais qui peu à peu marcheront à la vapeur.

Plus pittoresque que tout autre, le marché sur l'eau d'Amiens, vers 1925, reçoit des légumes fraîchement cueillis dans les hortillonnages, mosaïque de jardins potagers et de canaux. Des barques à fond plat assurent le transport jusqu'au quai du centre de la ville.

La pêche

Bien qu'importantes, les liaisons avec l'Angleterre ne résument pas toute l'activité maritime du littoral du Nord-Picardie. Tout un monde de pêcheurs anime ces rivages, qu'il s'agisse de ceux qui quittent Dunkerque de longues semaines pour les mers froides et lointaines, ou de ceux qui, souvent proches de la misère, ramassent coquillages et crustacés sur les grands espaces découverts à marée basse.

C'est un loisir pour certains, et un métier pour d'autres. Au début du XXe siècle, dans la région de Berck, on ramasse les crevettes grises à marée basse avec de grands filets poussés.

Une vieille coque de barque, des pans de toile ou de tôle, une porte vitrée et un vrai petit poêle : voilà une cabane de pêcheur idéale, au plus près des prises espérées… En baie de Somme, ici à Cayeux, il est de tradition que les pêcheurs rivalisent d'imagination, d'habileté et… d'un indéniable sens de la récupération, pour construire au plus haut de la plage, de bric et de broc, leur caloge. Ces cabanes édifiées dans les années 1900 avec autant d'humour que d'inventivité sont une base idéale pour ne pas rater une marée, et donc une pêche.

Allez ! C'est beau, c'est frais, c'est pour vous ! À Dunkerque, derrière les étals près de l'hôtel de ville, le verbe haut de la poissonnière interpelle le chaland. Dans les années 1950, on propose encore les harengs pêchés en Islande.

M. Verne (1828-1905) est un notable. Installé à Amiens depuis 1871, il s'investit dans sa ville d'adoption, dont il est conseiller municipal et président de l'Académie des sciences, lettres et arts. On se souvient de sa passionnante et audacieuse conférence « Une ville idéale, Amiens en l'an 2000 ». Dix ans après la publication de *Cinq Semaines en ballon*, c'est dans notre bonne ville picarde que le maître du roman d'anticipation scientifique vient d'effectuer, en cette année 1873, son premier voyage en ballon à bord du *Météore*. M. Jules Verne a bien voulu poser pour notre photographe avec son chien Follet dans le jardin de sa maison de la rue Charles-Dubois, où naquirent la plupart de ses *Voyages extraordinaires*.

Après l'effort…

Août 1947.
Au Touquet, la chanteuse Édith Piaf (1915-1963) apprend à nager. L'enfant du pavé de Ménilmontant, dont la voix bouleversante a déjà séduit le Tout-Paris et qui a joué les pygmalions pour le jeune Yves Montand, va entamer sa première tournée américaine avec les Compagnons de la chanson. Elle y rencontrera l'amour de sa vie : le boxeur Marcel Cerdan.

En 1935, entre deux pages d'écriture, Charles de Gaulle (1890-1970), en compagnie de son épouse Yvonne (1900-1979), fait quelques pas dans le jardin de leur propriété de La Boisserie, à Colombey-les-Deux-Églises, aux marges de la Champagne.
Loin des méandres politiques parisiens, ce sera toujours un refuge pour le Général. À travers plusieurs ouvrages (tel *Vers l'armée de métier*), il développe alors des théories militaires novatrices prônant la nécessité pour la France de disposer d'un corps de blindés.

À Tourcoing, sous le vaste hangar, les invectives de la foule excitée couvrent les cris des bêtes en furie. Les paris ont été engagés, la tension est extrême, et les propriétaires ne sont pas les moins inquiets… Très vite, cependant, le silence de l'assistance ne laisse plus entendre que le claquement des ailes et le bruissement des plumes qui s'entremêlent ; parfois aussi, un violent coup de bec. Dressés pour le combat, les animaux sont ardents, féroces. Pour informer les parieurs, des panonceaux affichent leur origine au-dessus du ring. Cruels, certes, mais tellement populaires, les combats de coqs appartiennent encore, en 1911, à la tradition du Nord, où parieurs et gallodromes sont nombreux.

Il n'y a pas que le travail…

Terres de labeur, les régions du Nord font aussi partie de celles où l'on sait bien occuper le peu de temps libre disponible. Les lois sociales limitant le temps de travail ne se mettent en place que lentement, mais le sens de la communauté et le besoin d'être ensemble caractérisent les rencontres où l'on se distrait, où l'on s'amuse en parvenant à oublier un instant les contraintes de la vie quotidienne. Un jour, on parlera de loisirs…

Douai. Il y a toujours du café au chaud… On en profite donc, en 1950, au moment de la pause pendant l'une des réunions colombophiles nécessaires avant les compétitions : quatre mois de concours, mais huit mois de préparation ! Sélectionnés, bien soignés et entraînés, les pigeons, bagués, doivent s'orienter et parcourir les plus longues distances pour gagner.

C'est la pause dans le réfectoire de la raffinerie, à Dunkerque, dans les années 1950. Une cigarette, un verre de vin et un jeu de cartes : on profite au maximum de ce moment qui offre une vraie détente, où l'on oublie tout le reste. On est ensemble, on joue, on se distrait sans jamais rester inoccupé : ne rien faire est inimaginable dans le quotidien du monde ouvrier.

Le jeu, c'est sérieux. Et parfois curieux, lorsque, venu du fond des âges, il perpétue une tradition très locale. Ainsi du billon, encore pratiqué en 1950 mais surtout populaire durant le XIXe siècle en Artois, dans le Cambrésis et le Hainaut. Une équipe de deux joueurs lance le billon, un long cône de bois de frêne pesant 2 à 3 kg, vers un grand piquet fiché en terre, et l'équipe adverse essaie de l'intercepter.

Ah, les pavés du Nord ! Une institution pour le Paris-Roubaix depuis 1895 ! « L'enfer du Nord », aussi, aux dires de certains coureurs. Et même le Tour de France, ici en 1937, doit les affronter. La difficulté, parfois douloureuse, imposée aux coureurs renforce l'intérêt des spectateurs : les épreuves sportives constituent aussi des spectacles, et l'engagement, personnel ou collectif, est une valeur chère aux gens du Nord. Mais certains coureurs ont trouvé la parade : ils roulent sur le bas-côté…

Dès l'installation des baraques, les enfants étaient là. Pour la kermesse ou la ducasse, la fête foraine revient chaque année comme un rituel. Cette fois-ci, au passage du siècle, en 1900, les festivités sont encore plus intenses à Armentières. Gens de la mer et de la terre, artisans, ouvriers, bourgeois même se côtoient entre les stands et les manèges, qui séduisent petits et grands. Ceux où l'on joue à se faire peur ont le plus de succès ! On a sorti les habits du dimanche, sur lesquels les mères doivent essuyer les miettes de pain d'épice ou la tache d'huile laissée par le cornet de frites…

L'indispensable photo sur la plage ! Sans doute les plus vieux ne comprennent-ils pas vraiment ces exhibitions… Faut-il se montrer si dévêtu au bord de la mer ? Pourtant, dans l'entre-deux-guerres, l'habitude est bien ancrée de se faire photographier sur la plage du Crotoy. Au moins, de retour à Paris, on pourra montrer aux collègues et aux amis la chance qu'on a eue de pouvoir aller aux bains de mer. L'essor populaire de la photographie va accompagner celui du temps libre : on gardera ainsi les témoignages de la naissance d'une nouvelle société… que l'on nommera bien plus tard société des loisirs.

La dynastie Holder

Véritable lignée de boulangers de père en fille et en fils, la famille Holder maintient encore aujourd'hui l'enseigne, devenue nationale puis internationale, de la maison PAUL. Une saga qui a déjà connu trois siècles !

D'après la légende familiale, les ancêtres maternels de Francis Holder, ouvriers agricoles devenus français sous Louis XIV, auraient les mains dans la farine depuis le XVIIIe siècle. Mais l'histoire débute de façon certaine en 1889, dans la banlieue lilloise, où Charlemagne Mayot, l'arrière-grand-père maternel du dirigeant actuel, est boulanger.
En 1908, son fils Edmond reprend la boutique avec sa femme. Une fille, Suzanne, naît de leur union.
En 1935, Suzanne Mayot épouse Julien Holder, à qui, jusque-là, la chance n'a pas beaucoup souri : ukrainien d'origine juive, il est abandonné par sa famille, qui émigre en Angleterre. Connaissant alors le sort peu enviable des enfants placés, il est adopté par un couple du Pas-de-Calais. C'est là qu'il découvre le métier de boulanger. Après leur mariage, Suzanne et Julien décident de tenter une nouvelle pratique en se spécialisant dans la confection de pains spéciaux et de viennoiseries. Un essai qui va être vite transformé ! Pourtant, de leurs quatre enfants, un seul, Francis, apprend la boulange. En 1953, l'adolescent commence à aider à la plonge et aux plaques (il enfourne et défourne les pains). Le travail est dur, il faut encore, à l'époque, aller chercher l'eau au puits ou à la fontaine… C'est également au début des années 1950 que ses parents rachètent une boulangerie-pâtisserie renommée appartenant à la famille Paul. En 1958, Julien meurt d'un infarctus : il n'a que 51 ans. Francis regrette de ne pas avoir assez profité du savoir de son père, qu'il admirait tant. Mais il reprend alors le flambeau avec l'aide de sa mère, et ne compte plus ses heures de travail… Au retour de son service militaire, Francis lance la boutique paternelle sur une autre échelle : avec un souci de qualité constant, l'enseigne se répandra bientôt dans toute la France et en Europe !

La première boutique PAUL, acquise par Julien Holder en 1953, est située place de Strasbourg, à Lille. Elle conserve le nom des anciens propriétaires. En 1963, Francis ouvre une succursale à Ronchin, dans la région Lilloise, la première d'une longue série de vitrines arborant l'enseigne « PAUL, maison de qualité fondée en 1889 ».

Julien Holder n'a que douze ans quand il commence à travailler à la boulangerie de ses parents adoptifs. Cela ne l'empêchera pas d'aimer le métier, qu'il va faire évoluer une fois installé à son compte dans le commerce qu'il a acheté en 1935 rue des Sarrazins, à Wazemmes.

Suzanne Mayot, petite-fille du boulanger Charlemagne Mayot, se voue corps et âme à son travail… même enceinte « jusqu'au cou » : sa fille, née un 24 décembre – l'un des plus gros jours de l'année pour un boulanger –, a bien failli voir le jour dans la boutique !

Une boulangerie rue de la Mackellerie, à Croix, à quelques kilomètres de Roubaix : c'est celle d'Edmond Mayot, qui a repris la boutique de son père, Charlemagne Mayot, l'arrière-grand-père de Francis Holder, en 1908. Il pose ici en famille avec son épouse et sa fille Suzanne, alors âgée de cinq ans. C'est par cette dernière que va s'affirmer le succès de l'entreprise familiale : en 1935, Suzanne Mayot est déjà vendeuse en pâtisserie quand elle se marie avec Julien Holder.

Photo de classe prise à l'école de Saint-Pierre, à Lille, en 1948. Francis Holder est assis au premier rang, le troisième en partant de la droite. Dès l'âge de quinze ans, il rejoint ses parents à la boutique. À dix-huit ans, il reprend l'affaire avec sa mère ; il lui insufflera une dimension industrielle. « Je ne dirais pas que je suis ambitieux. Dynamique, plutôt ! C'est une de mes vertus », plaisantera-t-il bien plus tard.

Les noms et parlers locaux

Les noms de famille

Nord

Damiens = originaire d'Amiens
Dartois = originaire d'Artois
Debeauvais = originaire de Beauvais
Deflandre = originaire de Flandre
Defrance = originaire de la petite France, au nord de Paris, ou de l'Île-de-France
Dutombois = originaire de Tombois, en pays wallon
Dubrulle, du gaulois *brogilo* = bois clos

Bossut = bossu
Froissart = emporté
Lecointe = l'agréable
Leleu = le loup
Lenain = le petit
Loucheur = celui qui louche
Lesage = le savant
Mallevaey, peut-être de *Malevé* = de mauvaise humeur
Muchembled = voleur, qui cache ce qu'il a *emblé* (volé)
Potdevin = buveur

Bouchez = boucher
Collier = portefaix
Potiez = potier
Sueur = cordonnier
Tellier = tisserand

Noms picards
Bocquet = bois
Caron = charron
Carton = charretier
Coquerel = coteau
Debove = de la cave, de la grotte
Delfosse = du fond
Delmasure, de *mansura* = demeure, terres
Delplanque = de la planche, du petit pont
Duquesne = du chêne
Lecat = le chat
Watine = gâtine, terre inculte

Noms flamands
Debrouwer = le brasseur
Debruyne = le brun
Decock = le cuisinier
Deconinck = le roi
Dehaene = le coq
Desmet = le forgeron
Devos = le renard
Dewulf = le loup
Pontzeele = petit pont
Vanacker = du champ
Vandenbroucke = du pont
Vandepute = du puits

Champagne-Ardenne

Bragard = de Saint-Dizier
Jenneret = des environs de Bende (Luxembourg)

Fabert, Faivre = forgeron
Battonnier = peut-être celui qui porte un bâton, dignitaire

Gueilliot, peut-être de *Guilliot* = Guillaume
Clibert, Corzelius, Nacquemouche

Les mots de chez nous

Nord

chtimi, chti = appellation populaire du parler picard des régions les plus au nord, apparue vers 1915
ch'tiot = le petit
quinquin = enfant
fiu = fils

wassingue, du flamand *wassching* = serpillière
ramon = balai
réderie = brocante

chicon = endive
salade de blé = salade de mâche
touiller, tourner la salade = la mélanger
flamique aux porions = tarte aux poireaux
couque = gâteau
raton = crêpe
cramique = pain au lait
knuche, du flamand *knuusje* = sucre d'orge
spéculos = biscuit au sucre candi
pain d'alouette, d'agache = casse-croûte apporté à la mine ou aux champs
chirloute = café trop léger
bistouille = café arrosé d'alcool
carabistouilles = balivernes
pasquilles = partitions de chansons écrites en patois
cafougnettes = histoires drôles racontées en patois
ducasse = fête patronale
brader = gaspiller

Ardennes

berlée, drache, radache = pluie d'orage
loque = serpillière

graissotte = salade de mâche
ambres = framboises
camoussé = pourri
caracole = escargot
spirou = écureuil

bablotter = bavarder
berlander, musiquer = lambiner, flâner au travail
cafeter = aimer préparer, boire le café
boulie = fête de mardi-gras où on lance de la farine sur les passants

Champagne

brouillasser, mouziner = pleuvoir
se chagriner = se couvrir
bâche = serpillière

coquemar = bouilloire à anse
oreillette, orillette, orillotte = salade de mâche
sent-ti-bon = thym
framboise = myrtille
baloce = prune
jaunotte = girolle
camousi = moisi

marcou = chat
agace = pie
capucin = lièvre

fayard, foyard, fau, fou = hêtre
charme, pleu, savart, triot = friche
versaine = jachère
fourchettes = vrilles de la vigne
vendangettes = petits ciseaux servant à la coupe du raisin
meurison = période pendant laquelle le raisin mûrit
maturer = mûrir, pour le raisin
argonnier = petit cultivateur
boquillon = bûcheron
panetier = vannier

berlauder = lambiner, flâner au travail

Les expressions

Nord

en raque = en panne
avoir des ruses = avoir des difficultés
bourler court = ne pas arriver au but, de *bourle* = boule plate
buer chés loques = laver le linge
envoyer à bitarde = envoyer un naïf à une chasse imaginaire
être en foufelle = être en émoi
faire à sa mode = agir à sa façon
être assis sur ses oreilles = ne pas vouloir entendre
tomber dans le beurre = avoir de la chance
être ahuri comme ène glaine (poule) *à trente-six pouchins* (poussins)

Ardennes

bique et bouc = indifférement, sans préférence
faire la brouette = attendre l'invitation d'un hypothétique danseur, faire tapisserie
faire son biquet = bouder

Champagne

il pleut à bouteilles ou *à bouilles* = il pleut à verse
être de bon vin = être un peu ivre
souffler la lampe = éteindre l'électricité
avoir une plume dans l'œil = avoir sommeil
tomber de l'armoire = tomber des nues
être gracieux comme une ronce = être peu aimable

les Coqs = les habitants de Dormans
les Cornichons = les habitants de Reims
les Hâbleurs = les habitants de Vitry-le-François
les Ribauds = les habitants de Troyes

Les adresses

ASSOCIATIONS

Nord-Pas-de-Calais

Association généalogique Flandre-Hainaut
BP 90493
59321 Valenciennes Cedex
http://agfh59.free.fr

Racines franco-belges
23, rue Decoster-Virnot
59700 Marcq-en-Barœul

Sources généalogiques et historiques des provinces du Nord
BP 16
59006 Lille Cedex
www.genenord.fr

Centre d'étude généalogique du pays des Sept Vallées
Mairie
62140 Hesdin
http://cegp7v@nordnet.fr

Association généalogique du Pas-de-Calais
BP 1060
62257 Hénin-Beaumont Cedex
www.genealogiepasdecalais.fr

Picardie

Cercle généalogique de l'Aisne
BP 50263
02406 Château-Thierry Cedex
www.cg-aisne.org

Association généalogique de l'Oise
Marie-France Paquin
BP 40205
60252 Mouy Cedex
www.agoise.free.fr

Association héraldique et généalogique des Deux Vexins
Monique Brennemann
Mairie de Trie-Château
60590 Trie-Château

Histoire et Traditions
12, rue du Faÿ
60600 Clermont

Cercle généalogique de Picardie
34, rue Saint-Fuscien
80000 Amiens
http://genealogiepicardie.free.fr

Champagne-Ardenne

Cercle de généalogie et d'héraldique des Ardennes
Hôtel de ville
08000 Charleville-Mézières
www.cghardennes.org

Centre généalogique et héraldique de la Marne
14, rue Pasteur
51000 Châlons-en-Champagne
www.marne-genealogie.org

Centre généalogique de Haute-Marne
62, place Aristide-Briand
BP 175
52005 Chaumont Cedex
www.actes52.fr

Centre généalogique de l'Aube
131, rue Étienne-Pédron
10000 Troyes
www.aube-genealogie.com

ARCHIVES DÉPARTEMENTALES

Aisne

28, rue Fernand-Christ
02013 Laon
03 23 24 61 47
www.archives.aisne.fr

Ardennes

10, rue de la Porte-de-Bourgogne
08000 Charleville-Mézières
03 24 57 40 06
www.archives.cg08.fr

Aube

131, rue Étienne-Pédron
10000 Troyes
03 25 42 52 62
www.archives-aube.fr

Marne

129, avenue de l'Yser
51100 Reims
03 26 85 17 58
www.archives.marne.fr

Haute-Marne

Rue du Lycée -Agricole
Chamarandes-Choignes
BP 509
52011 Chaumont Cedex
03 25 03 33 54
www.archives.haute-marne.fr

Nord

22, rue Saint-Bernard
59000 Lille
03 59 73 06 00
www.archivesdepartementales.cg59.fr

Oise

71, rue de Tilloy
BP 941
60024 Beauvais Cedex
03 44 10 42 00
www.archives.oise.fr

Pas-de-Calais

12, place Jean-Moulin
62018 Arras Cedex 9
03 21 21 61 90
www.archivespasdecalais.fr

Somme

61, rue Saint-Fuscien
80000 Amiens
03 60 03 49 50
www.archives.somme.fr

Entre Seine et Loire : Haute-Normandie, Basse-Normandie, Bretagne, Pays de la Loire

En 1930, sur la grève d'Yport, en Seine-Maritime, les marins sont en mal d'équipements sophistiqués. Tandis que la « remonte » peut se faire à l'aide des cabestans plantés dans les galets depuis le XVIIIe siècle, la mise à la mer de la caïque nécessite des reins solides !

Il est un pays où l'on vit en communion avec les marées, qui rythment les départs et les retours des pêcheurs. Du résultat de leur travail dépend la subsistance de toutes les familles.

Retours de pêche

Au port des Sables-d'Olonne, en 1900, les femmes de pêcheurs connaissent de longues attentes inquiètes. Quand les thoniers rentrent au port, elles ne mesurent pas leurs efforts pour le halage, l'ultime manœuvre du retour.

1905. Enfin, à Granville, les beaux jours annoncent le retour des marins partis pour Terre-Neuve. Pendant plusieurs mois, ils y ont pêché la morue. Les lignotiers les plus habiles, bien protégés par leur pavois de toile goudronnée, ont pris jusqu'à 80 poissons par jour. Alors, lorsqu'ils arrivent, débarquement et pesée mettent chacun en fête. Après la vente par lots de 100, les femmes feront sécher les poissons, bien serrés en ballots, sur la plage.

À Douarnenez, les marins ne sont pas en même temps paysans. Depuis le début du XIXe siècle, la baie poissonneuse de la capitale de la sardine permet de nourrir la ville toute l'année. L'été, de nombreuses chaloupes sardinières capturent au filet maillant des quantités impressionnantes de sardines débarquées ensuite sur le port et destinées aux conserveries de la région. Tout change vers 1900 : la sardine disparaît des côtes bretonnes, ce qui entraîne une période de disette. Même si l'activité a persisté – nous sommes dans les années 1940, Douarnenez ne connaîtra plus jamais les fastes d'antan.

1910. Vite ! La pêche n'attend pas ! À peine débarquée du thonier, elle est étalée sur les quais de Douarnenez. Un thon dans chaque main, voici que les femmes les emportent bien vite vers les conserveries. Ils y sont étêtés, vidés, coupés en tranches et cuits dans une saumure avant d'être mis en boîte.

Les coquilles s'entrechoquent, les conversations vont bon train : au début du XXe siècle, les grèves de Cancale sont comme un atelier à ciel ouvert. On y trie, on y nettoie et on y entrepose les huîtres tout juste récoltées. Cancale est alors l'un des centres français les plus importants de production d'huîtres plates.

Travaux de grève

Les rives de l'Océan ne sont pas faites pour les loisirs ; le mot lui-même, alors, n'a guère de sens… Au gré des marées, c'est plutôt le travail qui anime les rivages, sans cesse renouvelé au fil des heures et des saisons.

Bien sûr, ils ne sont pas toujours bien vus… Pourtant, ils sont pêcheurs, marins comme tant de Dieppois ! Mais si pauvres qu'ils n'ont d'autre logis que ces grottes de la falaise, où l'on exploitait des marnes. En 1900, ils sont près de 100 gobiers à occuper les habitats troglodytiques du Pollet ou du Bas-Fort-Blanc. Ils seront chassés en 1940 lors de la construction de blockhaus par les Allemands.

Combustible ou engrais naturel, jusqu'aux années 1950, le goémon est surtout recueilli pour son iode. Récolte faite, les goémoniers du Finistère doivent encore le charger sur la charrette et le transporter sur les dunes, où il va sécher pendant plusieurs jours.

Vers 1900, une porteuse de poisson pose sur le rivage normand juste avant de remplir son panier.

1911. Le bruit est assourdissant à l'atelier de sertissage de la conserverie de Sauzon, à Belle-Île. Depuis peu, les boîtes de thon sont fermées mécaniquement. Il faut suivre… Créés en 1866, les établissements Amieux Frères possèdent, en 1900, 11 usines en Bretagne et en Vendée. Ils emploient 4 000 ouvriers : la mer et la terre ne sont plus les seules sources de travail.

Mises en boîte et grains de sel

Là où la mer et la terre se confondent commencent les marais salants. Quand les fleurs de sel sont écloses, le travail reprend ses droits : les paludiers entreprennent la cueillette. Plus loin, dans les ateliers des conserveries, s'annonce la société industrielle qui révolutionnera l'économie des pêches, le transport et la distribution du poisson.

La pente est raide et la charge, encore humide, est lourde. Comme son père, Maurice, en 1910, est paludier aux Sables-d'Olonne. Portant le sel récolté dans un panier sur sa tête, il gravit les pentes d'un mulon, gros tas où de l'argile recouvre le sel pour en assurer la conservation. Mais son fils fera-t-il le même métier ? Aux Sables, les marais salants ont été prospères jusqu'en 1900 ; alors la concurrence des Salins du Midi, dont le chemin de fer diffusait largement la production, devint très rude.

« Ne ratez pas le bateau, les enfants ! Sinon, vous manquerez l'école. » Ainsi parlent les mères de Bréhat, petite île bretonne située au large de Paimpol. Ancrée à La Pointe, l'embarcation quitte l'île tôt le matin pour le continent, les écoliers à leur bord rejoignant l'Arcouest. Le soir, les bateaux reviennent avec le courrier, souvent très attendu : on se rassemble sur le quai, on échange les nouvelles, bonnes ou mauvaises, comme ce jour de 1910.

D'île en île...

Au large des Côtes-du-Nord, du Finistère ou du Morbihan, s'égrènent une multitude d'îles et d'îlots, terres désertes battues par les vents ou havres de paix à la végétation presque méditerranéenne. Dans cette autarcie relative, les liaisons régulières par bateau ont l'importance d'un lien vital. Elles rythment le quotidien des îliens, gens de la mer ou paysans.

1905. Aujourd'hui, à Quiberon, « la bonne dame de Penhoët » n'est pas parmi les passagers du vapeur pour Belle-Île. Presque dix ans déjà que l'on connaît ici cette femme un peu excentrique, un peu mystérieuse. On dit que dans la capitale elle fait du théâtre, et qu'elle est célèbre sous le nom de Sarah Bernhardt. Quant elle vient ici, après douze heures de train, elle doit encore endurer plusieurs heures de traversée pour atteindre Le Palais, le port de l'île. De là, elle gagne le manoir de Penhoët, qu'elle restaure après avoir occupé un fortin à la pointe des Poulains.

24 mai 1935 :
l'inauguration du *Normandie*

L'émotion est intense à Saint-Nazaire. Enfin ! Après de si longs travaux, l'énorme masse quitte, à la remorque, la forme-écluse Joubert. Celle-ci, construite entre 1929 et 1934, possède une double fonction. D'une part, elle assure une communication directe entre les eaux libres et le bassin de Penhoët ; d'autre part, lorsqu'elle est utilisée comme forme sèche, elle permet les travaux d'achèvement ou d'entretien de la coque. Et voici donc que, ce 5 mai 1935, « le plus grand paquebot du monde », *le Normandie*, quitte Saint-Nazaire pour rejoindre Le Havre, son port d'attache.

Commandé en 1928 par la Compagnie générale transatlantique aux chantiers de Penhoët à Saint-Nazaire, baptisé en 1932 en présence du président Albert Lebrun et de son épouse – la marraine –, le *Normandie* gagne Le Havre le 5 mai 1935 pour y être inauguré le 24 mai.

Le 24 mai 1935, la fête de nuit inaugurale bat son plein dans l'immense salle à manger de première classe du paquebot. Louis Cheronnet, le chroniqueur d'art du magazine *Art et Décoration*, note : « Là, MM. Patout et Pacon ont donné pleinement leur mesure. Un dénivellement de plan aux deux extrémités, le caissonnage du plafond rehaussé de trois ors différents, et surtout le rythme des luminaires, pour lesquels ils ont fait appel à Lalique, énormes pots à feu en verre pressé ou longues appliques hautes de 5 m jetant leurs feux sur les murs entièrement habillés, par Labouret, de dalle de verre moulé et ciselé, et qui deviennent alors comme ruisselants de lumière… » Le 29 mai, on largue les amarres : la première traversée transatlantique du *Normandie* emporte, entre autres, Colette et Blaise Cendrars, ministres et journalistes…

Quatre jours ! Le record est battu ! Dès sa mise en service, le transatlantique remporte le Ruban bleu, le trophée du paquebot le plus rapide du monde, en traversant l'Atlantique Nord à une vitesse avoisinant 30 nœuds. Un atout de plus pour sa célébrité ! Revenu durant l'hiver 1935-1936 à Saint-Nazaire, il constitue une attraction pour bien des Bretons qui veulent voir celui dont on a tant parlé. Hélas, après avoir transporté plus de 130 000 passagers, le *Normandie* sombrera dans le port de New York le 10 février 1942 ; quatre ans plus tard, il finira à la ferraille...

« Le plus grand navire du monde est français » : le 18 mai 1935, le magazine illustré *Voilà* ne peut faire l'impasse sur l'événement. Il souligne que, avec 313 m de long pour 36 de large, le paquebot d'acier avoisine les 80 000 tonneaux de jauge brute. Ces caractéristiques ne seront dépassées qu'en 1940, date de l'achèvement du *Queen Mary*.

Ils n'en demandaient pas tant ! Le 30 octobre 1932, la mise à l'eau du *Normandie* dans le port de Saint-Nazaire produit des vagues d'une telle ampleur qu'elle oblige les spectateurs à se réfugier sur les toits des hangars ou derrière les palissades.

Qui a conscience, en 1900, de la toxicité des émanations de goudron que respirent les calfats qui, en contrebas de la coque couchée sur le flanc, remplissent d'étoupe goudronnée toutes les jointures des bordages ? Dans le bassin du commerce du Havre, voué depuis le XIXe siècle à l'accueil des voiliers long-courriers, la construction et la réparation navales ont pris de l'ampleur. Le port s'est équipé d'engins simples mais spectaculaires, les machines à mâter, qui permettent l'entretien et le renouvellement des mâtures sur les bâtiments en escale.

Les cloches de la tour de l'Horloge sonnent : les ouvriers affluent aux ateliers de l'Arsenal de Brest. Dans le port militaire, amarré sur la Penfel, le *Tonnerre* attire les regards. Garde-côtes cuirassé type 1872, il n'est plus, en 1903, qu'un dépôt pour les torpilleurs de la défense mobile. Puis il servira un temps de cible de tir avant d'être vendu, en 1921.

En ce 30 avril 1931, les riveteurs sont au travail. Ils burinent les tôles et les assemblent par rivetage, avec vérification faite à l'oreille : on place le doigt sous la tête du rivet et on frappe avec un tout petit marteau… C'est la complainte du « sonneur de rivet », l'un des bruits les plus discrets du chantier naval de Penhoët, à Saint-Nazaire. Le site industriel se développe depuis 1862 et atteint son apogée pendant l'entre-deux-guerres, avec la construction des grands transatlantiques. À la suite d'une commande de la Compagnie générale transatlantique, le projet d'un ambitieux bâtiment de 313 m de long démarre en 1928. En juillet 1930, la cale du « T6 », référence de la commande, est mise au point : le chantier peut commencer. Six mois plus tard, la carène d'acier du paquebot *Normandie* se couvre de ses premières tôles de fond : on burine à Penhoët.

Ports et chantiers navals

Pas de long-courriers voguant vers les îles lointaines — mais les croisières de rêve sont encore rares — sans le dur et long travail des équipes à terre s'affairant sur les chantiers navals. Une activité de pointe qui a longtemps complété la pêche pour offrir du travail le long du littoral.

Une fois encore, le gardien bénit le progrès en grimpant les escaliers du phare de Creac'h, à la pointe nord-ouest d'Ouessant. Finies les difficultés qu'avait son père, gardien du phare comme lui, pour allumer les lampes. En 1888, le phare est électrifié. On voit ici sa lampe à arc des années 1950, avec la double optique de l'époque.

L'Erdre se déverse dans la Loire – dans le bras de la Bourse, qui longe l'île Feydeau. Ici confluent au début du xxe siècle embarcations, trains, véhicules et piétons. En 1926, Paul Bellamy, le maire, fera voter le comblement de l'Erdre et de deux bras de la Loire pour ouvrir des avenues. Une entreprise immense, qui nécessitera quatorze ans et 20 millions de francs !

Nantes

La Loire a fait sa fortune, l'Océan, sa richesse. Armateurs, marchands, ouvriers des chantiers navals, tous vivent du voyage au long cours vers les Antilles ou le cap Horn. Pourtant, devant les caprices du fleuve, certains imaginaient, entre 1926 et 1940, de le rayer de la ville !

Sur les quais de la Loire, en 1908, le bêlement des moutons que l'on embarque couvre parfois les cris des mouettes perchées sur les hauts gréements des trois-mâts encore nombreux dans le port. Plus loin, le charbon tombe dans les cales. Bêtes et minerai vont rejoindre les îles lointaines à bord de voiliers dits antillais ou cap-horniers : les chantiers navals du sud de la ville lancèrent quelque 200 long-courriers qui embarquaient 13 à 24 hommes, selon leur jauge – à partir de 500 tonneaux —, et revenaient chargés de sucre et de cacao.

Faire craquer de petits coups de dents gourmands les quatre coins du Petit-Beurre Lu suffit à mettre en bouche un bon goût de farine et de beurre… Dans la salle des découpeuses de la société Lefèvre-Utile, à Nantes, vers 1900, le bruit est assourdissant. C'est là que des découpoirs en métal façonnent les biscuits. Ils donnent à la pâte sa forme carrée festonnée et y impriment le motif LU caractéristique.

1903. Plus les ouvriers sont nombreux dans la nacelle du pont transbordeur, plus l'activité des chantiers navals va bon train. À chacune des dix traversées par heure, de 5 h 30 à 20 heures, à 50 m au-dessus de l'eau, 300 personnes peuvent franchir ainsi la Loire entre le quai de la Fosse et l'île de la Prairie-au-Duc. Une attraction qui a le mérite de laisser aux grands voiliers le libre accès au port.

1909. Suppliciés en 236, Donatien et Rogatien ont ici trouvé refuge dans la rue de Paris, disparue aujourd'hui : ce sont eux, les Enfants nantais.

Beurre et fromage

Beurre, crème et fromage : voilà bien la Normandie ! Mais aux verts pâturages des paisibles vaches laitières il convient d'ajouter le savoir-faire des fromagers, transmis au fil du temps.

En 1927, aux environs de Vimoutiers, la fermière et son fils moulent à la louche le fromage inventé cent trente ans plus tôt par Marie Harel dans le village de Camembert.

1913. Une fois par semaine, les fermières portent leurs mottes à la halle au beurre de Lisieux, pour qu'elles y soient pesées, puis proposées à la vente. Elles ont baratté deux ou trois fois dans la semaine, le soir ou de grand matin, après avoir laissé la crème se séparer du lait, dans des écrémeuses naturellement rafraîchies à l'eau courante.

Quant au lait, fini le tressautement métallique des deux bidons de la triolette sur les chemins d'avant guerre. Désormais, la coopérative vient le prendre à la ferme. On dit même qu'en cette année 1930 la « coopé » d'Isigny va proposer une double collecte les jours d'été pour améliorer les conditions de conservation.

« Tire-nous-en donc une autre ! » Tout droit sortie du fût, voici une autre bolée du cidre de Fouesnant. Entre amer, doux et acidulé, les variétés locales de pommes sont mélangées pour lui donner son goût propre. Au XIXe siècle, chaque ferme fabrique son cidre, la boisson autour de laquelle on se retrouve en Bretagne.

Pomme de reinette ou pomme d'api ?

La comptine distille le goût savoureux de l'enfance. Bretonnes ou normandes, les pommes, elles, chantent un autre refrain : celui du cidre qui, doux ou brut, laisse ses bulles dorées venir titiller le palais. Et, pour faire honneur à l'invité de passage, il y a le calva, toujours « petit » mais tellement familier…

1928. Un petit moteur et une courroie remplacent la manivelle : le broyeur extrait plus vite la pulpe, sans réduire les pommes en bouillie. Et déjà l'odeur très développée annonce un bon cidre…

La journée de dix heures ? C'est la conquête de l'année 1900 pour ces femmes qui collent à la main les étiquettes sur les bouteilles. Dans la nef de la salle d'étiquetage, ont-elles conscience de travailler dans un palais ? Leur patron, Alexandre Le Grand, redécouvreur de la recette de la Bénédictine, a voulu que sa distillerie des hauteurs de Fécamp ait les allures d'un château de la Renaissance.

Il est arrivé, le distillateur ambulant du coin. À lui l'alambic qui, à la fin de cet été 1910, passe de ferme en ferme pour fabriquer de l'eau-de-vie avec le marc ou les fruits apportés par le fermier-récoltant.

La casquette de marin et la coiffe du pays : qui, vers 1930, imaginerait d'autres coiffures ? Les enfants eux-mêmes sortent rarement tête nue, même pour accompagner grand-père à la boutique, souvent unique au village – ici à Saint-Guénolé. C'est là que l'on trouve tout, tout le nécessaire à la vie quotidienne. Et sans doute la petite a-t-elle déjà aperçu, au-dessus du pain, les bocaux de bonbons…

À la foire de Guérande, un mouton, deux brebis ou un porc de vendus, et c'est une opulence relative, pour un temps. Dans l'Ouest, au début du xxe siècle, les grands troupeaux comme les grandes exploitations sont encore rares.

Échanges

La boutique, le marché, la foire : le lieu de l'échange marchand — qu'il soit quotidien ou exceptionnel, banal ou festif — est toujours un foyer de la vie sociale. On y échange les nouvelles, on y partage les histoires.

1897. Sur les murs de la halle de Concarneau, les réclames diffusent les marques nationales, celles de la ville, les mêmes — pensez donc ! — qu'à Paris. Souvent des affichettes sont placardées par-dessus : on sait que là, les informations locales seront lues. Car nul ne manquerait le marché hebdomadaire du chef-lieu, quitte à mettre deux heures pour y aller en carriole ou même à pied.

L'excursion tourne au drame !

Ce devait être une journée de plaisir ; en quelques minutes, en fin d'après-midi, la mer a préféré la tragédie. Se déchaînant sur le *Saint-Philibert*, les éléments ont fait d'ouvriers en promenade des naufragés martyrs. Dans la baie de Bourgneuf, on s'en souviendra longtemps.

Le 14 juin 1931, le *Saint-Philibert*, caboteur de promenade, est affrété pour la journée par l'Union des coopérateurs de Loire-Atlantique. Des ouvriers de Chantenay, pour la plupart, et leurs familles, soit 467 passagers, y prennent place.

Une journée de bonheur s'annonce, bien dans l'esprit social de notre époque. Parti de Nantes, le bateau descend la Loire, laisse Saint-Nazaire et ses chantiers à tribord, dépasse Saint-Brévin et file vers l'île de Noirmoutier, où l'escale est prévue avec pique-nique, jeux et bonne ambiance garantie. Puis il faut songer au retour, même si personne n'a vraiment envie que s'achève une aussi bonne journée. Sans hâte, on embarque, les groupes se reformant selon les affinités nées au cours de l'excursion. Puis les battements réguliers de la machine répondent à nouveau au bruit des vagues attaquées par l'étrave. Bientôt, une petite houle agite un peu plus le bateau, tandis qu'apparaissent les côtes de la baie de Bourgneuf. Alors tout va très vite. Vers 18 heures, les lames sont de plus en plus fortes, et le *Saint-Philibert* semble peiner à leur résister ; soudain, une très forte vague le prend par le flanc ; en un instant, le vapeur se retourne et sombre, au large de la pointe Saint-Gildas. L'alerte est lancée vers 19 heures ; à Nantes, devant les Messageries de l'Ouest, familles et amis attendent dans l'angoisse. Les canots de sauvetage arrivent sur les lieux une heure et demie après le naufrage : seuls 8 passagers seront sauvés. Parmi eux, André Pétard, vingt-deux ans, ne sachant pas nager, s'est accroché durant deux heures et demie à une bouée. Peu après, le remorqueur *Pornic* ne repêchera plus que des corps de noyés.

1908. M. Jules l'a annoncé lui-même : aujourd'hui, on pose pour la photographie ! Dans les carrières de Montjoie, exploitées par Jules Hallais, les carriers lâchent donc un instant les barres à mine et les masses avec lesquelles ils attaquent des heures durant le dur filon de granite gris-bleu qui court de Vire à Granville, le fameux bleu de Vire.

Des richesses sorties du sol

De la Manche jusqu'aux rives de la Loire, les entrailles de la terre recèlent bien des richesses pour celui qui sait les exploiter. Mais au prix de quel travail ! Les lois sociales sont encore à venir, et on ignore presque tout des risques sanitaires qu'encourent carriers et mineurs.

Avec une régularité mécanique, la pédale actionne la lame mobile avec laquelle le fendeur, en plein air, taille sur une tablette à crémaillère l'ardoise de toit à sa dimension commerciale.
Vers 1905, les ardoisières de Trézalé, aux portes d'Angers, tournent à plein. « Fendeur complet », il a d'abord débité la pièce de schiste de 5 tonnes remontée du fond jusqu'au stade du reparton, puis, par fentes successives, il a obtenu les fendis, bons à tailler.

Vers 1910, la main-d'œuvre ne manque pas, en Brière, pour exploiter la tourbe. Issue de la désagrégation végétale en milieu humide, elle sert de combustible mais enrichit aussi la nourriture des bêtes.

Malicorne-sur-Sarthe. Un bon coup d'œil, un geste sûr, et l'on peut travailler de père en fils à la faïencerie. Depuis sa création par Émile Tessier, en 1924, c'est une institution. Sa fille et son gendre prennent la suite, et l'affaire dure encore.

Travaux d'aiguille, de fuseau, de navette, les gestes semblent ne jamais avoir été appris : ils se reproduisent de génération en génération. De chanvre, de coton ou de soie, la fibre à tisser, à filer et à broder est magnifiée par des mains expertes, et l'art se confond avec le savoir-faire.

De fil en aiguille

Vers 1910. Les repasseuses sont de Fouesnant, c'est leur coiffe qui le dit ! À la fois ferme et précis, leur geste vient mettre la touche finale – le fini, justement – aux travaux de couture ou de broderie. Sous la pression du fer empli de braises ou, pour les travaux les plus délicats, chauffé au poêle, les tissus, lissés à la perfection, trouvent les bons plis que seul le temps marquera un peu plus au fond des armoires. Parfois, il y a un peu plus de travail : c'est un trousseau à préparer pour un mariage annoncé. Bientôt, il y aura un nouveau foyer au village.

À Pont-l'Abbé, à la fin des années 1930, l'aïeule est heureuse de l'attention que deux jeunes dentellières portent à leur ouvrage. Parfois, elles osent modifier un peu le motif au gré de leur imagination. Mais, pour manifester leur fidélité aux traditions, elles portent bien sûr la coiffe du pays bigouden, arrimée sur le koef-bleo, le bonnet de cheveux. C'est à partir de cette époque que les coiffes rivalisent de hauteur ; certaines s'élèvent même jusqu'à 30 cm !

Chez Pellaumail-Moutel, la qualité va de soi. Réputée pour ses mouchoirs pur fil et métis et ses « toiles grand blanc façon Irlande » blanchies sur pré au soleil, la maison de Cholet ajoute à ces productions traditionnelles, à partir de 1900, la confection de lingerie de luxe pour la table et la maison. Pour un trousseau, rien de mieux ! Dans les ateliers du Bordage-Marc se trouve une vaste salle des machines à coudre, où sont confectionnés les serviettes, nappes, linge à thé, torchons, essuie-verres, taies et draps. Mais c'est toujours à partir de pièces ajourées et brodées préalablement à la main, par des travailleuses à domicile : n'oublions pas la qualité !

Non, ce n'est pas l'apanage des femmes : je suis brodeur, comme tant d'autres Bretons en ce début de XXe siècle ; et tailleur aussi. Sur le velours, la soie, le satin et le drap, je choisis les motifs du pays en fonction du rang social de mes clients. Souvent, je dois quitter Pont-l'Abbé pour aller dans les fermes prendre les mesures et faire les essayages : je vois du pays…

La mère, le marquis et l'abbé

Le marquis de Tombelaine ? Regardez-le dans sa pose élégante. Ce pauvre pêcheur de la baie du Mont-Saint-Michel, qui guidait les mainguottes (voitures à cheval) à travers les bancs de sable, maniait un langage châtié qui lui valut son surnom. La baie, Dieu sait s'il la connaissait ! Il disparut pourtant en 1898, après une soirée peut-être trop arrosée, sans laisser de trace. Un chemin dans les sables porte à jamais son nom.

Arrêtez-vous à Duclair et vous verrez sûrement la mère L'Amour ! Dans les années 1900, cette figure locale hèle les voyageurs devant l'auberge sur la route de Rouen. Elle propose journaux et cartes postales, dont certaines à son effigie ! Quant à l'auberge, elle est installée dans l'une des grottes des falaises de craie bordant la Seine. En 1950, encore, plusieurs sont des habitations troglodytiques.

Désormais, ses ouailles sont de pierre. Enfermé dans la solitude après une attaque cérébrale qui lui fit perdre l'ouïe et la parole à cinquante-cinq ans, l'abbé Adolphe Fouré (1839-1910) ne vit plus que dans son monde. Un monde minéral qu'il crée vingt-cinq années durant, entre Saint-Malo et Cancale. Là, il sculpte tout un peuple fantasmagorique qui conte la légende des Rothéneuf, une lignée de pirates du XVIe siècle : plus de 300 personnages que l'érosion maritime détruit peu à peu.

En ce 9 août 1947, on dirait bien qu'il y a plus de monde que d'habitude au pardon annuel de Sainte-Anne-la-Palud. Et la procession dure plus longtemps… Avec un respect distant mais curieux, les Bretons de Cornouaille observent le prélat, ce Mgr Gooral, archevêque de Colombo ; d'où ça, au juste ? Sa présence parmi le clergé breton souligne en tout cas l'importance de la manifestation.

En ce milieu de xxe siècle, la ferveur religieuse ne se dément pas dans les terres de l'Ouest. La religion, avec ses rites et ses fêtes, règle la vie quotidienne, ponctue les événements exceptionnels, rythme les travaux et les jours. De pardon en angélus, de bénédiction en pèlerinage, tout le peuple est fidèle à la foi de ses aïeux.

Au nom du Père

28 juillet 1935. Sur la jetée de Trouville, les fidèles s'en reviennent le cœur un peu apaisé. Comme chaque année, ils viennent de prier pour le repos de ceux qui sont morts en mer. Mais il y a bien des façons de s'en remettre à Dieu : en d'autres occasions, monsieur le curé conjure les périls en bénissant la mer, les bateaux, les phares ou même les filets.

Juin 1934. À La Trinité, elles n'auraient pour rien au monde manqué le pardon de Notre-Dame de Rumengol. Avec une piété fervente, elles y reviennent chaque année.

En cinquante ans, coutumes et costumes de Bretagne ont changé. Mais le sens de la fête et le goût de la musique demeurent autant que l'attachement aux traditions : les mariages le montrent bien.

Vive la mariée !

Les hommes n'ont pas mesuré leurs efforts afin que, après la cérémonie du mariage, tout soit prêt pour le repas de noces. On est en Cornouaille, vers 1900, et on attend 2 000 convives ! Ils ont creusé de longues tranchées parallèles dans un champ et disposé entre elles des planches sur un talus : elles forment la table, et le bord des tranchées, les sièges.

1914. L'automobile est de sortie ! Pour les noces d'or des Louveau, il fallait bien ça ! Oubliée, la carriole d'il y a cinquante ans, celle du mariage. Car le progrès est bien là, s'installant aux Chapelles-Javron comme en ville grâce à quelques audacieux qui n'ont pas peur des machines et qui ont aussi… les moyens.

Le bonheur tient parfois à une tête d'épingle ! À Ergue-Armel, près de Quimper, si l'épingle jetée dans la fontaine garde la tête haute, le mariage est assuré dans l'année ; si elle tombe de côté, le vœu ne sera pas exaucé. Partout dans l'Ouest, les fontaines et sources aux eaux guérisseuses ou divinatoires sont nombreuses. Souvent christianisées, elles sont alors devenues lieux de pèlerinage.

Locronan, dans le Finistère Nord, 1910. Cette jeune femme ne prend pas la pose ; elle est assise sur une pierre druidique, la Jument, porteuse du pouvoir de rendre fécondes les épouses stériles. La pierre se situe sur le parcours de 12 km de la Grande Troménie, l'un des plus beaux pardons de Bretagne, qui a lieu tous les six ans.

Culte païen ou croyance populaire ?

Les cultes païens et les rites celtes ont encore la vie dure en Bretagne au début du XXe siècle. Ils se cachent parfois sous l'apparence de fêtes plus récentes. Souvent intégrés à la religion chrétienne par l'intermédiaire de la dévotion à un saint patron, ils sont l'objet de pratiques multiples auxquelles on croit sans oser l'avouer vraiment.

Ah ! si la sensation de fraîcheur pouvait annoncer la guérison de ces migraines si tenaces ! Les deux pierres que cette guérisseuse plaque sur le front de sa patiente viennent d'un vieil autel, et on les dit sacrées… En cette fin de XIXe siècle, on leur prête des vertus thérapeutiques. À Saint-Guyomard, si l'on se frotte contre une des pierres encastrées dans les murs de la chapelle, les rhumatismes disparaissent. On attribue aussi des propriétés du même genre à de nombreuses fontaines : un linge trempé dans l'eau et posé sur la zone douloureuse fait merveille.

Même sur la plage de Deauville où elle pose, cette garçonne de vingt-cinq ans, femme moderne et indépendante, suscite bien des murmures. Avec ses cheveux courts et sa frange au carré, elle va se faire un nom. Susy Solidor (1900-1985), alors à l'aube d'une brillante carrière, s'appelle encore Suzanne Rocher. Elle prendra pour nom de scène celui de la tour Solidor, dans sa ville natale, Saint-Servan-sur-Mer. Ouvert à Paris en 1933, son cabaret, La Vie parisienne, accueillera, entre autres célébrités, Mistinguett et Lauren Bacall.

Août 1947, Deauville. On signale cet été la présence dans la station de la côte normande du peintre Kees Van Dongen. Ne délaissant jamais ses pinceaux ni ses carnets de croquis, le peintre d'origine hollandaise retrouve ici certains de ses modèles. On sait que, arrivé à Paris en même temps que Picasso, au début du siècle, puis après avoir partagé les audaces chromatiques des fauves et des expressionnistes, l'artiste se consacre, depuis les années 1930, à la peinture mondaine : après Arletty ou Sacha Guitry, on dit que Maurice Chevalier envisagerait de poser pour un portrait…

Sur les planches

Il n'est jamais trop tôt pour s'inscrire dans la lignée… Sur les planches de Deauville, les trois enfants d'André Citroën, en habits du dimanche, testent les Citroennettes, petits cabriolets à pédales qui reproduisent la populaire 5 CV de la marque. Depuis 1912, la famille séjourne dans la station, que l'automobile a rendue facilement accessible. Elle loge dans la villa Les Abeilles, bâtie en 1910 près de l'hôtel Normandy. Gageons que, dans les salons du grand hôtel, on parle parfois affaires… Aujourd'hui, en 1930, Deauville est une villégiature idéale où villas et hôtels s'égrènent le long du littoral, accueillant mondains, célébrités et familles aisées.

1900. Il était bien temps d'intervenir, car l'impudeur n'était pas loin… Un arrêté du maire de Deauville l'impose : désormais, tous les baigneurs gagneront la mer dans des cabines montées sur roues. Ils y revêtiront la tenue de rigueur : des maillots de bain couvrant le corps du cou jusqu'aux genoux. Quant aux femmes, portant souvent des jupes sur des pantalons pour aller dans l'eau, elles ne pourront se présenter « en cheveux »…

Les bains de mer

Paysans ou marins, les autochtones n'en reviennent pas ! À la fin du XIXe siècle et au début du XXe, ils voient débarquer des « trains de plaisir » des flots de visiteurs aisés, venus de Paris et des grandes villes, et d'un genre nouveau. Non contents de se prélasser au soleil, ils vont même jusqu'à prendre et reprendre des bains de mer ! Coutume étrange encore pour beaucoup à l'époque. Mais aube d'un nouvel âge : celui des vacances, des loisirs et du sport.

1905. Le Grand Bazar de l'Océan fête ses dix ans ! Pourtant, ils n'y croyaient guère, les vieux du Pouliguen, plus habitués à voir passer les embarcations chargées de sel de Guérande sur le canal que les bourgeois en villégiature sur la jetée… Le port de pêche qui jouxte La Baule s'est mué en station balnéaire, et les boutiques du quai-promenade s'affichent désormais comme le lieu de rendez-vous incontournable.

1905. Ce soir encore, M. Proust n'est pas des nôtres ; une simple collation dans sa chambre lui suffit. L'écrivain est un fidèle du Grand Hôtel de Cabourg, rebâti en 1907 par Charles Bertrand, maire et propriétaire du casino et des bains.

Pages précédentes
En 1925, sans complexes, nombreux sont les Normands de la région qui calent à leur tour des chaises longues sur les galets de la plage de Dieppe pour le goûter familial du dimanche, au pied des falaises.

Été 1946. Deux ans après le débarquement des Alliés sur les plages normandes, Deauville retrouve sa douceur passée et ses vacanciers goûtant aux joies de la plage. Mais, grand changement : les jolies baigneuses portent le Bikini, création française née en juillet de cette même année. Idéal pour jouer les starlettes devant l'objectif, façon Hollywood !

1888. Annette Poulard, jeune cuisinière, ouvre une auberge au bas du Mont-Saint-Michel. Très vite, le bruit se répand qu'elle sert une fabuleuse omelette, légère, onctueuse… Dans plus d'un siècle, on en parlera toujours ; et l'enseigne de La Mère Poulard attirera le monde entier ! On lui attribue plus de 700 recettes, mais une seule aura suffi à sa réputation.

1901. Jusqu'où ira le progrès ? À Cancale, on observe la fumée du tramway à vapeur qui mène jusqu'au Mont-Saint-Michel. Depuis onze ans, une digue d'accès permet de gagner aisément le Mont depuis le continent, même si c'est au prix d'un ensablement dont on ne mesure pas alors les conséquences. Déjà, à la fin du XIXe siècle, le site est très fréquenté : hôtels, restaurants et magasins de souvenirs se multiplient le long de la rue grimpant vers l'abbaye. Mais le prix du trajet va-t-il suffire à éponger les frais énormes de la restauration achevée en 1898 ? Car c'est aussi le but de l'entreprise…

« Nous verrons-nous ce soir au croquet ? Ce serait si charmant… » Comme ses voisins La Baule et Le Pouliguen, Pornichet est, en 1920, investi depuis longtemps par la bonne société en villégiature. Aussi, après les bains de mer, qui se prennent de 10 à 12 heures le matin et de 15 à 17 heures l'après-midi, comme il ne serait pas de bon ton de rester oisif, de multiples activités sont proposées. On s'initie aux joies du croquet sur la plage ou au parc Ninon, tandis que d'autres osent un dernier tennis.

À Perharidy, bien alignés et sages comme des images, les enfants n'ont qu'à laisser faire le soleil, l'air iodé et la mer : ce sont les remèdes prescrits aux malades atteints de tuberculose osseuse et ganglionnaire ; pour la tuberculose pulmonaire, d'autres seront envoyés à la montagne. Car, au début du XXe siècle, la tuberculose sévit cruellement en France. En 1901, devant le nombre d'enfants mourant en bas âge ou devenus infirmes, la marquise de Kergariou fonde un sanatorium face à Roscoff. On y reçoit les enfants rachitiques ou atteints d'affections chroniques des os et des articulations.

La dynastie Bollée

Véritable creuset d'inventeurs aussi ingénieux que prolifiques, la famille Bollée a marqué l'histoire de l'automobile et celle de la Sarthe.

Vers 1842, Ernest-Sylvain Bollée, un fondeur de cloches originaire de Haute-Marne. vient s'installer au Mans. Pourquoi cet homme entreprenant choisit-il la Sarthe ? C'est que, en ce début des années 1840, l'industrialisation et la mécanisation gagnent les campagnes. Ernest-Sylvain Bollée l'a compris, et son activité se renforce par la fabrication des béliers hydrauliques et des éoliennes. Il a trois fils : Amédée, dit Amédée père, prend le relais de son père à la fonderie ; Ernest-Jules s'occupe des béliers, et Auguste, des éoliennes. Amédée, remarquable acousticien et fondeur, est à l'origine de multiples inventions. En 1873, il conçoit l'Obéissante, premier véhicule à vapeur différencié d'une voiture à cheval motorisée, et équipé d'une direction à commande géométriquement exacte. Ses ateliers jouxtent la fonderie. En 1878, la Mancelle est la première voiture à présenter la disposition des véhicules actuels ; la Nouvelle inaugure la conduite intérieure avec vitres galbées. De fait, Amédée lance l'industrie automobile, en 1880, avec une usine entièrement consacrée à cette activité. Mais les routes ne sont pas adaptées à ses machines ; alors il renonce et se consacre exclusivement à de nouvelles études sur les cloches. Ses trois fils, Amédée fils, Léon et Camille, perpétuent la tradition. L'aîné construit des voitures à vapeur et des locomotives, tout en menant des recherches sur des moteurs à « essence de pétrole ». À partir de 1895, il réalise à son tour des automobiles, participe à des courses et fabrique des moteurs pour De Dietrich. Il en met le principe de base à la disposition de son frère Léon, qui, après les machines à calculer, se passionne à son tour pour les moteurs automobiles. Son sens de la « réclame » l'incite à faire venir au Mans les frères Wright pour leurs démonstrations aériennes en France. Le retentissement mondial est énorme ! Puis les fils d'Amédée, Pierre et Marcel, continuent la fabrication de segments de pistons, tant pour l'automobile que pour l'aviation.

Ernest-Sylvain Bollée (1814-1891), fondateur de la dynastie sarthoise, crée une importante fonderie de cloches au Mans en 1842. Passionné de science, il conçoit une éolienne, travaille sur des locomotives à vapeur et même sur un détecteur de retour pour les pigeons !

Amédée fils (1867-1926) est ici au volant d'une de ses créations : la voiture Amédée fils type E 1907. On reconnaît, à sa gauche, Amédée père (1844-1917), à la barbe grisonnante, et, à l'arrière, leurs épouses accompagnées des trois enfants, Pierre, Marcel et Marguerite. Amédée fils a racheté l'atelier automobile de son père pour en continuer la production. Mais, en 1920, estimant ne pas avoir assez de capitaux personnels pour suivre l'évolution prévisible de ce marché et voulant rester son propre maître, il décide de se reconvertir dans la fabrication de pièces de moteurs.

Les trois fils d'Ernest-Sylvain en 1851 : Amédée père, au centre, Ernest-Jules, à droite, et Auguste.

La famille d'Amédée père n'est pas peu fière de sillonner les routes de la Sarthe avec l'Obéissante dès 1873 ! Mais il faudra attendre deux ans pour que l'engin soit autorisé à aller à Paris. Aujourd'hui, les trois frères et leurs épouses se rendent à l'église de La Couture pour le baptême du petit dernier d'Amédée, Camille.

Juste orgueil de l'inventeur arborant ses décorations ! En 1889, Léon (1870-1913), second fils d'Amédée père, met au point une machine à calculer qui effectue la multiplication directe grâce à la mémorisation physique de la table de Pythagore et remporte une médaille d'or à l'Exposition universelle de Paris.
Le modèle ci-contre (1892) permet d'extraire les racines carrées.
L'infatigable Léon Bollée réalise aussi différents bateaux à pédales et roues à aubes, et vend à une société anglaise la licence d'une voiturette à trois roues qui aura un grand succès. Une avenue du Mans porte aujourd'hui son nom.

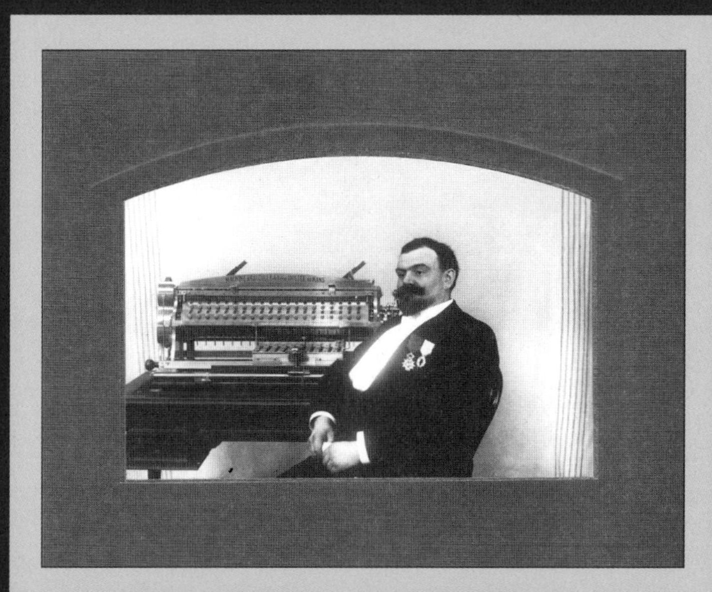

Les noms et parlers locaux

Les noms de famille

Bretagne

Bili, Morvan, Riou sont des noms de saints celtiques
Macé, Mahé, Mazé sont des équivalents de Mathieu

Guirinec, de *kirin* = bassin, terrine
Kervingant, de *ker* = hameau ou maison, et *cant* = parfait
Queouron, peut-être du gallois *cyfor* = élévation, éminence

Le Bras = le grand
Le Bihan = le petit
Le Correc, de *corre* = nain
Le Guen = le blanc
Mouelo, peut-être de *mœl* = chauve
Le Goff = le forgeron

Normandie

Lebarbanchon = Brabanchon, originaire du Brabant
Lechasles = le Charles
Gambier = fabricant de jambières
Legouemier, peut-être de *goué* = serpe, possesseur ou fabricant de l'outil
Thifagne = Épiphanie
Godheux, *Leboidre*…

Anquetil, du scandinave *Ansketil*, de *Ans* = nom de divinité et *ketell* = chaudron servant pour les sacrifices
Turgis, du scandinave *Thorgisl*, de *Thor* = nom de divinité et *gisl* = otage

Pays de la Loire

Dupé = du puits
Garcion = diminutif de garçon, valet
Pasdoit = qui habite de l'autre côté du canal
Raingeaud, peut-être de *ragin* = conseil

Boisiaud, peut-être de *boiseau* = forestier
Bouyer = bouvier
Faveroul = marchand de fèves
Forcier = gardien de forteresse
Letessier = le tisserand
Métivier = moissonneur

Les mots de chez nous

Pays gallo

jeter de l'eau = pleuvoir
bérouiner = bruiner
serin = pluie fine
bouillard, cahée, housée, renapée, enternoupeye = pluie abondante

haute-eau = marée haute
bas de l'eau = marée basse
boguer = chavirer
bosselle = nasse pour la pêche
rigadeaux = coques
berniques = patelles

patache = pomme de terre
pierres de sucre = morceaux de sucre
bottereau, fontimasson = beignet
galette = crêpe à la farine de sarrasin
lait ribot = résidu de lait du barattage
lambic = eau-de-vie de cidre

chiffon = serpillière
loque = chiffon
chiffé = froissé
pochon = sac en papier
laver la place = laver le carrelage
clave = poignée de porte

crouiller = fermer au verrou
serrer = ramasser, ranger
pigner = pleurnicher
bouenner, bouiner = perdre son temps
tatasser, beurdasser, cancaner = bavarder

Bretagne occidentale

Breiz = Bretagne en dialectes cornouaillais, léonais et trégorrois
Breih = Bretagne en dialecte vannetais
ker = hameau
plou, pleu = paroisse
penn-ti = petite maison
kaouad = averse
migaill = petits poissons
morvan = homme de mer
fest-noz = soirée dansante

Normandie

chagriner = bruiner
verser = pleuvoir à verse
relopée = pluie abondante
emballage, toile = serpillière
chique = chiffon
pouque = sac de jute pour stocker le grain ou les pommes de terre
tuile = poêle plate et lourde

barrer, cléver = fermer au verrou
purer = goutter
crocher = attraper

horzains = ceux qui ne sont pas d'ici, les étrangers au pays, au village
quin = chien
custot = sacristain

Mots issus du scandinave
houvet = tourteau
mucre = moisissure
super = boire en aspirant
se vâtrer = se salir dans la boue
éluger = ennuyer

Anjou, Sarthe et Mayenne

ousée = ondée, pluie légère
rousiner = bruiner

pet = pis de la vache
motive, métive = moisson
beurrée = tartine
fouée = tourte à la viande, aux légumes

coinchée = jeu de 32 cartes
bégaud = niais
assemblée = fête locale
bagouiller, bagousser, berdasser, berlauder, jaboter = bavarder

Vendée

mouiller = pleuvoir
mouillasser = bruiner
berouée = pluie fine
arée, gueulée = pluie abondante
enfondu = tout mouillé, trempé

bourrine = maison du marais vendéen
maraîchin = habitant des marais
bocain = habitant du bocage
saute-aux-prunes = grand et maigre
préveil = fête locale
boursette = salade de mâche
cinse = serpillière

petasser = bavarder

décanicher = se lever le matin
grâler = faire griller
achaler = importuner, ennuyer
chambranler = être en équilibre instable

Les expressions

Bretagne

aller au bas = aller à la pêche en mer
faire endêver = faire tourner en bourrique
boire au cul de la barrique = boire dans la cave à plusieurs dans le même verre (rituel des hommes à Pâques)
être glaze = être bleui par le froid
le coup de penn-baz = une note de restaurant exorbitante

Normandie

aller à la basse-iau = aller à la pêche dans les rochers à marée basse
avoir plus de goule que d'effet = parler plutôt qu'agir
faire gentil = être avenant
c'est son père tout récopi = c'est son père tout craché
arriver quand le saint est remucher = arriver trop tard

être aimable comme une vache qui bute
être bête comme une oie qui couve debout
être adroit de ses mains comme un cochon de sa queue

Anjou, Sarthe et Mayenne

avoir de la misère à faire quelque chose = éprouver de la difficulté
regarder noir = être de mauvaise humeur
piquer des pois = tomber de sommeil
être habillé en vis de pressoir = être habillé n'importe comment
tourner la mariée = serrer le pressoir à l'aide d'un pièce de bois

Vendée

tenir le droit = gouverner une barque dans la bonne direction
avoir les oreilles vent arrière = avoir les oreilles décollées
arriver à la fumée des cierges = arriver trop tard

Les adresses

ASSOCIATIONS

Normandie

Union des cercles généalogiques et héraldiques de Normandie
www.ucghn.org

Cercle de généalogie du Calvados
67, boulevard du Général-Vanier
14000 Caen
http://cegecal.org

Cercle généalogique de l'Eure
39, rue Joséphine
27000 Évreux
www.eure-genealogie.org

Cercle généalogique de la Manche
BP 30416
50104 Cherbourg Cedex
http://cg50.org

Centre généalogique de l'Orne et du Perche
5, place Boucicaut
61130 Bellême
www.orne-perche.com

Association parisienne de généalogie normande
49, rue Saint-Georges
75009 Paris
www.apgn.org

Groupement généalogique du Havre et de Seine-Maritime
BP 80
76050 Le Havre Cedex
www.gghsm.org

Cercle généalogique Rouen-Seine-Maritime
BP 1091
76174 Rouen Cedex 1
www.rouengenealogie.org

Cercle généalogique du pays de Caux
BP 14
76740 Fontaine-le-Dun
www.geneacaux.org

Bretagne

Union généalogique de la Bretagne historique
6, rue Frédéric-Mistral
35200 Rennes

Centre généalogique des Côtes-d'Armor
3 *bis*, rue du Bel-Orient
22000 Saint-Brieuc
www.genealogie22.org

Cercle héraldique, épigraphique, filiatif d'Armor
6, rue Jean-Savidan
22300 Lannion

Centre généalogique du Finistère
Rue du Commandant-Tissot
29200 Brest
www.cgf.asso.fr

Cercle généalogique et historique du Poher
Boulevard de la République
BP 251
29834 Carhaix-Plouguer Cedex
http://cghp-poher.net

Cercle généalogique d'Ille-et-Vilaine
18 *bis*, rue Frédéric-Mistral
35200 Rennes
http://cgiv35.org

Cercle généalogique Sud-Bretagne-Morbihan
87, boulevard Cosmao-Dumanoir
56100 Lorient
www.cgsb56.asso.fr

Pays de la Loire

Association pour la recherche de la région ancenienne
Centre administratif
Les Ursulines
Avenue de la Davrays
44150 Ancenis
www.arra-histoire-ancenis.fr

Centre généalogique de Loire-Atlantique
Rue Jean-Baptiste-Darbefeuille
44000 Nantes
www.cgla44.org

Association pour le dictionnaire des familles de l'Anjou
9, rue Raoul-Ponchon
49100 Angers
www.geneadic.com

Association généalogique de l'Anjou
Hôtel de Livois
6, rue Émile-Bordier
49100 Angers
www.agena49.org

Société des sciences, lettres et arts — section généalogie
Maison des sciences humaines
12, avenue du Maréchal-Foch
49000 Cholet
www.sla-cholet.org

Cercle généalogique de la Mayenne
28, rue Henri-de-Gisors
53000 Laval
www.genealogie-53.org

ARCHIVES DÉPARTEMENTALES

Calvados

61, rue de Lion-sur-Mer
14000 Caen
02 31 47 18 50
http://archives.calvados.fr

Côtes-d'Armor

7, rue François-Merlet
22000 Saint-Brieuc
02 96 78 78 77
archives.cotesdarmor.fr

Eure

2, rue de Verdun
27025 Évreux Cedex
02 32 31 50 84
archives.cg27.fr

Finistère

5, allée Henri-Bourde-de-la-Rogerie
29000 Quimper
02 98 95 91 91
Annexe : 1, rue Jean-Foucher
29200 Brest
02 98 03 16 14
www.archives-finistere.fr

Ille-et-Vilaine

1, rue Jacques-Léonard
35042 Rennes
02 99 02 40 00
archives.ille-et-vilaine.fr

Loire-Atlantique

6, rue de Bouillé
44035 Nantes Cedex 1
02 51 72 93 20
www.loire-atlantique.fr

Maine-et-Loire

106, rue de Frémur
49000 Angers
02 41 80 80 00
www.archives49.fr

Manche

103, rue du Maréchal-Juin
50000 Saint-Lô
02 33 75 10 10
archives.manche.fr

Mayenne

6, place des Archives
53000 Laval
02 43 59 10 90
www.lamayenne.fr

Morbihan

80, rue des Vénètes
56000 Vannes
02 97 46 32 52
www.morbihan.fr

Orne

8, avenue de Basingstoke
61017 Alençon Cedex
02 33 81 23 00
archives.orne.fr

Sarthe

9, rue Christian-Pineau
72100 Le Mans
02 43 54 74 74
www.archives.sarthe.fr

Seine-Maritime

Pôle culturel Grammont
Rue Henri-II-Plantagenêt
76100 Rouen
02 35 03 54 95
www.archivesdepartementales76.net

Vendée

14, rue Haxo
85000 La Roche-sur-Yon
02 51 37 71 33
archives.vendee.fr

Au cœur de la France :

Île-de-France, Centre

C’est la Belle Époque à Paris. En 1910, traverser les Grands Boulevards devient hasardeux : entre les omnibus, les voitures à cheval, les fiacres, les taxis et les automobiles, la la circulation est intense. Banques et assurances occupent des immeubles majestueux, les cafés à la mode étendent leurs terrasses sur les trottoirs, et, le soir, on se précipite au théâtre : boulevard des Italiens, boulevard des Capucines ou Montmartre, la vie parisienne bat son plein.

Dis-moi où tu habites, je te dirai qui tu es… Quand les temps changent, au tournant du XXe siècle, la maxime prend tout son sens. Des marges de Paris jusqu'aux campagnes du Centre, la diversité des habitats est grande, même chez les plus modestes ; mais partout elle renseigne sur une société à l'aube de grandes mutations.

Gîtes et logis

Il faut être de la ville pour trouver du charme à la roulotte de berger vers 1900 ! Venez donc y vivre un peu… C'est pourtant mieux que la belle étoile durant les nuits fraîches de printemps et d'automne en Beauce. Les moutons sont parqués, serrés derrière les claies, ces barrières mobiles déplacées deux ou trois fois par jour ; les chiens veillent, et le berger garde sur ses épaules la chaude limousine, cape qui lui sert de couverture. La nuit peut venir : il est prêt.

Mais si, la maison tient encore ! Et elle tiendra bien pour les générations à venir ! Bien sûr, on pourrait refaire les volets et la porte de la grange… La vieille maison solognote à pans de bois abrite le père, la mère et les trois filles, qui ont revêtu leur beau costume traditionnel pour la photographie, encore si mystérieuse à leurs yeux dans les années 1910. En Sologne, en Berry, dans le Centre, les pans de bois emplis de briques ou de torchis sont le mode de construction des maisons modestes : une technique simple à mettre en œuvre, et qui supporte maintes et maintes réparations.

Devant leur bien modeste logis, les ouvriers agricoles de la région de Chartres prennent volontiers la pose. C'est dimanche, jour qui donne droit à un peu de repos. Un jour sans paie en 1910, puisque sans travail. Encore ceux-ci ont-ils de la chance : ils ne dorment pas, comme certains, à l'écurie… Sans le savoir, ils sont le prolétariat des campagnes, n'aspirant qu'à une chose : un jour, pouvoir acheter un modeste lopin de terre, qui, enfin, soit à eux.

Sortez donc pour la photo ! Ce n'est pas si souvent que quelqu'un s'intéresse à notre ruelle étroite ! Les logements ouvriers sont si resserrés, cité Henri-Sellier… On en a beaucoup construit, depuis quelque temps, à Vierzon. On n'y manque pas de travail dans les années 1936-1938 : les fonderies et les installations des chemins de fer sont les moteurs d'une industrie active. Alors les travailleurs affluent de la campagne, mais aussi d'Espagne ou d'Italie. Pour eux, on a prévu des cités ouvrières, mais la construction est sommaire et l'espace, mesuré.

Les ancêtres ont creusé la falaise pour en extraire les pierres avec lesquelles ont été construits châteaux et belles demeures. Puis quelques-unes ont servi à édifier une maisonnette à l'entrée de la grotte ainsi formée, elle-même devenue habitation. Ainsi la famille a-t-elle pu rester au village, à Bourré, dans le Loir-et-Cher. Tout au long de la vallée du Cher, on est ainsi souvent troglodyte. Et comme la pierre est tendre, on n'a pas hésité à y creuser le puits, au plus près de la maison. Plus bas vers la rivière, on cultive un peu de vigne, des fruits, des légumes. De quoi vivre là en paysans modestes, pas riches, non, mais à l'abri de la pauvreté.

Vie de banlieue

À peine les banlieues se forment-elles aux portes des villes que déjà elles se transforment. Réceptacle du sang neuf réclamé sans cesse par la capitale, la banlieue ne cesse de grandir, et sa population d'évoluer. Longtemps, elle semble vouloir conserver quelques traits de village, mais inexorablement il faut construire, construire encore...

Toujours plus de logements ! C'est plus que jamais le credo de la banlieue en 1938. Depuis les années 1920, les cités, vastes ensembles d'immeubles le plus souvent en briques roses, apparaissent autour de la capitale. Les immigrants italiens et espagnols y cohabitent avec les Français de souche « montés à Paris » qui rêvent d'ascension sociale. Déjà, en ces périodes de crise aiguë du logement, vivre là avec tout le confort moderne – chauffage et vide-ordures ! – est un réel progrès.

Mais si ! Il te regarde… C'est dimanche matin, et les jeunes sont de sortie. Ce serait tellement bien de se trouver chacun un garçon pour aller à Paris… Pour cela, les belles ont fait assaut d'élégance. En 1945, sur les pavés d'Arcueil, on est un peu comme au village. La banlieue, c'est cela : pas tout à fait encore la ville, et déjà plus la campagne. Chaque agglomération ne se développe-t-elle pas, d'ailleurs, autour de vieux clochers ?

Dans les années 1900, les nouveaux arrivants de banlieue ont tous encore un lien très fort avec leur monde d'origine : le plus souvent la France rurale. Ah ! vivre encore au rythme des saisons, suivre l'évolution de ses semis… Hélas ! les petits coins de terre à cultiver sont rares, et seuls les privilégiés disposent d'un bout de jardin. Alors tout est bon ! Puisque le fort de Vitry est quasiment désarmé, et que pour ce qui est de la guerre on croit avoir définitivement donné en 1870, l'abbé Lemire, fondateur de la Ligue du coin de terre et du foyer, investit les fossés : en 1909, on inaugure là des jardins ouvriers. Sans illusions, on les nommera rapidement « les clos des pauvres ». En 1945, même si les privations de la guerre leur ont redonné de l'intérêt, ces potagers familiaux sont à l'aube de leur décadence.

Quelques pavillons, de petits immeubles espacés, le tout au milieu de la verdure : on se sent privilégié lorsque l'on habite la cité-jardin du Val d'Or, à Suresnes. Un exemple d'urbanisme moderne du début des années 1920, conçu par Henri Sellier sur les hauteurs de l'Ouest parisien. Il y a l'espace, l'équilibre, le calme ; les logements sociaux sont traités avec soin, dans le souci du bien-être de leurs habitants, qui sans crainte peuvent laisser les enfants jouer dans les rues tranquilles. Et le terme cité est à prendre à la lettre : équipements collectifs et sociaux, rien ne manque. Pourtant, vers 1935, on ne compte pas moins de 3 100 logements !

Produits de la terre

Le cœur de la France est un vrai garde-manger : sans cesse chemins de fer et convois doivent ravitailler la capitale et son agglomération grandissante. Céréales, fruits, légumes, l'insatiable ville réclame toujours plus. Aussi les paysans, loin à la ronde, n'ont-ils guère de soucis à se faire pour trouver des débouchés, et encore moins quand leurs productions sont rares et recherchées.

Non, Vitray-en-Beauce ne se couvrira pas de « trépigneuses » ou « piétineuses » ; à l'écart, le patron s'est déjà fait son opinion. En 1910, on expérimente ce type de batteuse sur laquelle un malheureux cheval actionne une sorte de tapis roulant ; mais il faut six hommes pour assister la machine…

Les cueilleuses de safran peuvent montrer leurs paniers : la culture de la reine des épices n'est pas courante. On la pratique cependant dans la région de Pithiviers depuis le XVIIe siècle. Dans les cuisines des grandes maisons, le safran est un adjuvant de choix ! En 1910 encore, les femmes vont de bon matin cueillir les fleurs jaunes très fragiles, qu'il faut se garder de froisser : sur les marchés du Gâtinais, elles valent de l'or !

Scène champêtre des années 1900, oui, mais scène de travail avant tout. La moisson achevée, les grands champs de blé de la Beauce accueillent femmes et enfants qui viennent ramasser les épis laissés sur le chaume. Ils sont pauvres : le vieux droit de glanage est une aubaine.

Juillet : les moissonneurs – ou plutôt métiveurs, comme on dit chez nous, dans le Cher – envahissent routes et chemins. En 1950, bien peu de paysans ont un tracteur : les chevaux sont toujours à la peine. Dans quelques années, les jeunes moderniseront l'exploitation ; en attendant, on arrête le convoi quand on croise une voiture : elles sont encore rares en pleine campagne, la route est étroite et la rencontre effraie les chiens.

Ah ! mais non ! Si, en ce troisième week-end de septembre 1932, on emmène sa petite-fille à la fameuse foire aux haricots d'Arpajon — n'est-elle pas fière de sa jolie cape et de son petit chapeau ? – , ce n'est pas que pour la fête foraine, ses baraques et ses manèges… On va bien faire aussi quelques achats de… haricots. Développée depuis la fin du XIXe siècle, la foire fait connaître les nombreuses productions maraîchères de la région, idéalement située au sud de l'agglomération parisienne. Tous les jours, on les retrouve au centre de la capitale, aux Halles ; mais ici, dans un calme relatif, les clients peuvent passer commande directement aux producteurs.

Des laitues en hiver ? À Paris, tout se trouve en 1906 ! Mais au prix d'un fameux travail. Car ce n'est pas facile de déplacer les lourdes cloches de verre qui protègent les salades pour juger de leur maturité dans le froid du petit matin. Dans les espaces de banlieue que les constructions n'ont pas encore envahis, le maraîchage est actif. Et rien de tel que la culture sous cloche pour prolonger la saison des légumes et ravitailler les marchés de la capitale et de sa banlieue.

En Seine-et-Marne, on dit que le brie est l'ancêtre de tous les fromages. Mais cet honneur, bien d'autres en France le revendiquent… En tout cas, c'est bien lui que préparent ces fromagers attentifs en 1905. Minutieusement, ils procèdent au dressage en le plaçant dans des moules de 27 cm de diamètre. Une étape délicate : avec une pelle spéciale, il faut travailler couche par couche ; c'est la garantie d'obtenir, après l'égouttage de dix-huit heures et le salage, des fromages qui pourront être, au goût de chacun, soit faits à cœur, soit bien coulants…

Vendanges à Chambord : la cuvée de 1930 sera-t-elle bonne ? On charge les dernières cuves charretières, transportées à l'aide d'une longue perche passée dans leurs oreilles percées, et on foule le raisin à la main avant de le porter au pressoir.

Le sous-sol de Paris et de sa région est un gruyère : pendant des siècles on y a ouvert des carrières pour bâtir la ville. En 1900, celles de Saint-Denis ne sont pas abandonnées : elles sont devenues, depuis une cinquantaine d'années, des champignonnières. Et bien sûr, sur les longs talus artificiels de terre, poussent les champignons… de Paris ! Réclamant une nombreuse main-d'œuvre, ce mode de culture est pénible pour ceux qui s'y consacrent : pénombre, mal de dos assuré et bien maigre rémunération – on est payé au panier récolté.

Elles sont pas belles mes citrouilles ? Si colorées, si rebondies… Et il y en a ! L'abondance est de mise sous les pavillons des Halles comme dans les rues environnantes. Si l'on propose des citrouilles, c'est par dizaines. En 1910, elles fournissent aux presque trois millions d'habitants de l'agglomération parisienne une alimentation copieuse et bon marché. Une seule suffit à nourrir une famille nombreuse !

Le ventre de Paris

Un monde : Zola l'a bien vu et bien dépeint, lui à qui l'on doit ce surnom si juste de « ventre de Paris ». Même pour les plus purs Parisiens, qui ne s'y aventurent que comme en un territoire exotique, les Halles gardent leur mystère. Mais quelle vie ! Grouillante, foisonnante, bruyante et colorée…

Tous les jours des années 1900, ils sont là, au pied des pavillons métalliques que l'architecte Victor Baltard a construits sous le second Empire, là même où se tient le marché central de Paris depuis le XIIe siècle. La place est bonne, la clientèle nombreuse. Dans la nuit, ils ont rempli à ras bord les grands paniers dans lesquels ils proposent dès l'aube leur cresson tout juste récolté : qui dit halles de Paris dit fraîcheur des produits !

Dans les sous-sols des Halles, dans tous les bistrots alentour – et ils sont nombreux ! – le travail de la nuit s'achève : c'est la pause pour les forts des Halles et le temps de leur solide casse-croûte. On y parle du temps, on y refait le monde. En 1950, ces hommes aux épaules larges vous portent comme un rien une carcasse de bœuf ou quelques sacs de pommes de terre. Ils ont aussi d'autres responsabilités, et non des moindres : leur bureau gère les emplacements des Halles, leurs attributions, leurs surfaces. Et leur probité est proverbiale : on les respecte autant pour leur force que pour leur pouvoir.

Les forts des Halles sont un peu l'aristocratie du milieu… Mais bien d'autres métiers concourent à l'activité de l'énorme marché, comme celui des hommes qui, vers 1930, se louent à la tâche avec leur voiture à bras pour se glisser dans la foule entre les étals.

Une barricade dans le Paris populaire ? Non, simplement un amoncellement de choux dans une rue, près des Halles… Car les halles de Paris, même sous l'Occupation, en ce novembre gris de 1942, c'est tout un quartier : les marchandises débordent des carreaux, les espaces voués aux divers types de produits, pour se répandre partout. Un peu plus loin, vous trouverez rutabagas et topinambours…

Que de progrès depuis le préfet Poubelle et ses réceptacles à ordures ! L'activité des Halles, en plein centre de Paris, génère chaque jour des monceaux de déchets. En 1925, les bennes à ordures sur camion sont munies de couvercles : moins de pertes et moins d'odeurs ! Ce qui n'empêche pas les rats de proliférer au cœur de la capitale… Mais laissons travailler les nombreux nettoyeurs : chaque jour, un copieux arrosage fait place nette. Le soir, une tout autre population irrigue le quartier : la bourgeoisie fréquente ses très nombreux restaurants, réputés pour la fraîcheur de leurs produits, comme les poissons de La Marée.

Comme le jeune premier sait jouer de son regard ! En 1937, il tourne dans *Gueule d'amour*, de Jean Grémillon : titre et rôle lui vont comme un gant ! Enfant de la balle, Jean Alexis Moncorgé avait été poussé très jeune sur les planches des Folies-Bergère par son père, chanteur d'opérette. Jean Duvivier lui apporte la consécration en 1936 dans *Pépé le Moko*. Puis, grâce à Jean Renoir (*la Grande Illusion* en 1937, *la Bête humaine* en 1938) et Marcel Carné (*Quai des brumes* en 1938, *Le jour se lève* en 1939), Jean Gabin (1904-1976) devient l'une des grandes figures du cinéma d'avant guerre. Après une longue traversée du désert, il retrouve les faveurs du public en 1954 (*Touchez pas au grisbi*, de Jacques Becker). Commence alors une seconde carrière de monstre sacré, jalonnée de personnages de flics, de présidents,de pachas, de patriarches...

L'acteur, l'écrivain et le baron

Paris lui doit, entre autres, l'auguste boulevard qui porte son nom. Préfet de la Seine de 1853 à 1870, le baron Georges Haussmann (1809-1891) a transformé la ville : jusqu'aux années 1960, le visage de la capitale est celui qu'il a voulu lui donner, avec de grandes percées de boulevards, le lotissement de nombreux quartiers et la construction des si caractéristiques immeubles bourgeois « haussmanniens ». Modernisation, certes, mais que d'aucuns disent pensée pour empêcher émeutes et barricades...

Porté disparu... Une victime de plus des carnages de la guerre : Alain-Fournier disparaît à la veille de son vingt-huitième anniversaire, le 22 septembre 1914. Après une enfance dans le Berry, Henri Alban Fournier, né le 3 octobre 1886 à La Chapelle-d'Angillon, est rédacteur littéraire à *Paris-Journal* dès avril 1910. Il commence alors l'écriture de son unique roman, *le Grand Meaulnes*, « mariage de réalisme et de féerie », qu'il situe dans les landes et les étangs de Sologne. Paru dans *la Nouvelle Revue française* trois ans plus tard, l'ouvrage est unanimement salué par la critique et frôle le prix Goncourt. Identifié en 1991, le corps d'Alain-Fournier est depuis inhumé au cimetière militaire de Saint-Remy-la-Calonne (Meuse).

Être blanchisseuse, c'est désormais travailler en usine : vers 1910, les grands ateliers des Blanchisseries de Grenelle ou de Paris ont remplacé les multiples petits ateliers artisanaux éparpillés dans la ville. Des camions collectent et redistribuent le linge des administrations, des restaurants, des commerces, traité de manière de plus en plus rationnelle et hygiénique.
En 1930, des ouvrières amidonnent le linge dans des cuves pour lui donner de la tenue avant le repassage ; l'opération se nomme également empesage.

Qui passe là, dans ma cour ? Un visage inconnu rue Jacob ? Pour le cinquième droite ? Tiens donc…
En 1949, rien n'échappe au regard perçant d'une concierge parisienne toujours à l'affût…
Gardienne ou mère de substitution pour les locataires ?
Un peu des deux…
Une figure de Paris, en tout cas, toujours au courant de tout, imbue de son pouvoir, même quand elle n'a pas à la main son balai, qu'elle tient parfois comme un sceptre…

Le Paris laborieux

Une immense ruche au va-et-vient incessant : Paris s'active dans tous ses quartiers. Dans les plus chics comme dans les plus populaires, il ne faut jamais chercher longtemps pour trouver un petit métier des rues, un artisan, un commerçant. Partout visible, le travail est comme le système nerveux de la capitale.

En 1910, être une midinette n'a rien de péjoratif, même si une femme qui travaille se remarque…
La midinette, c'est tout simplement la couturière ou la modiste qui, à midi, se contente d'une… dînette ! Au cœur de Paris, elles sont de plus en plus à sortir des ateliers ou des boutiques en milieu de journée, formant un nouveau groupe social de la vie parisienne.
Qui a déjà ses traditions : c'est la 7e édition de la marche Paris-Nanterre. Plus de 2 000 « petites mains » y participent !

Concierge

Tout le poids à l'avant : il faut de bons biceps pour gérer l'équilibre. Mais c'est une habitude : l'opération se renouvelle à chaque tirage, depuis le quartier Réaumur, celui de la presse, jusqu'au plus reculé des marchands de journaux. Pourtant, le travail est de plus en plus difficile : la circulation devient dense en 1930, et les rails des tramways sont un danger permanent : qu'une roue s'y engage, et c'est la chute assurée…

Un vrai désastre, oui ! On vous dit que tout est donné pour rien aux Galeries des Abbesses… Dans le populeux quartier de Montmartre, ce magasin bon marché sait attirer le chaland. Il faut dire que, en 1932, un panneau de réclame sur le ventre et un autre dans le dos, les hommes-sandwichs font partie du petit peuple de Paris. Souvent, ils ont aussi un prospectus à distribuer qui annonce des soldes ou une vente exceptionnelle. Alors que la crise économique met tant d'hommes au chômage, ce modeste travail offre un petit emploi de secours, même s'il est un peu méprisé.

Le triporteur de la poste : une institution en 1937 ! Pour près de vingt ans encore, le courrier est distribué dans la grosse boîte noire du facteur, et les colis dans le triporteur de l'employé livreur. Au fur et à mesure de la tournée, ponctuée de haltes chez les concierges et de conversations brèves avec les agents de police, le chargement devient plus léger et le mollet plus souple…

Paris s'industrialise ? L'économie marche ? Pas pour tout le monde… En 1910, les temps qui changent ont leurs laissés-pour-compte, habitants des rues en quête de ressources, en quête de travail. Si la ville veut donner une image de progrès, elle est aussi, en même temps, ville de misère. Combien sont montés de province en se berçant d'illusions ? Heureusement, des services d'aide se mettent en place : soupes populaires, réfectoires pour les nécessiteux, comme ici dans le XIXe arrondissement. Que l'on porte un béret ou un chapeau – on a sa dignité –, une gamelle de soupe chaude fait du bien ; au moins pour un moment…

Le monde ouvrier

Dès la fin du XIXe siècle et jusqu'aux années 1950, l'agglomération parisienne est le premier ensemble industriel de France. Une importante population de travailleurs donne leur physionomie aux faubourgs et aux banlieues. Dans les arrondissements périphériques, où les usines côtoient les logements populaires et les commerces, la vie ouvrière donne son rythme à la ville.

1945, Montrouge, aux portes de Paris. La grande usine de matériel électrotechnique de la Compagnie des compteurs tourne à plein. Le soleil entre chichement dans les ateliers, dont l'aspect est encore celui d'autrefois. À l'époque, les établissements industriels sont nombreux dans la petite couronne, les villes de banlieue jouxtant Paris. Dans les années 1960, beaucoup s'exileront bien plus loin, les vastes surfaces qu'ils occupaient étant livrées aux promoteurs immobiliers.

USINES RENAULT
BUREAU D'EMBAUCHE
57, Quai de Billancourt
Tournez à Droite

Mai 1936 : la gauche a gagné ! Chez Renault, la forteresse ouvrière qui occupe de si vastes espaces à Boulogne-Billancourt, on est à la pointe des mouvements qui réclament le progrès comme un dû : le Front populaire fait naître tant d'espoirs ! Conditions de travail, salaires, toutes les revendications s'expriment, et la grève est rapidement votée. Grève qui s'accompagne de l'occupation de l'usine : les ouvriers ont un sentiment de propriété envers leur outil de travail. Paradoxe : c'est à côté du bureau d'embauche que les grévistes grimpent sur le mur pour communiquer avec l'extérieur, où les gardes mobiles sont stationnés, à toutes fins utiles…

Hall d'usine ? Non, cantine des usines Citroën du quai de Javel, en 1916. Dans le cadre de l'effort de guerre national, l'entreprise s'est mise à la fabrication d'obus. Parmi les 13 000 personnes qui y travaillent alors, une grande majorité de femmes : les hommes sont au front. Après quelques inventions qui ont largement fait progresser l'industrie automobile naissante, André Citroën a mis la fabrication de voitures au ralenti au profit des armes. Ce qui ne l'empêche pas de poursuivre une politique sociale. Les femmes enceintes, par exemple, touchent des primes de naissance et d'allaitement : une vraie première.

Entre le ponton-embarcadère des coches d'eau et le quai de l'Horloge, au pied du Pont-Neuf, le coin est bon… Le bruit de la circulation du quai haut est amorti, et les promeneurs se gardent bien de trop parler. La pêche se doit d'être silencieuse. Dans les années 1920, on pratique encore beaucoup la pêche à la ligne tout le long de la Seine. Souvenez-vous : il y a vingt ans, en 1900, elle faisait même l'objet d'une épreuve hors compétition de la deuxième édition des jeux Olympiques !

Paris sur Seine

à partir de 1837, les travaux se multiplient pour urbaniser la Seine : plus de hauts-fonds, de bras multiples et de pertuis, mais des quais réguliers, des berges maçonnées. Après avoir longtemps subi les caprices du fleuve, la capitale en fait un paysage apaisé, son fleuron.

Parmi les cris de Paris, écoutez donc ceux des mariniers : au début du xxe siècle, toute la ville est un port. De quartier en quartier, chaque quai a sa spécialité, et les chalands encombrent le fleuve. Tirés par des remorqueurs à vapeur ou encore halés par des chevaux, ils s'amarrent flanc contre flanc le long du quai des Grands-Augustins, où le petit bras de la Seine devient bien étroit pour les nombreux trains de péniches qui descendent le fleuve. Ailleurs, pour ravitailler par exemple les ébénistes du faubourg Saint-Antoine, ce sont les trains de bois qui arrivent par flottage du Morvan ; plus en aval, les barriques viennent emplir les entrepôts de vin de Bercy…

On effectue quelques travaux au pont Royal, l'ancien pont des Tuileries, qui a repris son nom d'origine attribué par Louis XIV. On le traverse pour aller admirer les grands jardins du cœur de Paris, qui viennent d'être réaménagés, ainsi que le pavillon de Flore, qui achève l'aile sud du Louvre. Ce dernier ponctue le vide laissé par l'aile ouest, incendiée en 1871 et détruite en 1883. En cette année 1900, la circulation sur le pont est encore faible et les encombrements sont plutôt réservés à la desserte fluviale ; le coche d'eau assure des trajets réguliers pour de nombreux passagers. Mais bientôt un nouveau moyen de transport va révolutionner Paris : on attend avec impatience et grande curiosité l'essor du métropolitain…

Et le voilà lavé et brossé de frais… L'homme empoche quelques sous et guette le prochain promeneur qui aura choisi de sortir son chien sur les quais. Un compliment, une interpellation familière, et cela fera un nouveau client ! En 1900, laveur de chiens, barbier ambulant, cardeur de matelas ou… marchand de pommes sont des petits métiers des quais qui viennent ponctuer l'activité fluviale et portuaire.

37 °C à Paris, Rochefort, Biarritz, Tours, Bourges… Cet été est vraiment celui de la canicule ! Dans toute la France, le thermomètre – qui n'en a pas un sur le rebord de sa fenêtre ? – frôle les 40 °C. Le 2 août 1937, à Paris, c'est intenable… Alors plus d'hésitation : la Seine est là, avec sa fraîcheur relative ; un peu partout se risquent des baigneurs : qui jusqu'aux chevilles, qui jusqu'aux genoux… Des adolescents audacieux osent le plongeon : vraiment, ça fait du bien ! Cela dit, tous restent quand même au plus près des berges… À l'époque, le bain dans la Seine, en pleine eau, ne se pratique plus depuis longtemps ; à température exceptionnelle, expérience exceptionnelle !

Place du Châtelet, un carrefour central à Paris entre les axes nord-sud et est-ouest, la circulation est dense. Depuis 1855, la Compagnie générale des omnibus assure le transport des voyageurs. En 1909, tirées par des chevaux, les voitures roulent sur des rails : l'effort est moindre pour les bêtes.

Circulez !

Circulez, certes, mais prenez le temps : il y a toujours quelque chose à voir en cette époque où des chevaux déboussolés sont de plus en plus cernés par des automobiles. Sans aucun doute, l'évolution des transports traduit de façon éclatante la transformation de la société entre le XIXe et le XXe siècle.

Ça y est ! Le Malakoff-les Halles est électrique ! Une ligne de plus, vraiment moderne, pour traverser tout le sud de Paris. Merci à la Compagnie parisienne des tramways, qui propose là une trentaine de places confortables. En 1912, il ne reste plus que quelques lignes du réseau parisien, pas encore unifié, à électrifier. Déjà la capitale est l'une des grandes villes les mieux équipées en transports publics.

Même s'il comporte une première classe, on ne saurait prendre le métro en sortant des boutiques de luxe de la place Vendôme ! Dans ce quartier de prestige, les taxis sont nombreux en 1930, et tellement plus pratiques ! Et les chauffeurs, vraies figures parisiennes, sont aimables : on peut leur demander son chemin. En outre, ils ont toujours quelque chose à raconter…

Heure d'affluence : on n'est pas trop de trois à l'entrée du quai. Pas question, en ce moment, d'interpeller son homologue du quai d'en face… Et d'innombrables confettis de joncher le sol. Dans les années 1950, il n'y a pas qu'aux Lilas qu'un personnel vigilant poinçonne, poinçonne et poinçonne encore cartes et tickets. Le poinçonneur immortalisé en 1958 par la chanson de Serge Gainsbourg est présent à l'entrée de chaque quai, dans chaque station. Une présence familière et rassurante d'un personnel qui finit par connaître ses habitués.

Oui, l'image est exceptionnelle : dans son écrin de carreaux de faïence immaculée – la publicité n'a pas encore droit de cité ici –, voici que la première rame du métropolitain entre à la station Étoile ! Ce 18 juillet 1900 est une date mémorable, ingénieurs, ouvriers, personnels en sont bien conscients. Dans quelques jours, tous les Parisiens pourront peu à peu se familiariser avec cette réalité nouvelle de la capitale : bien vite, il s'approprieront ce métro que, pour l'heure, quelques esprits chagrins disent oppressant et dangereux…

Pages suivantes
Le rythme est effréné : les chantiers du métro se succèdent sans trêve. À chaque fois, la technique évolue et ne cesse d'émerveiller. Pour la ligne 4, comme ici au débouché du boulevard Saint-André (actuelle rue Danton) sur la place Saint-Michel, on assemble en surface les fermes métalliques du tunnel avant de mettre en place un tronçon entier.

BAUDET DONON & Cie
CONSTRUCTEURS
139, RUE SAUSSURE
COIFFEUR
BILLARD

Paris, nouvelle Venise ?

Incroyable ! Faut-il s'effrayer du drame ? S'émerveiller du spectacle ? Fin janvier 1910, Paris connaît l'une des plus importantes inondations de son histoire. Commencée le 21 janvier, la crue de la Seine atteint son paroxysme le vendredi 28 au pont de la Tournelle, avec une cote de 8,50 m. Le zouave du pont de l'Alma a alors de l'eau jusqu'aux épaules ! Les Parisiens rivalisent de prouesses pour circuler, mais jouent aussi les badauds le long du fleuve en furie…

Vendredi 21 janvier, la capitale connaît depuis quatre jours un véritable déluge. La veille, la navigation a été interrompue sur la Seine, faute de tirant d'air sous les ponts. À partir du 23, les eaux atteignent le haut des quais et se répandent dans les quartiers contigus, souvent plus bas que les parapets. Le fleuve monte de 2 cm par heure ! Dix arrondissements de Paris voient leurs sous-sols submergés…
Le vendredi 28, la zone des quartiers inondés s'étend comme une tache d'huile des deux côtés du fleuve. Sur la plus grande partie de la rive gauche avoisinant la Seine, on ne se déplace plus qu'en barque. Pour les piétons, le génie a heureusement établi dans les voies principales des passerelles supportées par des tréteaux, comme autour du boulevard Diderot et de l'avenue Ledru-Rollin… Mais lisons notre lyrique confrère Lavedan, de *l'Illustration* : la Seine, écrit-il, « toute sortie et pour ainsi dire debout et échevelée dans son vieux lit, roule comme un char silencieux, au galop horizontal et furibond de ses immenses attelages lumineux qui l'emportent en se ruant vers la mer ». À ses yeux, le Trocadéro prend des « silhouettes de mosquée sainte à Bénarès devant un Gange qui serait tout à coup devenu d'une fureur de tigre ». Le lendemain, alors que l'Élysée est envahi, la décrue semble s'amorcer. C'est le soulagement pour les Parisiens, privés d'éclairage public, d'eau potable, d'électricité depuis plusieurs jours… On annonce plus de trois mois de travaux pour rendre à Paris tout ce que l'inondation a détruit ! Quinze mille immeubles sont touchés ; des dommages colossaux atteignent gares, métro, ateliers, entrepôts et usines ; on estime que 200 000 personnes sont affectées dans leur logis ou leur travail… Le drame, qui a fait une victime, aurait pu être bien plus meurtrier encore.

En 1912, l'inauguration fut fastueuse. Sous la verrière monumentale due à Majorelle, les Galeries Lafayette s'ouvraient désormais sur le boulevard Haussmann. Qu'elle semblait loin, leur fondation par Alphonse Kahn et Théophile Bader en 1893, à l'angle des rues La Fayette et de la Chaussée-d'Antin ! Le succès est toujours là dans les années 1950, et ce n'est pas fini…

Paris commerçant

Grands magasins, petits vendeurs des rues, boutiques très spécialisées : le commerce règne à Paris ! Au tournant du siècle, des livraisons aux achats, l'activité marchande est partout.

Un des plaisirs de la flânerie sur les Grands Boulevards, ce sont les étals de vêtements qui envahissent les trottoirs. certes, on ne va pas faire là des essayages ! Mais achèteriez-vous un corset sans prendre les mesures ? La taille de guêpe, c'est la mode, en 1910 !

Toujours prêts pour une livraison ou une expédition : M. Boucicaut, déjà, l'exigeait ! En créant en 1852 le Bon Marché, premier des grands magasins, Aristide Boucicaut pose les principes du commerce moderne. Le client est roi : en 1930, un personnel nombreux est encore à son service. Sur le trottoir, les porteurs attendent les colis et aident les clientes quittant, les bras chargés, le magasin construit par Eiffel. Modèle du *Bonheur des dames* de Zola, l'établissement ne doit-il pas être, selon les termes de l'écrivain, « une cathédrale du commerce pour un peuple de clients » ?

Un regard, un geste : les habitués de Drouot ont le coup d'œil pour jauger la marchandise ! Tout se vend et tout s'achète à l'hôtel des ventes de Paris, où les enchères passionnent aussi bien les grands collectionneurs d'art que les petites gens à la recherche d'une occasion bien utile. Dans les années 1950, les commissionnaires – toujours savoyards depuis un privilège octroyé par Napoléon III – sont compréhensifs : ils laissent les amateurs examiner les objets dès le déchargement sur le trottoir ; un vrai bric-à-brac…

Un attelage de bœufs en plein Paris ? Allez donc juger du poids de toutes ces bouteilles d'eau minérale ! Il faut bien les livrer puisque tant de maisons ne reçoivent pas encore l'eau de la Ville ! Beaucoup, en 1908, préfèrent cette eau de qualité, achetée en pharmacie, à celle des fontaines publiques. Alors on accepte le grincement du chariot sur les pavés, les meuglements à l'aube, et… les bouses sur la chaussée ! Et puis, le livreur auvergnat est bien sympathique…

Bouquiniste, quel métier ! Déjà, obtenir une concession pour une « boîte » accrochée sur le parapet des quais n'est pas facile, mais passer l'après-midi devant en plein hiver… Pourtant, quel que soit le temps, il y a toujours des fouineurs qui espèrent trouver l'édition rare… Près du pont du Carrousel, la clientèle est choisie : le quartier des antiquaires est juste en face, et on peut vendre quelques belles gravures ou reliures anciennes. Et puis, si le métier est dur, il fait partie des vieilles traditions parisiennes et des attractions dont les touristes sont friands !

À la sauvette… C'est comme cela qu'on les vend, ces chapeaux, sur les trottoirs de Paris, tout en étant prêt à fuir avec son gros sac de marchandise dès qu'un képi bleu apparaît à l'horizon… Ces marchands à la limite de la légalité sont nombreux durant la crise économique des années 1930, qui voit s'épanouir le système D : D comme débrouille…

Une halte au carrefour : en 1910, c'est souvent là que le gros bidon d'essence monté sur un chariot est installé. L'emplacement est bon : les automobiles peuvent stationner sans gêner la circulation. Une fois la pompe manuelle branchée sur le fût, un réservoir de verre se remplit tandis que l'autre se vide : on contrôle ainsi la quantité versée dans le réservoir. Et, bien sûr, chauffeur et « pompiste » en profitent pour échanger quelques potins.

28 avril 1912 : Jules Bonnot enfin arrêté !

Le 21 décembre 1911, la France est en émoi : un garçon de recette de la Société générale vient d'être sauvagement attaqué rue Ordener, dans le XVIIIe arrondissement, par quatre bandits en automobile. La bande à Bonnot commence à défrayer la chronique, semant les morts et la terreur sur son passage... Cela va durer jusqu'au 28 avril 1912.

De casse d'armurerie en attaque de banque, les « bandits tragiques », qui ont bien compris tous les avantages qu'ils pouvaient tirer de l'automobile, multiplient leurs actions en cet hiver 1911-1912. Au petit matin du 25 mars, sur la route de Melun, à Montgeron, Bonnot et ses comparses assassinent le chauffeur Mathille et son compagnon Cérisoles, et dérobent leur voiture pour attaquer, deux heures plus tard, la Société générale de Chantilly. Le bilan est sanglant : deux employés sont tués. Tous les commissariats de France reçoivent les photographies anthropométriques des bandits, dont les têtes sont mises à prix : 100 000 francs à qui permettra leur capture ! Deux cents inspecteurs de police se mettent en campagne. Soudy et Callemin sont arrêtés dans les jours qui suivent, mais Jules Bonnot court toujours...

À l'aube du 28 avril 1912, le pavillon d'un certain Jean Dubois, qui tient un garage rue Jules-Vallès, à Choisy-le-Roi, est cerné par la police.
Tout indique que Bonnot s'y est retranché. Après quelques échanges de coups de feu, les renforts affluent : gendarmes, gardes républicains et gardiens de la paix. Le préfet, le procureur de la République, le substitut et le juge d'instruction sont aussi sur les lieux. Quelque 30 000 badauds sont accourus en train, en fiacre, à pied... Après plusieurs heures de siège, Xavier Guichard, directeur de la Sûreté, donne l'ordre de dynamiter le repaire du bandit...

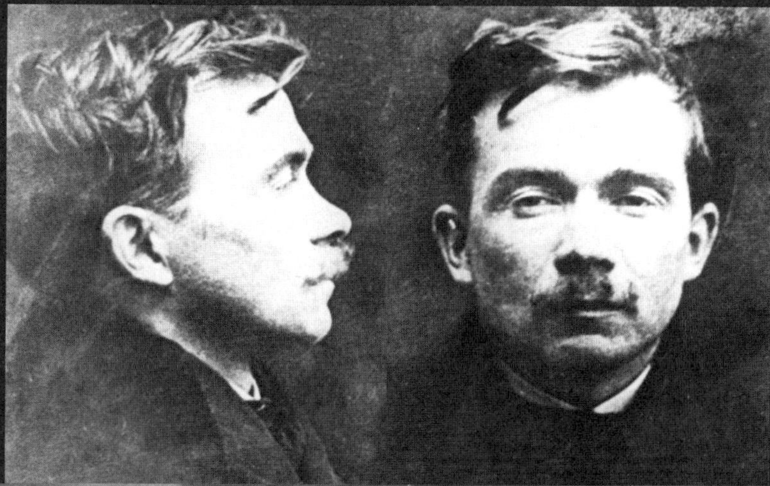

Bon ouvrier mécanicien, Jules Bonnot, né le 14 octobre 1876 dans le Doubs et installé à Lyon, est pourtant considéré comme un agitateur anarchiste par ses patrons. Fiché par les services de police comme un homme « très violent et méchant », il tombe vite dans l'illégalité et s'illustre dans quelques délits : recel, trafic d'automobiles, fausse monnaie..., avant de monter à Paris et d'y former sa bande.

Lorsque les agents investissent l'étage du garage, Bonnot, encore vivant, est caché sous des matelas. Il s'écrie : « Salauds ! » et tire un coup de revolver. La police riposte... Bonnot est extrait de la chambre, inconscient, par l'escalier extérieur avec « beaucoup de peine », face à une foule en colère. à 13 h 15, il s'éteint à l'Hôtel-Dieu.

C'est au siège du journal *l'Anarchie*, à Romainville, que Bonnot rencontre ses futurs compagnons de route : les Belges Callemin, dont le surnom, Raymond la Science, indique son « amour immodéré pour la lecture », et Édouard Carouy, André Soudy, Octave Garnier, Antoine Monier... Une vingtaine de jeunes gens – certains n'ont pas vingt ans lors des premiers méfaits – qui se réclament de la mouvance individualiste et illégaliste.

Après vingt-cinq jours de débats mouvementés, le procès des survivants de la bande à Bonnot s'achève le 27 février 1913. Les sentences tombent : la peine de mort pour Callemin, Monier, Soudy et Dieudonné, reconnu comme étant le quatrième homme de la rue Ordener ; le bagne à perpétuité pour Metge et Carouy, qui se suicide peu après...

Choisy-le-Roi. Comme la boîte à lait, les godillots ont vécu… Mais c'est avec sérieux que les gamins s'acquittent des « commissions » et, surtout, rapportent « le » journal : *l'Humanité*, porteur en 1945 des espoirs de la classe ouvrière des banlieues.

Les escaliers de la butte Montmartre sont durs pour les fonds de culotte… Mais quelle tentation ! Malgré la guerre, en 1943, la mise des écoliers du quartier est soignée : ils sont parisiens, bourgeois, et se démarquent des enfants du reste du XVIIIe arrondissement ou, plus encore, de la banlieue. Mais que dira Maman en voyant les traces d'usure sur la flanelle grise ?

Les enfants dans la ville

Reflets de leur temps, les enfants vivent malgré la misère, malgré la guerre, tous les espoirs d'une époque. À Paris comme en banlieue, ils sont l'âme des quartiers ; qui les observe observe la société d'alors.

Au jardin des Tuileries, l'élégance n'attend pas le nombre des années… Vers 1895, la jeunesse aisée du centre de Paris vient profiter là de l'espace, des jeux, des baraques de confiseurs ou du théâtre de Guignol. Sur le grand bassin, on pousse avec des tiges d'osier de gracieux voiliers qui font rêver quelques petits pauvres égarés là… Mais pourquoi ces enfants de bourgeois ont-ils besoin d'être surveillés par des nourrices ou des nurses anglaises ? Finalement, n'est-on pas plus libre à Belleville ou à Argenteuil ?

La corvée d'eau ? C'est le quotidien des enfants des faubourgs. Porte de Versailles comme tout autour de Paris, la zone des anciennes fortifications, les fortifs, accueille des logis de fortune. Quelques planches, de vieilles tôles, trois parpaings, et voilà un abri… Pourtant, en cette année 1937, se dressent déjà là les habitations à bon marché ou HBM ; mais tous n'y ont pas accès.

À la pointe du modernisme et de l'élégance Art déco, voici un rendez-vous des beaux quartiers : le sport n'est-il pas encore quelque peu aristocratique, en 1930 ? Aussi la foule est-elle dense à la piscine Molitor, entre XVIe arrondissement et bois de Boulogne. L'année dernière, pour l'inauguration, on avait invité… Tarzan ; oui, Johnny Weissmuller en personne ! Et en hiver, le grand bassin devient patinoire… Vraiment très chic, non ?

Paris des lumières, Paris des fêtes, Paris insouciant de la Belle Époque et des Années folles… À la capitale laborieuse et marchande se superpose la ville des plaisirs, celle du théâtre et des chansons, des sports et des foires, celle des flâneries sur les Grands Boulevards ou les Champs-Élysées ou, simplement, des longues pauses aux terrasses des cafés.

Pour le plaisir…

Place Denfert-Rochereau, un vrai petit orchestre rameute les passants ; batterie, banjo et, surtout, chanteur ! Dans la foule, certains reprennent en chœur : « J'ai la rate qui s'dilate, l'estomac, bien trop bas… » Ouvrard, Montal, Mayol ou Chevalier : nul besoin de faire tourner les 78-tours sur un phonographe pour connaître les succès populaires du jour : ils sont en vente ici, en piles, sous forme de « petits formats », avec paroles et musique…

Trouver une place à la terrasse de la Closerie des Lilas, tout en haut du boulevard Montparnasse, tient de la gageure… Vers 1925, le quartier est en vogue, et l'établissement jouit déjà de sa réputation de restaurant des artistes et des écrivains. Le souvenir de Baudelaire et de Verlaine y est encore vif, on a pu y voir Paul Fort, le jeune Alain-Fournier, Dorgelès ou Apollinaire… Mais regardez : là-bas, n'est-ce pas cet Américain, vous savez, Hemingway, en train d'écrire *Le soleil se lève aussi* ?

La foire du Trône ? Dans les années 1900-1910, on ne sait pas encore ce que c'est… Pour l'heure, place de la Nation, se tient la foire aux pains d'épice. Une institution : elle remonte au XVIe siècle ! Elle est peu à peu devenue une grande fête foraine : manèges, saltimbanques, confiseries et… pains d'épice. Mais écoutons le marchand : « Parce que, un jour, le roi ordonna que des moines ne laissent plus leurs cochons aller et venir sur la foire, les religieux, pour narguer le souverain, fabriquèrent des cochons en pain d'épice ! Alors, vous m'en prendrez bien quelques-uns ? Ils sont faits maison…

Ce samedi soir de fin de printemps 1937, il y a foule boulevard Poissonnière. On est venu « faire les boulevards » et s'offrir le cinéma ou le théâtre. Pensez ! Dans un même film, Jules Berry, Fernandel et Raimu ! *Les Rois du sport* valent bien quelques minutes de queue ! Quant au théâtre des Nouveautés, juste à côté, il propose *V'là le travail*, une revue des plus enlevées. Le choix est difficile !

Ah ! les guinguettes des bords de Marne… Un monde où l'on oublie tout le temps d'une danse ! Les joies simples et populaires, les moules-frites et l'accordéon, la fête et le plaisir, en un mot : on est libre, chez Gégène, à Joinville-le-Pont. Autour de sa roulotte installée là en 1918, Eugène Favreux – Gégène, c'est lui – avait eu l'idée d'installer son bar, ses balançoires, un jeu de boules et même… un dromadaire ! Le succès n'a pas tardé. En 1947, ce rendez-vous des amoureux a fait école, et les guinguettes ont fleuri au bord de la rivière. Ce ne sont pas les ouvriers et les employés qui vont s'en plaindre : l'endroit est à eux !

Distractions du dimanche

Nul ne parle encore de loisirs, mais aux environs de Paris se multiplient les occasions de détente : les dimanches, peu à peu, deviennent prétextes à sorties, et la vie, enfin, ne se confond plus uniquement avec le travail.

1913. Depuis deux ou trois ans, la mode est au bains de rivière. Sur la Marne, les sportifs sont au plongeoir, les audacieux apprennent la natation ! On se baigne au bout de l'île Fanac, à Joinville, qui vous a des airs de petite station pimpante… Mais la grande spécialité sportive de l'endroit, c'est l'aviron : plusieurs clubs se sont installés là.

Sur le lac d'Enghien, les jolis chapeaux sont de rigueur : on aborde bientôt près du casino, très fréquenté par les élégantes et les élégants qui viennent prendre les eaux à la station thermale la plus proche de la capitale. Bientôt les enfants joueront dans le parc, les dames tendront leur verre sous les fontaines, et les messieurs, qui n'ont bien sûr pas oublié leurs cigares, se donneront quelques frayeurs autour des tapis verts. Allez donc dire que cette année 1900 n'est pas la Belle Époque…

Incroyable ! Les cris de la foule du stade Buffalo de Montrouge s'entendent dans le poste ! Et le commentateur nous fait vivre ce championnat de France 1923 des poids lourds comme si on y était ! Merveille de la radio, qui offre là son premier reportage presque en direct… Alors, Georges Carpentier ou Marcel Nilles ? Le premier, à la carrière déjà bien remplie, a les faveurs du public et des auditeurs. Écoutez donc, on saura bientôt qui est champion…

Sport et mondanités

Chez Citroën, il a créé la célèbre Traction ; aujourd'hui, Pierre-Jules Boulanger explique la mécanique de la 2 CV à Robert Lacoste, le ministre de l'Industrie et du Commerce. Conçue avant guerre, mise en sommeil pendant les années noires, la « très petite voiture » voulue par les pouvoirs publics, accessible à tous et « capable de transporter 4 personnes et 50 kg de bagages dans un maximum de confort », est à l'honneur le 7 octobre 1949 au Salon de l'automobile : elle fait sensation. Son allure insolite déconcerte, mais le grand public, séduit par son prix (185 000 francs), l'adopte : les carnets de commandes ne désemplissent pas.

Quelle allure ! Quelle élégance… Nul ne s'y trompe, et c'est toujours accompagnée d'un cercle d'admirateurs que la belle Marlene Dietrich se déplace à Paris. Aujourd'hui, 21 juin 1939, elle est aux courses à Auteuil. Sport hippique et mondanités font bon ménage, comme, pour bien peu de temps encore, Français et Allemands. Mais depuis deux ans, cette fille d'officier prussien est naturalisée américaine : avant même que n'éclate le second conflit mondial, l'actrice et chanteuse a choisi son camp.

La dynastie Naudan-Legrand

Une rencontre à Paris va unir deux familles par-delà les montagnes aveyronnaises : l'événement, emblématique d'un destin de bougnat, fonde une histoire semblable à celles des nombreux provinciaux montés à Paris. À l'aube du XXe siècle, ils viennent s'installer dans la capitale en quête de travail, tout en gardant de profondes attaches au pays.

Depuis le début du XXe siècle, Baptiste Naudan et sa femme Eugénie Rieu, tous deux originaires de l'Aveyron, tiennent à Créteil un dépôt de charbon. Décédé pendant la Première Guerre, Baptiste laisse trois fils : Célestin, René et Jean-Baptiste. Élevés d'abord par leurs grands-parents à la ferme familiale de Coubisou, ils rejoignent leur mère à Créteil vers 1920. Célestin et René trouvent chacun une place de garçon de café et Jean, né en 1915, débute en tant que commis au café Rey, près de la place de la Bastille, jusqu'à son service militaire. Juste après la guerre, il fait la connaissance de Marcelle, qu'il épouse en 1945. Les parents de Marcelle, Émilie et Jean Legrand, sont aussi venus de l'Aveyron, de Saint-Amans-des-Cots, vers 1920. Ces bougnats (le mot vient de *charbougna*, charbonnier en patois auvergnat) tiennent un commerce de bois et de charbon et se font aussi, à l'occasion, marchands de vin. Mais bientôt, avec l'arrivée de l'électricité et du fioul, la vente de bois et de charbon périclite : baptisé Le Café du Métro, l'établissement devient un bar à part entière. C'est le premier commerce de la rue de Rennes à être raccordé au réseau électrique. La situation des Legrand s'avère de plus en plus florissante : la construction d'une maison familiale à Espalion débute vers 1926, tandis que, dix ans plus tard, c'est au volant d'une belle traction que M. Legrand promène sa famille. Après le mariage de leur fille Marcelle, qui est derrière le bar depuis ses seize ans, les Legrand associent Jean-Baptiste Naudan à la gestion du café. En 1975, c'est Colette Naudan, née en 1950 au-dessus du café, comme sa mère, qui prend le relais ; elle a entre-temps épousé un Parisien, Gérard Monnaye. En 1997, leur fils Christophe reprend le lieu et revendique l'appellation de « bougnat du XXIe siècle ».

Baptiste Naudan, originaire de Coubisou, est arrivé à Paris vers 1890. Son dépôt de charbon est établi à Créteil : à l'époque, c'est encore la campagne... En 1910, il pose (ci-dessous) avec ses aides sur la charrette qui leur permet de livrer le charbon en ville. Après sa mort, sa femme reprend le commerce de bois et de charbon, secondée par ses fils après leur travail. Expropriée vers 1935, Eugénie Naudan s'installe alors dans un petit appartement de la rue de Chalons, près du café Rey.

De gauche à droite : Jean-Baptiste, René et Célestin Naudan, les fils de Baptiste. Se conformant à l'air du temps, ils vont abandonner le charbon pour le café. Célestin deviendra propriétaire du café-hôtel La Pinte du Nord, rue de Saint-Quentin, et René, du café Le Corona, rue du Louvre. Jean, commis au café Rey, sera mobilisé en 1939, au retour de ses deux ans de service militaire, puis retenu prisonnier au Stalag II 4. À la libération, il rencontrera, lors d'un bal à la Bastille, Marcelle Legrand, née en 1921, avec laquelle il se mariera.

Après la guerre, la mode des années 1950, imposant peu à peu les têtes nues, entraîne la fermeture définitive et la mise en vente, en 1953, de la boutique du chapelier qui jouxte le café. C'est l'occasion pour l'établissement des Naudan-Legrand, alors confiné à l'angle de la rue Saint-Sulpice, de s'agrandir plus loin sur la rue de Rennes et d'inaugurer une décoration plus moderne avec néons en façade, Skaï et Inox dans la salle... Situé au 67 de la rue de Rennes, à la sortie du métro Saint-Sulpice, le café modifie également sa dénomination, et devient Au métro. Mais les vieilles habitudes aidant, l'appellation Café du Métro réapparaîtra rapidement !

Jean-Baptiste et Marcelle Naudan ont repris l'établissement des parents de Marcelle dans les années 1950. Après avoir accordé le café au goût moderne, ils s'offrent quelques séances de pose avec Mme Legrand. Celle-ci, devenue veuve, est revenue à Paris pour seconder ses enfants au Café du Métro, après s'être occupée quelques années de sa petite-fille Colette, avec son mari, dans la maison familiale de Coubisou, près d'Espalion.

Émilie et Jean Legrand passent leurs vacances à Espalion, dans l'Aveyron, avec leur fille Marcelle, alors âgée de quatorze ans. Ils reviennent chaque été au pays pour retrouver les parents, les frères et les cousins : pique-niques en famille et promenades sur l'Aubrac s'enchaînent...

Les noms et parlers locaux

Les noms de famille

Île-de-France

Bradelle, peut-être de *bradier* = rôtisseur
Decochereux, peut-être de *cocherel* = éleveur de coqs
Thuillant = tuilier
Flamard = enflammé, ardent
Quinegagne = perdant
Coulmance, peut-être du flamand
Coolemans = Nicolas
Chailliou = lieu caillouteux

Orléanais

Cosson = revendeur de beurre, de volailles et de blé
Doucet = doux, aimable
Taffaleau, peut-être de *taff*, peur = poltron
Augendre, Augros, Aussourd, Autissier, Abrue = fils du gendre, fils du gros…
Repincay, *Repinsay*, *Repinsé*, peut-être issus d'un nom de lieu

Berry

Chapiotin = charpentier
Chevrete = chevrier
Paillault, de *paillau*, mesure de terre = possesseur de la parcelle
Courtilet = petit jardin clos
Meillien, peut-être de *mellier* ou *mellerey* = néflier
Planteureux, de *plantureux* = terre fertile
Arretaud, d'*arestel* = angle d'un bâtiment, d'une rue
Rabaté, de *rabater*, faire du bruit, du tapage = tapageur

Touraine

Baillargeau, Baillarger = marchands de baillarge (orge de printemps)
Favereau = marchand de fèves
Pastoureau = berger
Métivier = moissonneur

Delaunay = celui qui habite près d'un bois d'aulnes
Delétang = celui qui habite près d'un étang
Destouches = celui qui habite au lieu-dit Les Touches (petit bois, taillis)
Brossard = de brosse, broussaille
Ronsard = de ronce
Moreau = brun de peau
Bodin = veau
Echerseau, peut-être d'*eschars* = économe, avare
Fierdepied = qui aime à frapper (férir) du pied, donc irascible
Fromiau, de *fromion*, fourmi = laborieux et prévoyant

Les mots de chez nous

Île-de-France

dix-huit = soulier ressemelé, 2 fois neuf
menteu = celui qui enjolive la réalité
à l'œil = à la simple vue du débiteur, paiement différé

Centre

bonhomme, bounoume = le mari
patron et patronne = les époux
drôles, drôlières = les enfants

pochon, pocheton = sac en papier
brasser la salade = mélanger la salade
sicoter = remuer
berdasser =bouger en faisant du bruit
allevasser = traîner, faire de menus travaux

Berry

aca d'iau, agas, aiguasse, secouée = pluie d'orage
bergnasser, braziner, brouasser, brouer = bruiner
friler = geler

ouvrages = gros travaux des champs
cadrin = pot de fer pour la soupe dans les champs
gerbaude = bouquet de moisson
resse = grande corbeille pour les légumes et racines fourragères
chambrat = grenier à foin
plote, pelote = gros tas de fumier
louée = foire où se louent les domestiques

boursette, clairiette = salade de mâche
blette = betterave
tartouffe, treffe, truffe = pomme de terre
gouère = tarte aux fruits
marotte, grimelote, caton, miton, pet de meunier = grumeau
bignon = beignet à pâte épaisse
chanciau = beignet à pâte liquide
miat = clafoutis
aillati = mal levé (gâteau)
arrivages = légumes d'accompagnement
goûter = repas de midi
amodurer = couper le vin avec de l'eau
peilles = vieux chiffons
poëlon = casserole
devantière = tablier
bassie = évier
buie, bujée = lessive
étarigne = toile d'araignée
chandi = moisi

remigeux, gougneux = guérisseur
baziot, berdin, berleau, bredaud = simple d'esprit
champi = enfant naturel, abandonné
goulues = billes de verre coloré
canettes = billes d'argile
maraud = chat mâle

bacouetter, bagousser = bavarder
tuer = éteindre (une bougie)
chabroter = remuer, agiter
épiter = épier
rensarrer = fermer
papiéter = recouvrir les murs de papier

Touraine

abat d'eau = pluie d'orage
berrouée, beurrouée = pluie fine
gagou = flaque d'eau

métive = moisson
basse = cuve de vendange
bassocotte = panier en bois des vendangeurs
berlot = repas de fin de vendanges
fillette = petit bouteille de vin
bernâche = vin nouveau
martiner = goûter le vin de l'année

castilles, gadelles = groseilles
lisette = betterave
rousserolle = beignet de carnaval
miot, miottée = sorte de soupe froide au vin ou au lait

place = sol de la cuisine
berouette = brouette
poche = sac en toile
jouannée, chalibaude = grand feu de cheminée
irantelle = araignée

être rendu = être arrivé
se bûcher = se bagarrer
barrer = fermer au verrou
bouliter = jeter un coup d'œil
déroller = enlever les draps
haricoter = marchander, mal travailler la terre

Les expressions

Centre

grand coume un dépendl'eux d'andouilles = de très grande taille
i chante comme une palune dans un sabiot, il chante comme une abeille dans un sabot = il chante faux
ribouler des quinquets = rouler des yeux
l'ageasse a emporté le douzi, la pie a emporté le fausset du tonneau = il n'y a plus de vin, c'est la faillite !

Berry

il se prépare une giboulée de curé = il va pleuvoir à verse
faire la fouine = faire l'école buissonnière
donner un coup de fion = mettre la dernière main à quelque chose
se mettre en malice = se mettre en colère
c'est de la moutarde après dîner = cela arrive trop tard
un quarteron d'œufs = deux douzaines et une unité, soit 25 œufs

Touraine

àsteure = maintenant
être mal attelé = être mal marié
des œufs de dinde = des taches de rousseur
cougner les paux = sommeiller en dodelinant de la tête
faire son quêtou = être sans entrain
foutre à l'ours = jeter aux ordures

Les adresses

ASSOCIATIONS

Île-de-France
Union généalogique francilienne
64, rue Louis-Braille
77100 Meaux
www.idf-genealogie.org

Cercle de généalogie et d'héraldique de Seine-et-Marne
19, route de Voisenon
Bât. A
77000 Melun
http://cghsm.over-blog.org

Cercle généalogique de la Brie
4, avenue du Général-Leclerc
77400 Lagny-sur-Marne
http://cgbrie.free.fr

Cercle généalogique de Versailles et des Yvelines
Versailles Associations
2 *bis*, place de Touraine
78000 Versailles
www.cgvy.org

Cercle généalogique de Conflans-Sainte-Honorine et de la Batellerie
MJC Les Terrasses
Avenue du Pont
78700 Conflans-Sainte-Honorine
http://mjcconflans.org

Archives et Familles
64, rue de la Garenne
91230 Montgeron
http://archivesetfamilles.free.fr

Centre généalogique de l'Essonne
10 *bis*, rue Ollivier-Beauregard
91380 Chilly-Mazarin
www.genealogie-91.fr

Cercle généalogique de Boulogne-Billancourt
Maison des associations
60, rue de la Bellefeuille
92100 Boulogne-Billancourt
http://cgbb.free.fr

Cercle généalogique 92 Hauts-de-Seine - Section d'Asnières
Centre Robert-Lavergne
11, rue Robert-Lavergne
92600 Asnières-sur-Seine
http://cg92.free.fr

Cercle généalogique de l'Est parisien
Archives départementales
18, avenue Salvador-Allende
93000 Bobigny
www.cgep93.org

Association généalogique de Franconville-la-Garenne
108, chaussée Jules-César
95130 Le Plessis-Bouchard
http://agfg-franconville.fr

Association historique, généalogique et héraldique du Val-d'Oise
Foyer Claire-Fontaine
23, avenue de la Gare
95320 Saint-Leu-la-Forêt
http://ahgehvo.free.fr

Centre
Union généalogique du Centre
https://sites.google.com/site/genealogieregioncentre/Home

Cercle généalogique du Haut-Berry
Place Martin-Luther-King
18000 Bourges
www.genea18.org

Société généalogique d'Eure-et-Loir
BP 20018
28001 Chartres Cedex
www.sgel28.com

Société généalogique du Bas-Berry
Maison des associations
34, espace Mendès-France
36000 Châteauroux
http://phpacaud.wix.com/sgbb

Centre généalogique de Touraine
11 *bis*, rue des Tanneurs
37000 Tours
www.tourainegenealogie.org

Cercle généalogique de Loir-et-Cher
11, rue du Bourg-Neuf
41000 Blois
http://cglc41.fr

Le Loiret généalogique
BP 72233
45402 Fleury-les-Aubrais Cedex
www.loiretgenealogique.org

ARCHIVES DÉPARTEMENTALES

Cher
Rue J.-M.-Heurtault-de-Lamerville
18000 Bourges
02 48 55 82 60
www.archives18.fr

Eure-et-Loir
Esplanade Martial-Taugourdeau
Pont de Mainvilliers
28026 Chartres Cedex
02 37 88 82 20
www.archives28.fr

Indre
1, rue Jeanne-d'Arc
36000 Châteauroux
02 54 27 30 42
www.indre.fr/archives

Indre-et-Loire
6, rue des Ursulines
37000 Tours
02 47 60 88 88
http://archives.cg37.fr

Loir-et-Cher
2, rue Louis-Bodin
41000 Blois
02 54 58 41 24
www.culture41.fr

Loiret
6, rue d'Illiers
45032 Orléans Cedex 1
02 36 99 25 00
www.archives-loiret.com

Paris
18, boulevard Sérurier
75019 Paris
01 53 72 41 23
canadp-archivesenligne.paris.fr

Seine-et-Marne
248, avenue Charles-Prieur
77190 Dammarie-les-Lys
01 64 87 37 00
archives.seine-et-marne.fr

Yvelines
2, avenue de Lunca
78180 Montigny-le-Bretonneux
01 61 37 36 30
archives.yvelines.fr

Essonne
38, rue du Commandant-Arnoux
91730 Chamarande
01 69 27 14 14
www.essonne.fr

Hauts-de-Seine
137, avenue Joliot-Curie
92000 Nanterre
01 41 37 11 02
archives.hauts-de-seine.net

Seine-Saint-Denis
18, avenue du Président-Salvador-Allende
93000 Bobigny
01 43 93 97 00
www.seine-saint-denis.fr

Val-de-Marne
10, rue des Archives
94006 Créteil Cedex
01 45 13 80 50
archives.cg94.fr

Val-d'Oise
3, avenue de la Palette
95011 Cergy-Pontoise Cedex
01 34 25 36 75
www.valdoise.fr

Entre Saône et Vienne :

Bourgogne, Limousin, Auvergne

La pause ! Pas besoin d'attendre la fin des vendanges, à Rully, pour faire la fête. Chaque interruption du travail est prétexte à savourer cette convivialité chère aux pays de vignobles. D'autant que, en 1950, il reste encore une période sombre à oublier…

Pourquoi la coutellerie à Thiers ? Sur place, on ne trouve ni mines de fer ou d'acier, ni carrières de meules… Mais il y a la Durolle ! Cette rivière torrentueuse fournit une eau très pure et, depuis le xve siècle, l'énergie nécessaire aux moulins et aux ateliers des couteliers.

Du feu jaillissent des lames

Même en 1950, les conditions de travail de l'émouleur sont encore extrêmement rudes. Est-ce pour cela que, fier et indépendant, il est considéré comme le seigneur de ceux qui travaillent dans la coutellerie thiernoise ? Dans son rouet, son atelier des bords de la Durolle, il s'attache à blanchir la lame et à lui donner son tranchant. Sa posture particulière, allongé sur une planche au-dessus de la meule, rend sa tâche éprouvante.

Les patrons passent, le travail reste… L'usine Servance, ou Chapon, appartient successivement à plusieurs entreprises de coutellerie de Thiers : Vauzy-Baraduc dans les années 1880-1890, Dassaud-et-Bechon vers 1890, et la Société générale de coutellerie et orfèvrerie (SGCO) à partir des années 1900. Mais le travail y est toujours aussi dur. Il l'est encore en 1920, comme ici, surtout pour les émouleurs, étendus sur leurs planches. Pour eux comme pour les polisseurs, qui effacent les traces et les rayures laissées par l'émouture, la précision du geste est primordiale.

Qui passe à Thiers ne peut ignorer les marques qu'a laissées la coutellerie dans la cité. Tout rappelle cette activité : des noms de rues (de la Coutellerie, des Forgerons, des Usines, de l'Industrie…), une enseigne au-dessus d'une boutique, les premières forges industrielles dans la vallée, ou encore une roue à aubes captant l'énergie de la Durolle.

« S-P » ? Un label ! Depuis 1567, on marque à Thiers les produits des maîtres couteliers afin d'éviter toute contrefaçon et de garantir la qualité. Ici, les deux lettres sont les initiales des Sauzède-Péaloux, principaux propriétaires de l'usine d'Entraigues, datant de 1836. Comme les poinçons sur les métaux précieux, les marques de coutellerie porteront la référence thiernoise dans le monde entier. Ainsi, dans le magasin de vente, entre deux clients, on prépare peut-être une commande pour les colonies, ou même pour la Chine !

La porcelaine : née de la terre et du feu

Limoges, ou quand le kaolin se change en or… Les récits de Marco Polo avaient suscité des rêves de porcelaine : à partir du XVIIIe siècle, l'argile douce et blanche de la terre limousine les a rendus réalisables.

Certes, on est fier de travailler dans une importante manufacture de Limoges ; mais pas dans les conditions qu'impose un encadrement jugé trop lointain et arbitraire. En ce printemps 1905 où des luttes sociales se développent un peu partout, la grève est lancée à l'usine de porcelaine Haviland. Le 13 avril, les dirigeants décident la fermeture de toutes les usines de la ville, jetant des milliers d'ouvriers dans les rues. Face à une foule de plus en plus nombreuse et vindicative, l'armée intervient ; des barricades sont élevées (ici, rue de la Mauvendière). Le 17 avril, la mort de Camille Vardelle, tué par les soldats, marque le point culminant des émeutes.

Le travail est méticuleux. L'émailleuse applique une feuille d'argent (le paillon) qui, sous le fondant, couverture d'émail transparent, donnera un effet de miroir. Ce paillonnage, à la mode à l'époque Art déco, l'est toujours en 1945.

1899, Vollore.
Sans doute ont-elles pris la pose pour le photographe, ces trois femmes vêtues avec recherche pour la circonstance. L'une, debout, est fileuse et tient sa quenouille garnie de laine pour façonner un fil. Sa voisine est dentellière. Sur ses genoux, son carreau, un petit métier portatif où un cylindre reçoit le carton perforé représentant le modèle.

Fileuses et dentellières

Les doigts fins animent l'aiguille avec régularité. Au village ou dans les ateliers des manufactures, des mains habiles perpétuent les gestes de métiers qui cousinent avec l'art.

Le leveur est là ! À lui le fruit du travail des dentellières, qu'il recueille lors de sa tournée, tout en laissant modèles et fils pour les prochains travaux. Indépendantes, les ouvrières travaillent selon la saison au couvige, en plein air, ou à l'assemblée du village. Elles sont rétribuées à l'aune (120 cm) par le manufacturier en dentelles du Puy, qui n'a donc ni usine ni salariés.

Non sans fierté, les velouteuses reproduisent des gestes ancestraux : les tapis de la Savonnerie firent la fortune des ateliers creusois jusqu'aux années 1900. Plus de 300 ouvrières travaillent alors sur des métiers de haute lisse (où les fils de chaîne sont verticaux), à Aubusson et à Felletin. Mal payées, elles obtiennent à partir de 1910 un système salarial plus avantageux.

29 mai 1899 : Le Creusot en grève

Ah ! le tournant du siècle… Derrière les lourds rideaux du château des Schneider, il suscite bien des inquiétudes. Malgré tant de travail offert, tant de mesures sociales promulguées, de maisons ouvrières attribuées, la colère sociale gronde au Creusot. Pour une dynastie familiale d'industriels, il est difficile de comprendre que la classe ouvrière aspire à une révolution sociale. Des salaires décents, la fin de la soumission aveugle aux patrons… Alors c'est la grève ; elle est autorisée depuis 1864, mais elle reste passible de renvoi !

Mai 1899 : tout commence. Les prémices du mouvement sont palpables les 16 et 17, quand la plate-forme des hauts-fourneaux s'arrête deux jours pour réclamer des augmentations de salaires. Le 29 mai, ce sont 4 000 ouvriers – ils sont 8 979 en tout – qui se mettent en grève, présentant deux revendications : « une augmentation générale de… 50 centimes » et « plus d'égards de la part des chefs ». Après l'échec des premières négociations, le Syndicat des ouvriers métallurgistes et similaires du Creusot et dépendances (SOM) est créé le 31 mai, recueillant 6 000 adhésions dans la journée ! Dans les jours suivants, les grévistes défilent, drapeau républicain au vent, sur la route de Couches, tandis que quelques « jaunes » ont repris le travail sous la pression d'Eugène II Schneider. Mais celui-ci finit tout de même par céder – momentanément : il accorde une augmentation de salaire rétroactive et « accepte » le syndicat, sans toutefois le reconnaître officiellement…

En juillet 1900, une grande manifestation investit les rues du Guide, de Chalons et des Écoles, poursuivant vers la porte de l'Escalier, qui mène à la plate-forme des hauts-fourneaux, en contrebas. Les femmes sont peu nombreuses parmi les ouvriers du Creusot (1,5 %), alors que les enfants représentent presque 7 % de la main-d'œuvre ; mais elles ne sont pas les dernières à revendiquer. En tête de cortège, vêtues de leurs habits du dimanche, elles entraînent les enfants dans leur sillage. Ce déploiement prépare l'exode, une marche sur Paris qui s'organise depuis l'automne 1899 : une audacieuse alternative à la grève, mais qui avortera…

Pierre Waldeck-Rousseau est avocat d'affaires de formation. Élu député de Rennes en 1879, il a été ministre de Gambetta, puis de Jules Ferry. La nomination, le 22 juin 1899, d'un gouvernement qu'il préside et qui comprend dans ses rangs, pour la première fois de l'histoire de la République française, un ministre socialiste, Alexandre Millerand, fait naître beaucoup d'espoir chez les ouvriers. Ils vont rapidement déchanter… Le seul soutien que le gouvernement leur apportera sera la grâce qu'accordera en septembre Émile Loubet aux 55 grévistes condamnés à des peines de prison à la suite des manifestations des 20 et 21 juillet 1900.

Après l'échec de la grève de juillet 1900 et l'arrestation des leaders syndicaux, le SOM est moribond. La liste patronale a remporté les élections municipales, raffermissant d'autant le pouvoir d'Eugène Schneider sur son usine. Un pouvoir qui restera incontesté pendant près d'un demi-siècle, dans des ateliers où l'on joue pourtant, dans tous les sens du terme, avec le feu, comme ici, à la coulée d'acier Martin.

L'arbitrage du gouvernement dans les conflits sociaux de l'automne 1899 n'impose rien à Eugène Schneider, qui s'empresse de menacer de licenciement les grévistes et favorise la création d'un syndicat « jaune », concurrent du SOM et aux ordres de la direction. Le 14 avril 1900 est inaugurée à Paris la nouvelle Exposition universelle, dont le pavillon du Creusot est l'une des principales attractions. Cette vaste coupole blindée, peinte en rouge, couvre 2 000 m^2 et dresse des tourelles armées de grosse artillerie vers la Seine. Une démonstration réussie : Schneider en sort conforté, félicité par le président Émile Loubet.

Des grands noms de l'industrie

À chacun sa ville, identifiée étroitement à son entreprise. Clermont-Ferrand, c'est Michelin ; Le Creusot, les Schneider. Ici, le caoutchouc et les pneus ; là, les aciers et la mécanique. Partout les dynasties industrielles jouent la carte du progrès. Ainsi, tout au nord de la Bourgogne, la famille Lescure fera bientôt bouillir les marmites de la SEB, la Société d'emboutissage de Bourgogne.

Nunc est bibendum ! « Maintenant, buvons ! » Buvons l'obstacle. Tel est le slogan lancé pour la réclame de ses pneumatiques, en 1898, par André Michelin. Un curieux personnage bedonnant y est associé : Bibendum, appelé à une incroyable et universelle popularité. Il parraine le *Guide Michelin* en 1900 et les premières cartes routières en 1910, l'année même où un char Bibendum défile à la mi-carême.

Même si la première grève a eu lieu ici il y a trois ans, l'esprit maison règne dans l'entreprise d'André et Édouard Michelin, les fils du fondateur. La fabrique produit des pneus pour cycles, fiacres, véhicules hippomobiles, et désormais pour les quelque 40 000 voitures françaises de l'époque. Des femmes procèdent au démoulage et au nettoyage des enveloppes en caoutchouc ; même si l'odeur est tenace, elles sont moins soumises aux vapeurs de soufre et de caoutchouc que les hommes qui travaillent un peu plus loin à la vulcanisation des bandages pneumatiques. En 1907, les Michelin sont désormais plus de 4 000 – dont 3 000 ouvriers contre 50 en 1889 –, soit 10 % de la population de Clermont-Ferrand.

Le chemin de fer tire le train de l'industrie. Et, au Creusot, sous l'impulsion des Schneider, d'immenses cathédrales industrielles se dressent au pied de l'ancien château des maîtres de forges. Ces messieurs des bureaux, en chapeau, viennent assister au montage des locomotives : une vraie cérémonie.

Moins de six heures ? Renaux l'a fait !

La brume habille le puy de Dôme en ce 7 mars 1911. Mais tous les yeux sont tournés plus loin, vers le nord ; va-t-il arriver ? Les dépêches ont confirmé le départ de Paris, il y a cinq heures. Or les frères Michelin offrent 100 000 francs si le parcours est réalisé en moins de six heures !

L'avion – l'aéroplane, plutôt – est un Farman-Renault de 11 m de long et 12,75 m d'envergure, doté d'un moteur Renault de 8 cylindres en V délivrant 60 CV. C'est bien sûr un héritier des moteurs d'automobiles, la marque de Boulogne-Billancourt ne négligeant pas de s'intéresser à l'aéronautique naissante. Après bien des essais d'endurance, le pilote Eugène Renaux en a pris ce matin les commandes. Il a pour navigateur Albert Senouque. Très expérimentés, ils tentent aujourd'hui un exploit : relier Paris, ou plus exactement l'aérodrome de Buc, près de Versailles, et Clermont-Ferrand, en moins de six heures. Un défi que d'autres n'ont pu relever.

Mais voici que les conversations s'apaisent : toutes les têtes sont maintenant tournées dans la même direction… Au loin, un bruit. Puis, très vite, la forme du biplan se dessine dans le ciel. Les voilà ! Vont-ils réussir le plus dur : atterrir sur un terrain improvisé et loin d'être nivelé ? À 14 h 23, l'avion, bien stabilisé, s'arrête à quelques mètres des rochers, au terme d'un vol de 5 h 35, avec une brève étape à Nevers. Le Grand Prix Michelin est gagné. Ce soir, dans les salons de la société de pneumatiques, à Clermont, on évoquera les autres défis à venir.

Ils ont osé la grève ! Dure, longue, comme les mineurs savent la faire, eux pour qui l'effort est constant. Près du Creusot, Montceau-les-Mines accueille dans ses puits nombre d'anciens campagnards et beaucoup de Polonais. Mais à quel prix ! Le travail est parmi les plus durs. Alors peu à peu se développe le syndicalisme et, dans les années 1900, des mouvements sociaux agitent le monde ouvrier. Ici, dès 1901, il s'empare du pouvoir local. En souvenir de l'engagement des mineurs, le nom de leur puits, Jules-Chagot, a été donné à un quai le long du canal du Centre.

Ils peinent sous la terre

Des confins du Morvan aux collines boisées de la Creuse en passant par la Nièvre, il faut peiner pour atteindre les richesses secrètes du sous-sol. Et les espoirs sont souvent déçus ou revus largement à la baisse. De vrais paysages industriels se construisent cependant, îlots d'industrie dans un monde rural.

Un Eldorado dans la Creuse ? Certes, mais bien éphémère… D'anciens gisements aurifères gaulois sont en effet redécouverts au milieu du XIXe siècle, entraînant recherches et demandes de concessions. Mais les résultats sont décevants et les gisements souvent insuffisants pour une exploitation industrielle. Sur le site du Châtelet, près d'Évaux-les-Bains, les recherches commencées en 1905 donnent lieu à un début d'exploitation dès 1908. Après un arrêt en 1914, elle reprend en 1923, ralentit, et cesse définitivement en 1955. Entre 1906 et 1955, 10 880 kg d'or ont tout de même été extraits.

Le bruit des courroies transmettant le mouvement aux tamis à rouleaux rivalise avec la force des odeurs dans l'atelier de la maison de moutarde Parizot. Plus loin, l'air est sucré : on fabrique des confitures. Fondée par Jules Parizot en 1920, l'entreprise offre ses produits dans un beau magasin au 44, rue de la Liberté, en plein centre-ville. Jean Lizet, gendre du fondateur, prend la direction de la maison en 1933.

Dijon

La moutarde, le pain d'épice, le cassis… Les grands ducs de Bourgogne, leur histoire et leurs artistes prestigieux… Que demander de plus ? Dijon, pourtant, demande au XIXe siècle le chemin de fer : et quand le fameux PLM — Paris-Lyon-Marseille — dessert la ville, il génère un formidable élan économique et industriel dans la région. De 1850 à 1900, Dijon passe de 30 000 à 70 000 habitants !

Déjà attiré par la politique avant la guerre, le chanoine Kir est élu maire de Dijon en 1945 ; il le restera jusqu'à sa mort, en 1968. Ce membre actif de la Résistance que l'on croyait mort, assassiné par la Gestapo, fait sa rentrée dans la ville sur un char libérateur ! Excellent orateur à l'humour redouté, il n'a aucun mal à évincer ses adversaires, moins hauts en couleur ou compromis dans la collaboration. En 1949, ce prêtre pittoresque est si populaire que, par un accord passé avec un fabricant de liqueur de cassis, le mélange de celle-ci avec du vin blanc sec – le « blanc-cass » – devient simplement le kir !

Le photographe est là au bon moment : à la foire gastronomique qui renaît de ses cendres en 1949, il ne manque pas de saisir le géant Atlas, entre deux émissions radiophoniques, sur le stand du célèbre fabricant de cassis Lejay-Lagoute. Dans l'euphorie de l'après-guerre, le commerce et la réclame font bon ménage : Dijon s'embarque pour les Trente Glorieuses.

En 1920, des artisans extraient le jus du cassis, plante voisine de la groseille cultivée surtout dans les hautes côtes, en écrasant les fruits entre deux cylindres. La liqueur de cassis est une spécialité dijonnaise depuis le XIXe siècle.

On a « fait de l'eau » à Laroche-Migennes puis aux Laumes. Soufflant sa vapeur, la locomotive pénètre sous la verrière. « Dijon-ville, Dijon-ville… » En 1900, la gare de Dijon est un grand carrefour ferroviaire aux nombreuses correspondances : Paris, Lyon, la Savoie, la Lorraine et le Jura. La gare sera détruite le 7 septembre 1944, quelques jours avant la libération.

Le bois quotidien

Même si c'est par le fer qu'on l'attaque, le bois est au cœur de la civilisation rurale. Du flottage au charbon, de la tonnellerie à l'ébénisterie, de la fabrication des sabots à celle des manches d'outils, son travail manifeste encore le lien très fort qui rattache l'homme à la nature. Une relation que l'explosion industrielle va effacer en quelques décennies. Heureusement, un peu plus loin, il restera quand même le vignoble et ses ceps…

De toutes les tailles, ses sabots trouveront toujours preneur ; ils sont si pratiques ! Ils ne craignent ni la pluie ni la boue et s'enlèvent d'un geste à l'entrée de la maison. En Puisaye comme ailleurs, en 1900, tout le monde en porte. Alors le sabotier répète les gestes réguliers qui dégagent du bloc de bois la forme du sabot, puis le creuse.

Ils ont choisi les plus beaux troncs, ont dressé leurs chevalets et saisi le filariot, la longue scie qui est leur seul outil et qu'ils manient avec précision : le trait doit rester bien droit. En 1910, on rencontre encore dans les forêts du Nivernais des scieurs de long. Grâce à la régularité de leurs gestes, le bois noble est débité en planches dont les plus soignées donneront, en ville, de magnifiques parquets.

Les vrais hommes des bois, ce sont bien ces charbonniers des zones forestières de la Côte-d'Or, qui font peur aux enfants et dont la vie est auréolée de mystère… Après une rasade d'un rouge léger venu des côtes voisines, ils retourneront veiller sur le bûcher qu'ils ont construit un peu plus loin, où se consument les parties les moins nobles des arbres – la charbonnette. Lentement, celles-ci donneront un charbon de bois apprécié pour la lenteur de sa combustion. Et quand la coupe sera épuisée, ils partiront ailleurs, toujours dans la profondeur des bois.

Jeunes et vieux, tout le monde participe aux vendanges, le grand moment de la vie du village vigneron. C'est en effet le temps de la convivialité paysanne, dans les travaux comme dans la fête. Souvent, le pressoir et les divers matériels nécessaires sont installés dans la rue, où les commentaires sur le futur vin de l'année vont bon train.

En 1950, la notoriété du Clos-Vougeot est bien assise. L'ancien domaine viticole des moines de Cîteaux abrite les chapitres de l'illustre confrérie des Chevaliers du Tastevin et les vignes du domaine sont parmi les plus prestigieuses du vignoble bourguignon. On se souvient encore que le château, bâti en 1551, avait été menacé, entre les deux guerres, d'être racheté par un Allemand : les vignerons s'étaient alors groupés pour acquérir le domaine.

C'est à La Clayette, à la limite du Mâconnais et de la Bourgogne, que Faustin Potain fonde, en 1928, une société qui fabrique tréteaux, brouettes et autres matériels de bâtiment et travaux publics. En 1936, l'entreprise prend de la hauteur avec les fameuses grues qui vont faire sa renommée. Une politique d'innovation constante lui permet aujourd'hui de contrôler le marché mondial.

Faustin, Henri et Marie-Rose

Chanter son Auvergne natale, Henri Pourrat, né en 1887 à Ambert, dans le Puy-de-Dôme, y parvient sans mal, diffusant largement les vertus et l'esprit paysan de son pays à travers son œuvre. En 1931, il obtient le grand prix du roman de l'Académie française pour *Gaspard des montagnes*, et en 1941, le prix Goncourt pour *Vents de mars*.

Une femme à la mairie ! Au mois de novembre 1943, le gouvernement de Vichy nomme Marie-Rose Bouchemousse maire de Vigeois, en Corrèze. Pourtant, les femmes ne peuvent alors ni voter ni être éligibles. Cela ne sera possible qu'en avril 1944, par une décision du gouvernement du général de Gaulle.

Deux attelages de bovins dans l'exploitation : en 1935, c'est encore un signe de prospérité. Mieux que des machines, leur force puissante fait merveille sur les pentes du Cantal, pour engranger les récoltes sous le toit à forte pente recouvert de chaume de seigle. Un grand toit qui abrite hommes et bêtes durant l'hiver, long et rigoureux.

Veaux, vaches, cochons...

La campagne est encore par ici morcelée, découpée par les haies vives et les bosquets. Chacun élève et cultive tout le nécessaire, mais l'élevage, pour la viande ou le lait, prédomine. Il marque fortement les modes de vie. Le bœuf d'attelage esseulé après la mort de son compagnon de joug ? C'est un *caffe*... Et un jeune homme au bal qui reste sans cavalière ? Un *caffe*, lui aussi !

Interpellations et meuglements emplissent l'espace, avant que ne tournent les manèges qui retiendront femmes et enfants. Pour l'heure, on négocie ferme, en patois du Morvan, et les billets vont et viennent discrètement sous la biaude, cette longue veste devenue quasi professionnelle. Dans les années 1900, tôt le matin, les jours de foire animent ainsi le champ de Mars d'Autun ; et plus encore à la Saint-Ladre, la Saint-Lazare du 23 février. Tous les éleveurs de la région sont là pour échanger les bœufs blancs de la race charolaise, promise à un bel avenir.

Unis sur la photo comme dans le travail, Marius et son épouse rentrent la fenaison à la ferme de Saint-Hippolyte. Nous sommes en 1950 et, sur les chemins de la montagne de Riom, le char à quatre roues leur est encore bien utile. Mais, bientôt, comme les autres, ils changeront de matériel, car le tracteur gagnera rapidement les contrées les plus reculées, et la mécanisation bouleversera l'agriculture.

Le lait vient d'arriver, encore chaud, dans les gerles, les récipients en bois que l'on a portés du troupeau jusqu'ici à deux, à l'épaule, à l'aide d'une barre. Sur les prés d'altitude des monts d'Aubrac, les hommes ont accompagné les troupeaux en cet été 1903, comme chaque année. Au buron, habitation et atelier d'estive, ils vont faire cailler le lait, qui sera ensuite égoutté dans des faisselles. Après un premier séchage, il sera mis en forme (la fourme) et placé sous presse avant d'être déposé en cave.

Le travail ne s'arrêtera que le temps de la photo : le fromage réclame tous les soins des ouvrières de cette importante laiterie, aux installations très modernes pour 1930. Elles doivent mouler et laisser égoutter le caillé obtenu du lait de vache, sans adjonction de produit chimique, puis retourner plusieurs fois les fromages et les frotter de sel. Alors se forme lentement la pâte persillée de ce fromage découvert vers 1850 par un paysan, Antoine Roussel, qui remarqua que, placée près du vieux pain de seigle, sa fourme de Rochefort se couvrait de moisissures bleutées qui lui donnaient un goût particulier, loin d'être désagréable ! Il n'y avait plus qu'à reproduire en cave les conditions d'affinage : le bleu d'Auvergne était né.

POSTES-TÉLÉGRAPHES & TÉLÉ
CAISSE NATIONALE-D'ÉPAR
TRIZAC

Dans la cour de leur école de Fixin, en Côte-d'Or, les enfants ont revêtu leurs plus beaux atours pour la photo annuelle. Et comme les gendarmes, à cheval, apportent à l'instant une missive à monsieur l'instituteur, ils sont aussi requis pour prendre la pose.

Enfants d'ici et d'ailleurs

Quand finit le XIXe siècle et que commence le XXe, la République a semé des écoles sur tout son territoire. Les instituteurs sont les missionnaires de l'esprit républicain et du sentiment national, qui s'ancrent dans le pays par la médiation des enfants. Et si certains risquent d'être exclus, si d'autres doivent être protégés, c'est toujours à l'école que l'on fait appel.

1942. On sait maintenant que la guerre sera longue, que toutes les villes sont ou seront menacées. Quand on le peut, on envoie les enfants à la campagne. Ainsi, à Trizac, dans le Cantal, les petits Parisiens se regroupent sur la place, partageant les échos de leur découverte de la vie rurale et… des enfants de la campagne.

La tradition apparaît dès le XVIIIe siècle : les nourrices morvandelles, réputées, se rendent à Paris pour travailler, et les petits Parisiens orphelins ou difficiles font le trajet inverse pour être placés. Ainsi pouvait-on voir souvent, jusqu'aux années 1950, devant les modestes maisons du Morvan, plus d'enfants qu'il n'en était né au village.

Même au château, on l'aura entendu : quelques roulements secs, une voix tonitruante, et l'avis municipal est sûrement bien diffusé. D'autant que le tambour de ville de Rully, en Saône-et-Loire – une attraction devenue rare en 1955 –, dispose d'assistants fidèles. Au long de sa tournée, les enfants sont en effet nombreux à ses côtés. À qui passera-t-il les baguettes aujourd'hui ? Tous en rêvent… Quand la radio est encore rare et le téléphone bien difficile à obtenir, chaque village dispose de son tambour, souvent confié au garde champêtre, dont les tournées tissent un lien de plus au sein de la communauté villageoise.

Et la vie va…

Au village, nul ne songerait à déroger aux rites de la vie sociale : ouvrir sa porte au voisin, proposer un verre au facteur ou au tambour de ville, partager les nouvelles en venant à la fontaine ou au lavoir. L'espace est celui d'une communauté, chacun s'y reconnaît. Les petits événements quotidiens ponctuent le temps qui passe et, si changements il y a, ils sont imperceptibles.

La salle : à Perpezat, comme dans la plupart des maisons rurales, c'est la pièce à vivre. La chambre est à côté, l'atelier et les bêtes à peine plus loin. Dans la pièce, tout est à portée de main. On s'y repose, on s'y restaure, on y reçoit, et on y parle. On y parle beaucoup, entre soi ou avec tous ceux qui passent et à qui on offre un canon. Tout participe à une chaude atmosphère, celle des échanges au cœur de la maison, où la télévision n'a pas encore pénétré : nous sommes dans les années 1950. Au milieu de la pièce, la cuisinière de fonte ronronne en continu ; même en été, les soirées peuvent être fraîches en Puy-de-Dôme.

Peut-être vaut-il mieux ne pas entendre… Car il s'en dit des choses autour de la fontaine, à Bagnols, dans le Puy-de-Dôme, comme ailleurs. En 1936, l'eau courante se répand déjà largement dans les bourgs, mais on continue – les femmes surtout – de venir à la fontaine. Pour l'eau ou pour les rencontres ?

Grande activité ce matin au pied du pont. On a confié aux lavandières un bon nombre de draps et de nappes, grandes pièces de linge de maison qui vont bénéficier de la pureté des eaux de la Creuse. Vers 1900, on délègue en effet les plus grosses lessives, comme celle-ci, à des professionnelles, plus à l'aise pour travailler dans le courant de la rivière traversant Aubusson que dans l'espace clos du lavoir.

Suivons le baptême : il y a des dragées à ramasser ! Bien sûr, les enfants de Romenay, en Saône-et-Loire, ne manquent pas l'occasion. Ils n'ont pas besoin pour cela d'avoir conscience de participer à l'un des moments forts de la vie collective du village, encore ritualisée par de tels événements en 1937.

Le religieux au cœur de la ville

L'anticléricalisme a eu beau triompher dans les premières années du XXe siècle, les célébrations et les rites de l'Église catholique comptent toujours parmi les manifestations publiques les plus nombreuses dans les villes et les villages de France. Sorties d'église, enterrements ou processions mêlent dans les rues le religieux et le civil ; croyant ou non, on vit encore à leur rythme.

1941. C'est la guerre, mais on est le 15 août. Partout en France on célèbre la Vierge Marie depuis que Louis XIII en a fait le vœu, en 1638. Et des processions parcourent villes et villages derrière la statue de la protectrice de la France. Depuis un an, le gouvernement du maréchal Pétain est replié à Vichy : c'est dire que toute manifestation y revêt une importance particulière. À travers les rues de la ville d'eaux, c'est l'évêque de Moulins, Mgr Gonon, qui conduit la procession, derrière une Vierge noire très vénérée.

À Avallon, dans le sud de l'Yonne, aux portes du Morvan, les traces de la querelle entre l'Église et la République sont encore vives en 1909, quatre ans après la loi qui a réglé les choses. Il reste que les premières communions sont toujours une fête sociale publique, un rite de passage. Du côté des femmes – les deux sexes sont bien sûr séparés –, on rivalise en matière de chapeaux, malgré la petite pluie de printemps. Et, sous leur grand voile blanc, les très jeunes filles rêvent d'un autre grand jour, d'un autre rituel : celui de leur mariage…

Raymond Poincaré, président de la République fraîchement élu en janvier 1913, entame un tour des provinces du Centre qui le mène à Aubusson le 10 septembre. Après avoir visité une exposition, monsieur et madame repartent dans une superbe Rochet-Schneider 25 CV, chargés d'un écran Louis XIV en tapisserie offert par les fabricants d'Aubusson et de Felletin.

En ce mois de novembre 1946, le chapitre de la confrérie des Chevaliers du Tastevin, qui fête ses douze ans, revêt un caractère particulier. Au sortir de la Seconde Guerre mondiale, il témoigne en effet du retour à la vie festive, mondaine, mais avec le sérieux qui sied à pareille assemblée. Lors des intronisations, le nombreux public réuni au Clos-Vougeot aura reconnu le général de Lattre de Tasssigny, dont l'allocution est enregistrée pour la radiodiffusion, entouré de MM. Georges Duhamel, Roland Dorgelès, Alfred Duff Cooper et Maurice Garçon. Un cru de choix pour la confrérie…

Tournées et visites officielles

La démonstration est claire : position en avant, skis serrés et bien parallèles assurent une vitesse inégalée.
En février 1943, le directeur technique du ski français, Émile Allais, n'a pas de mal à convaincre les stagiaires de l'École nationale d'éducation physique du Mont-Dore. C'est la méthode française, qu'il a lui-même mise au point à la fin des années 1930 avec Paul Gignoux et l'Autrichien Toni Seelos. Grâce à elle, les Français ont pu dominer sur tous les podiums internationaux : en 1937, Émile Allais a été sacré champion du monde à Chamonix.

Qui imaginerait une curiste sans chapeau ? Élégance et thermalisme vont de pair. À Royat et dans toutes les autres stations, on suit la mode en 1910, comme à chaque nouvelle saison. La donneuse d'eau peut en témoigner, qui tend leur verre aux curistes selon les prescriptions médicales et à heures régulières – en plus des bains et autres soins, bien sûr.

Les multiples vertus des eaux

Que les têtes couronnées donnent l'exemple n'est pas négligeable dans le succès des stations thermales. De Châtel-Guyon à Royat, de Vichy au Mont-Dore et à La Bourboule, il est de bon ton de venir prendre les eaux, élégant moyen de se refaire une santé.

Pesée, emballage : tout se fait encore à la main en 1930 dans la salle de conditionnement des célèbres pastilles Vichy, fabriquées à partir d'éléments extraits des nombreuses sources d'eau minérale de la station (Célestin, Charmeil, Grande Grille, Lardy…). Sous leur étiquette bien connue, blanche aux inscriptions bleues, elles sont destinées à porter partout les vertus de l'eau de Vichy, réputée faciliter la digestion. Mais leur très léger goût salé ne les empêche pas d'être aussi appréciées comme simples bonbons.

Le poids ! Le poids ! C'est aussi un enjeu de la cure pour les nombreux coloniaux qui viennent à Vichy soigner leurs troubles hépatiques et… remédier à leurs excès de table. La bascule thermale est là pour enregistrer leurs variations pondérales.

La dynastie Lescure

Avec aujourd'hui six produits vendus chaque seconde à travers le monde, les prouesses industrielles des Lescure font vibrer la Bourgogne depuis près de cent cinquante ans ! Une aventure familiale qui a également marqué la mémoire collective en pénétrant dans les foyers avec la célèbre Cocotte-Minute...

Tout commence avec l'arrivée à Selongey d'un rétameur ambulant venu du Cantal, Antoine Lescure, qui y ouvre en 1857 un atelier de ferblanterie : il y fabrique des seaux, des arrosoirs, des décalitres, des moules, des passe-lait… Après la mort d'Antoine, en 1863, son fils Jean lui succède. La fabrique change de nom en 1886 pour devenir la Manufacture de ferblanterie Jean Lescure. Au tournant du siècle, le fils unique de Jean, René, s'associe à l'affaire familiale, puis en prend définitivement les rênes en 1904. La manufacture emploie alors 60 personnes et propose pas moins de 205 références d'articles en fer-blanc, zinc et tôle. En 1925, les fils de René, Jean et Frédéric, reprennent l'affaire, bientôt rejoints par Henri. Avec le lancement du passe-lait embouti, la manufacture étend sa diffusion à tout le territoire français. Pendant la Seconde Guerre mondiale, l'usine est réquisitionnée par l'État français et sa maîtrise de l'emboutissage est mise à profit pour fabriquer des cartouches de masques à gaz. Le 29 avril 1944, la manufacture de ferblanterie Lescure Petit-Fils est rebaptisée SEB, Société d'emboutissage de Bourgogne. Une première distribution de bénéfices au personnel se fera dès 1948. C'est au début des années 1950 que Frédéric Lescure s'intéresse aux autocuiseurs et lance des recherches visant à supprimer le risque d'explosion. Tentatives couronnées de succès puisque la Super-Cocotte sort en 1953. Telle une artiste d'avant-garde, elle aura droit, en 1954, à son Salon des refusés ! Il en sera pourtant vendu 130 000 exemplaires en 1954, et le nombre de ventes atteindra 525 261 en 1960. En 1957 sort le premier livre de recettes, signé Françoise Bernard, qui accompagnera désormais chaque Super-Cocotte et deviendra une référence, avec plus d'un million d'exemplaires diffusés chaque année !

Jean Lescure fonde en 1865 la Fabrique de ferblanterie Jean Lescure à Selongey. Il est maire de la commune de Selongey de 1888 à 1899. Il transmettra sa fibre politique à son petit-fils Frédéric, qui, presque cent ans plus tard, sera à son tour élu maire en 1971 et le restera jusqu'en 1983.

Frédéric Lescure (1904-1993), président de SEB de 1952 à 1973, ne risque pas de renier sa Cocotte-Minute. Le présentant devant les piles d'autocuiseurs de l'usine, le cliché n'est pas sans rappeler l'épisode de 1954 où, après le rejet de sa Super-Cocotte par le directeur du Salon des arts ménagers, peut-être choqué par tant de modernité, Lescure élève un mur de cocottes devant les portes du Salon. L'ustensile ne manque en effet pas d'être innovant : couvercle se fermant par serrage pour la sécurité, cuve d'un seul tenant et en aluminium embouti d'un moindre poids, matériau moins cher que la fonte permettant de faire baisser les prix de 40 %.

René Lescure pose avec son épouse et ses trois enfants Jean, Frédéric et Henri, au début du XXe siècle. Il meurt en 1925, juste un an après son père. Ses trois héritiers, arrière-petits-fils du fondateur, se partagent alors à leur tour la direction de la société et, un an plus tard, créent la SARL manufacture de ferblanterie Lescure Petits-Fils.

C'est dans ces ateliers de Selongey qu'est née en 1953 la célèbre cocotte, après la mise au point d'un système de fermeture par double jeu de soupapes de sécurité garantissant un fonctionnement sans risque. Fruit d'une intense collaboration entre Jean Lescure, le chef d'atelier d'outillage Raymond Louet et le responsable du bureau d'études Camille Philippe, la mise au point du prototype de cette cocotte a nécessité un travail acharné, qui se poursuivait même le samedi, sans compter les essais de nuit parce que les machines étaient occupées pendant la journée.

Les noms et parlers locaux

Les noms de famille

Bourgogne

Thenadey = Étienne
Beurdeley = fermier
Chantrault, de *chantrel* = chanteur
Roussiot, Deroussiaux = roux
Auduc, Augendre, Alacoque, Alévêque…

Auvergne

Bagilet = Basile
Bénézit = Benoît
Lissandre = Alexandre

Buron, Chabanel = cabane, abri en pierres sèches
Chaumeil = dans la lande
Delsuc = de la colline
Delpuech, Dopeux, Dupuy = du sommet

Chassagnard = chêne
Espinasse = aubépine
Fouillade = feuillage
Feyfeux = hêtraie
Theil, Dutheil = tilleul
Vergne, Lavergne = aulne

Rodier = charron
Viguier = officier de justice

Chalapy, Falenchère, Malaleuge…

Limousin

Betoul = bouleau
Chassagne = chêne
Chastagnol = châtaignier
Fraisseix = frêne
Rouveroux = chêne rouvre

Lauradour = laboureur
Pestour = boulanger
Reyjeaux = roi

Poulidor, de Polydore (prénom)
Rouvelaud = rougeaud
Loueraud

Les mots de chez nous

Bourgogne

garot = pluie
agas, batrasse, rabasse, beurée = pluie d'orage
nadouiller = jouer avec l'eau
se gauger = se salir les pieds dans la boue

cafe = bœuf ayant perdu son compagnon de joug, ou jeune homme sans cavalière à un mariage
chogne = bouse de vache
bûge = étable
zaper = donner des coups de tête (pour un veau)

doucette = salade de mâche
avoine de curé = poivre
tapine = pomme de terre
brochon = sarment de vigne coupé
benaton = panier à vendanges

drille = chiffon
lavier = évier
bruchon = récipient
rasse = grand panier à linge
broche = aiguille à tricoter

beurdin = simple d'esprit
ch'ti = malin ou malicieux (à l'ouest)

Auvergne

biore = averse
aiguasse = pluie d'orage
bergnasser, braziner, brouasser, brouer = bruiner
l'ivern = la neige

panlade = crêpe épaisse
guenille = beignet
framaille = framboise

bourras = vieux chiffon
poche = sac en papier
porte-borde = poubelle
bugeade = lessive
grelou = petit récipient
boursicot = porte-monnaie

brelaud = simple d'esprit
arcan = bon à rien
pantre = maladroit
paparu = vantard
hargnasson = agressif

aragner = se faire du souci
bagousser, ramager = bavarder
faire beau = faire la fête

Mots occitans

la méridia = la sieste
una besonha = une chose
lo reinatge = la fête votive

Limousin

bouri = poussière, débris
bouci = petit morceau
cantou = coin de la cheminée
brette = vache laitière
burgaud = frelon
gardèche = vairon
banturle = qui flâne à l'excès

un armoire
un tuile
un vis
un étable
une ail
une lièvre
une ongle

Les expressions

Bourgogne

il pleut à rouiller les chiens = il pleut beaucoup
se mettre à l'herbe = se mettre au vert
souffler les pois = dormir en respirant bruyamment
manger de la miche = être heureux
boire à batrasse = boire beaucoup
aller en cota = se rendre chez les voisins pour bavarder
être voisins de tripot = être voisins de palier

torcher le derrière au Jacquemart = coutume supposée lorsque l'on arrive pour la première fois à Dijon
embrasser la noire = embrasser une statue sise à l'entrée de Louhans la première fois que l'on y vient

Auvergne
porter la rôtie = apporter aux voisins un morceau de viande, ou de boudin, après avoir tué le cochon
découper les guenilles = tituber sous l'effet de l'ivresse
pete coma un auchon = saoul comme un oison
se coucher content = rentrer ivre
peser les cerises = tomber de sommeil
faire le Bertrand = se mêler des affaires de cœur des autres
faire Pâques avant les Rameaux = être enceinte avant le mariage
rester dans le panier = ne pas être élu
i a res plus = il n'y a plus rien
doç coma de miau = doux comme du miel

Limousin
l'outil que tu as besoin = l'outil dont tu as besoin
c'est ça mien = c'est à moi
le monde sont bien méchants = les gens sont bien méchants
j'arrive que = je viens d'arriver

los inhonaires, les marchands d'oignons = les habitants de Brive
los minjaires de saumas, les mangeurs d'ânesses = les habitants d'Uzerche
los pelautz, les pelletiers = les habitants d'Eymoutiers

Les adresses

ASSOCIATIONS

Bourgogne

Union généalogique de Bourgogne
Centre municipal des associations
2, rue des Corroyeurs
21000 Dijon
http://ugb.wifeo.com

Cercle généalogique de Côte-d'Or
Centre municipal des associations
2, rue des Corroyeurs, boîte A8
21068 Dijon Cedex
www.cgco.org

Généalogie Entraide Recherche en Côte-d'Or (GERCO)
66, rue du Moulin-de-la-Pointe
75013 Paris
www.gerco.asso.fr

Cercle d'entraide généalogique Hérédit
Maison des associations
Avenue de la Mairie
58490 Saint-Parize-le-Châtel

Cercle généalogique de Saône-et-Loire
78, rue des Épinoches
71000 Mâcon
www.cgsl.asso.fr

Société généalogique de l'Yonne
27/4, place Corot
89000 Auxerre
www.sgyonne.org

Auvergne

Allier Généalogie
5, boulevard de la Mutualité
03207 Vichy Cedex
http://allier.genealogie.org

Aprogemere
12, rue Arsène-Vermenouze
15000 Aurillac
www.aprogemere.fr

GENDEP 43
Avenue de Tonbridge
43000 Le-Puy-en-Velay
http://geneal43.com

Cercle généalogique et héraldique de l'Auvergne et du Velay
55, rue de Châteaudun
63000 Clermont-Ferrand
www.cghav.org

Limousin

Cercle généalogique, historique et héraldique de la Marche et du Limousin
54, rue Pierre-et-Marie-Curie
87000 Limoges
www.cghhml.fr

ARCHIVES DÉPARTEMENTALES

Allier
Parc de Bellevue
03400 Yzeure
04 70 20 01 40
archives.allier.fr

Cantal
42 *bis*, rue Paul-Doumer
15000 Aurillac
04 71 48 33 38
archives.cantal.fr

Corrèze
Le Touron
19000 Tulle
05 55 20 11 91
www.archives.cg19.fr

Côte-d'Or
8, rue Jeannin
21000 Dijon
03 80 63 66 98
www.archives.cotedor.fr

Creuse
30, rue Franklin-Roosevelt
BP 164
23004 Guéret Cedex
05 44 30 26 50
archives.creuse.fr

Haute-Loire
4, avenue Tonbridge
43000 Le Puy-en-Velay
04 71 02 81 19
www.archives43.fr

Nièvre
1, rue Charles-Roy
58039 Nevers
03 86 60 68 30
archives.cg58.fr

Puy-de-Dôme
75, rue de Neyrat
63018 Clermont- Ferrand Cedex 2
04 73 23 45 80
www.archivesdepartementales.puydedome.fr

Saône-et-Loire
Place des Carmélites
71026 Mâcon Cedex
03 85 21 00 76
www.archives71.fr

Haute-Vienne
1, allée Alfred-Leroux
ou 54, rue Bourneville
87032 Limoges Cedex
05 55 50 97 60
www.archives-hautevienne.com

Yonne
37, rue Saint-Germain
89000 Auxerre
03 86 94 89 00
www.yonne-archives.fr

Entre Rhône et Rhin :

Alsace, Lorraine, Franche-Comté

Ils ont abattu, ébranché, débité en tronces ou en grumes, ils ont trié entre bois de chauffe et bois d'œuvre. Enfin, devant la loge qu'ils ont construite avec des moyens de fortune, les bûcherons des années 1910 prennent le temps d'un repas. Ce n'est pas de sitôt qu'ils quitteront les hêtres et les sapins des pentes du ballon d'Alsace, près de Lepuix, pour redescendre dans la vallée prendre un peu de repos. Le travail du bois en forêt est prenant. Mais c'est toute leur vie.

Métiers du bois

Les Vosges et le Jura ne sont pas les seuls grands massifs forestiers de l'Est. Partout la forêt est présente, et chaque commune possède et exploite ses bois. Dans le monde rural, chacun est un peu, à sa mesure, un travailleur du bois, mais ceux dont c'est vraiment le métier jouissent d'un relatif prestige : le bois est noble, il est indispensable à la vie quotidienne, et ses innombrables usages mettent directement les hommes en communion avec la nature qui le produit.

Ce beau tronc de chêne rouvre ne vient pas de loin : la scierie de Dolaincourt, dans les Vosges, est en lisière de la forêt de Neufeys. L'arbre a été retenu pour un tonnelier : il va donner de bons merrains, de quoi faire des fûts bien adaptés au vieillissement des vins de Bourgogne. C'est encore avec son écorce qu'il est débité en planches, après avoir été placé sur le chariot qui le pousse régulièrement vers la lame de la scie mécanique. Une opération moins dure, plus rapide et plus précise que le sciage au long, que l'on pratique pourtant encore couramment en sous-bois dans les années 1900.

C'est au prix d'une lutte constante qu'on parvient à se faire un allié du courant. À Mouthiers, où la Loue a encore des allures de torrent, le flottage est, en 1907, une histoire déjà ancienne. Depuis le XVIIe siècle, cette technique est utilisée pour transporter le bois de rivière en rivière. Liés entre eux, les troncs forment de vrais radeaux conduits par quelques radeliers munis de longues perches. Dure et dangereuse, cette pratique va disparaître avec la Première Guerre mondiale.

1905. Pour une fois, la descente n'est pas trop dure, et la schlitte, pas trop chargée. L'homme qui l'utilise l'a souvent fabriquée lui-même, en frêne, bois à la fois solide et léger. Tout le corps est pourtant sollicité pour freiner la charge qui glisse sur le chemin de rondins, le schlittweg ou rafton. Pour descendre le bois des Vosges, ici près de Gérardmer, le système est ingénieux, mais combien risqué ! Parfois, l'engin est chargé plus qu'à hauteur d'homme… On pratiquera de la sorte jusque dans les années 1950.

Au pas très lent, mais très sûr, des bœufs puissants, les troncs des plus beaux sapins arrivent un à un à la scierie Bouvet de Salins-les-Bains. Un ancien moulin, dévolu au bois depuis 1868. Industriel, Alfred Bouvet savait bien que, même s'il était moins demandé pour les salines, en perte de vitesse, le bois des résineux du Jura serait encore longtemps apprécié par les menuisiers et les ébénistes.

En 1908, une ville jurassienne très active, Saint-Claude, est connue partout pour deux spécialités : la taille des diamants et des pierres dures, et, surtout, la fabrication des pipes. Celle-ci bénéficie alors du savoir-faire d'une nombreuse main-d'œuvre artisanale. Le travail, qui peut aller jusqu'à de l'authentique sculpture pour certaines pièces, est alors totalement manuel. Dans une bonne centaine de petits ateliers, chacun répète les mêmes gestes qui, étape par étape, dégagent peu à peu la forme de la pipe des petits blocs de bois, les ébauchons. Le plus souvent, il s'agit de racine de bruyère venue du Midi. Surprenant paradoxe : depuis le début du XIXe siècle, un arrêté municipal, pris à la suite d'un important incendie, interdit de fumer dans la ville !

En 1905, les ateliers de la maison Laberte-Humbert Frères sont parmi les plus importants de Mirecourt. Marc Laberte a repris l'entreprise de lutherie fondée en 1780 par son grand-père, et lui donne une dimension semi-industrielle. Depuis plus de deux siècles, la localité des Vosges est connue dans le monde entier pour cette activité. On y commande violons, altos et violoncelles. Des bois soigneusement choisis sont travaillés méticuleusement, avec patience, jusqu'à ce que les tâches de finition ne dépendent que d'un seul critère : le son. Les interprètes savent bien que chaque instrument est unique, possède sa propre personnalité. Le vernissage, que l'on pratique dans cet atelier avec une pâte italienne que l'on dit exceptionnelle, n'apporte pas qu'un fini : la qualité du vernis détermine en partie la sonorité de l'instrument.

Dans les Vosges, en ce mois de mai 1896, c'est la saison de l'écorçage. Car si l'écorce est souvent inutile pour exploiter le bois, elle fournit le tan nécessaire au travail des peaux. Le leveur d'écorce entaille de mètre en mètre la circonférence du tronc et détache, avec un couteau spécial, les plaques d'écorce, qu'il enroule en paquet. Après séchage, il les portera au moulin à tan.

Vers 1900, on tire encore de la nature le maximum de ce qui est nécessaire à la vie quotidienne. Un lien résistant en noisetier pour rassembler des tiges autour d'un manche bien taillé : voilà un balai solide et efficace. Adapté à l'usage, aussi : si on doit l'utiliser pour les tâches les plus dures, comme le nettoyage des écuries, on choisira des rameaux de bouleau, de houx, de noisetier ; pour la maison, ce sera de la bruyère, des joncs ou des genêts. Lorsque plusieurs balais seront prêts, ils seront vendus sur les marchés de Lorraine et feront de l'usage, c'est sûr, pendant longtemps.

Le Merveilleux porte bien son nom ; vraiment, quel progrès pour ferrer un cheval ! Enfin, on peut le faire seul, l'appareil maintenant parfaitement l'animal. Et le maréchal-ferrant n'a plus besoin d'être assisté d'un teneur pour immobiliser le pied du cheval. Et c'est bien plus sûr que la méthode anglaise, qui consiste à coincer le sabot entre ses jambes tout en le ferrant. Arrivé au Val-d'Ajol, dans les Vosges, en 1933, le Merveilleux sera pourtant rapidement obsolète : dès l'avant-guerre, les tracteurs commencent à remplacer les chevaux.

Vingt ans déjà que l'école fromagère de Mamirolle, dans le Doubs, a ouvert. Faut-il donc une école pour apprendre les secrets de la fabrication dcs fromages ? En 1909, le commerce se développe et la production doit suivre. On commence à parler d'industrie laitière : la formation n'est pas inutile.

Métiers d'hier

Au XIXe siècle et dans la première moitié du XXe, ville et campagne sont le théâtre d'activités variées, souvent saisonnières ou ponctuelles. Parfois, c'est le métier qui exige la mobilité, comme pour le tueur de cochons qui va de ferme en ferme, venant briser la routine du quotidien. Beaucoup de ces tâches se déroulent alors dans la rue, devant les maisons du village, dans les cours et passages urbains, prenant un caractère public : on observe, on commente, on donne un coup de main. Parfois aussi, c'est contraint et forcé que l'on part pour aller gagner son pain sous des cieux plus cléments.

Ils ont traversé la France de 1907, ces Bretons venus se placer comme domestiques en Lorraine. On dit qu'à Longuyon on embauche chez les nouveaux patrons d'industrie…

Impressionnant, le cri du cochon qu'on égorge ! Il résonne chaque automne à Villers-lès-Nancy.
Puis après, il est toujours intéressant d'assister au dépeçage. Une fois que le sang a été recueilli pour faire le boudin, on détaille jambons, boyaux, lard, côtes, tête, pieds. Dans le cochon, tout est bon ! La graisse fondue donnera le saindoux, des morceaux seront salés pour être conservés. Tuer le cochon est un rituel : provisions faites, on peut affronter cet hiver 1910.

Dans l'Est, à la campagne, on cultive un peu de tout pour subvenir à ses besoins. Mais, par endroits, certaines productions sont de vraies spécialités locales : la vigne et les vins en Alsace, bien sûr, et, au nord de cette province, le houblon. Les fruits ne sont jamais plus beaux qu'en Lorraine. Partout la terre est généreuse : elle est travaillée avec courage.

De la terre à la table

Le rythme et le bruit réguliers des fléaux donnent du cœur à l'ouvrage. Malgré la poussière de sarrasin qu'il faut respirer, on aime ce travail collectif auquel les voisins sont associés ; à charge de revanche… Dans le beau pays vosgien du Val-d'Ajol, on bat encore en 1933 comme au Moyen Âge. La production céréalière est marginale, à usage domestique, et utiliser une batteuse serait disproportionné vu les quantités récoltées. D'autant que le travail des champs est de plus en plus un complément d'activité, le thermalisme et le tourisme naissant procurant des emplois :Vittel et Contrexéville ne sont pas loin…

Dans les années 1940, c'est à la main, avec soin, que l'on vendange sur le domaine de Frédéric-Émile Hugel. Né en 1869 et mort en 1950, celui-ci a changé quatre fois de nationalité sans jamais quitter Riquewihr… Il est avant tout vigneron : les rieslings des coteaux du Scoenenbourg, ou encore les gewurztraminers du Sporen n'ont pas de secrets pour lui ; héritier de vignerons depuis 1639, il est l'un des refondateurs du vignoble alsacien.

Pas de problème pour reconnaître une houblonnière : les très hautes perches où s'accroche la plante dessinent des lignes bien caractéristiques dans le nord de l'Alsace. À la fin de l'été, pour la récolte, tous les bras du village sont mis à contribution. Les hommes arrachent les tiges enroulées sur leur tuteur, puis les femmes et les enfants détachent les fleurs, les cônes utilisés pour la fabrication de la bière. La brasserie alsacienne est en pleine expansion en 1910 ; la production de bière atteindra son apogée au cours de la décennie suivante.

Fin août 1930, en Lorraine, on gaule les mirabelles. À l'aide d'un crochet au bout d'une perche, on secoue les branches, et les fruits dorés sont recueillis dans un grand drap. Les fruits abîmés, talés, vont au tonneau, pour l'eau-de-vie. Les autres remplissent des paniers à deux anses et des cageots dont certains partent aux établissements Lerebourg. Ce modeste fabricant de confitures parisien a ouvert un atelier en 1919 à Liverdun. Il devient le plus important confiturier de France, traitant, comme ici en 1954, les fraises de Moselle, les framboises et les abricots de Toul et, bien sûr, les mirabelles.

Prudentes, les filles restent en arrière, les oreilles bien froides malgré les fichus serrés. Audacieux, eux, les garçons glissent sur des planches de tonneaux ou, pour les plus chanceux, sur des traîneaux dont un manche en bois assure la direction et le freinage. Ce sont les premières neiges de 1910 dans les hautes Vosges, près de Saint-Dié. Depuis cinq ans, on skie déjà aux environs de Gérardmer, mais cela reste encore exceptionnel.

1936 est passé par là : hygiène et loisirs pour le plus grand nombre. Et pour les enfants, les jolies colonies de vacances ! Il y a déjà trois ans que les mesures sociales du Front populaire sont entrées en vigueur. Ainsi, en 1939, ces petits Strasbourgeois bénéficient des bienfaits du Nid, la colonie qui les accueille. Mais dès septembre, ils entreront dans le drame d'une nouvelle guerre…

Regards d'enfants

À leur échelle, à hauteur de leur regard, les enfants vivent la grande Histoire en accumulant leurs souvenirs. Ils sont aussi des témoins, impliqués dans les changements de la société qui les accueille. Petits montagnards, ils vont assister avec étonnement à l'arrivée des citadins initiant les sports d'hiver ; alsaciens, ils sont ballottés entre France et Allemagne ; de milieu modeste, ils profitent des acquis sociaux du Front populaire. À chacun de compléter sa propre liste et de raviver ses souvenirs d'enfant.

Décembre 1914. À Soppe-le-Bas, dans le Haut-Rhin, tout a déjà changé. Dans le reste de l'Alsace, bien sûr, il faudra attendre encore longtemps, jusqu'à la fin de la guerre. Mais ici, on ne perd pas de temps. Il faut même apprendre le français et essayer de le parler ! Pas toujours facile : quarante ans que cette langue est bannie, même certains des parents ne la parlent pas… En plus, c'est un soldat, un sous-officier, qui remplace le maître ! L'admiration se joint à l'étonnement. Une nouvelle Alsace naît, française comme elle a toujours voulu l'être.

Qu'il la décrit bien, sa campagne comtoise ! En 1910, trois ans après avoir quitté son village natal de Belmont, dans le Doubs, et son métier d'instituteur, Louis Pergaud (1882-1915) reçoit le prix Goncourt pour *De Goupil à Margot*, « histoires de bêtes » pleines d'humour et de fraîcheur. Succédera la truculente et enfantine *Guerre des boutons* (1912), portée à l'écran par Yves Robert en 1962. En 1915, l'écrivain meurt fauché par la guerre près de Verdun.

La plume, la barbe et le burin

Clémentine Clatteaux est née le 5 mars 1865 près de Charmes (Vosges) et décédée le 19 avril 1939, après être devenue Mme Delait en 1885. Cela ne vous dit rien ? La photo est pourtant fidèle... Après le décès de son mari, la célèbre femme à barbe de Taon-les-Vosges voyage en Angleterre, signe des photos au Luna Park de Paris... Des photos publicitaires sont même publiées, avec la mention « Exiger le cachet de Mme Delait » !

La Liberté éclairant le monde et... le port de New York ; l'altier Lion de Belfort : qui ne connaît au moins ces deux œuvres d'Auguste Bartholdi (1834-1904), sculpteur natif de Colmar ? La première est offerte par la France aux États-Unis pour célébrer le centenaire de leur indépendance ; la seconde commémore la résistance héroïque de la ville de Belfort lors du siège de 1870-1871. Par ses œuvres, Bartholdi est bien un témoin de son temps.

Quand les roues tournent

Apparemment placides, les chevaux pourraient s'inquiéter de leur avenir... À bonne allure, le progrès est en marche. De riches audacieux roulent en automobile, les cycles se faufilent partout, et de plus en plus souvent des moteurs pétaradent sur les routes et dans les rues. Quant au chemin de fer, en plein essor, il redessine la géographie de la France.

M. Armand Peugeot en personne (1849-1915), petit-neveu des fondateurs de la marque sochalienne, trône à l'arrière de son automobile type 15, de 1897. Depuis quelques années, Peugeot, associé à l'origine à des outils à main, devient un grand nom de l'industrie automobile naissante. En 1891, Armand Peugeot achète des moteurs Daimler et invente un quadricycle roulant à 24 km/h. Puis, de 5 véhicules la première année, on passe en trois ans à 40. Peugeot fabrique ses propres moteurs et produit 72 véhicules en 1895 : le début d'une belle épopée.

Un coup de corne : l'omnibus va partir. Le receveur prévient ainsi le cocher. Pour un instant, l'activité de la rue Saint-Dizier, l'une des plus commerçantes de Nancy, se concentre autour du véhicule encore hippomobile. Un peu plus loin dans la même rue, un magasin chic propose les production de la verrerie Gallé, le fleuron artistique de l'école de Nancy, tellement caractéristique de l'art 1900. Dans les années à venir apparaîtront les tramways ; pour l'heure, les lignes régulières d'omnibus permettent tout de même de se rendre d'un point à un autre de l'agglomération nancéenne, jusqu'à Malzéville, par exemple.

1910 : le Tour de France, créé par le directeur du journal *l'Auto*, a huit ans. Il se déroule en quinze étapes. Mais, cette année, il a un concurrent : le Tour de France des Indépendants, organisé par Peugeot, 3 000 km en 14 étapes. Le 14 août, René Guénot, du vélo-club de Levallois, porte fièrement son bouquet de vainqueur à l'étape de Chalon-sur Saône ; il a atteint cette ville depuis Belfort en 6 h 25, triomphant de plus de 500 coureurs.

Mai 1924. Le pilote Schorf, sur une de Dion, vient de remporter le rallye Toul-Nancy, témoignant des valeurs sportives de l'automobile. Sport et élégance sont en effet associés à ce moyen de transport encore jeune mais qui connaît un remarquable essor durant l'entre-deux-guerres. Les autos séduisent, fascinent mais inquiètent encore un peu : on dit que certains conducteurs hésitent à faire le plein de peur que leur véhicule ne prenne feu ! Il est vrai que l'automobile est encore un luxe. Ici, au 11, rue du Tapis-Vert, en plein centre de Nancy, les marques que commercialise l'Omnium automobile d'Alsace et de Lorraine sont clairement annoncées : Chenard et Walker, Delahaye, Rosengart, Bugatti… De Dion aussi, probablement : que du haut de gamme.

Des automobiles sur un wagon : voilà une image très début de siècle. Depuis 1879, de Dietrich fabrique du matériel ferroviaire, dont les voitures de l'Orient-Express, à Lunéville ; et un quartier de cette cité historique a même été surnommé Les Wagons ! Mais l'entreprise dirigée par Adrien de Turkheim se lance aussi dans l'automobile, construisant sous licence des de Dietrich-Bollée, puis, dès 1905, des véhicules Lorraine-Dietrich.

1914. Toute l'équipe pose devant la machine : quoi de plus normal, puisque l'on entretient avec la locomotive à vapeur un rapport quasiment affectif. Et l'on affiche sa fierté d'être cheminot, employé à la Compagnie meusienne de chemin de fer qui exploite la ligne reliant Bar-le-Duc et Verdun, soit 68 km en un peu plus de deux heures. Une ligne qu'il a été bien difficile d'établir : le ministère de la Guerre craignait son éventuelle utilisation par l'envahisseur allemand. Mais finalement, en 1916, ce sera le contraire : lors de la bataille de Verdun, ses trains transportent chaque jour 2 400 hommes et 2 000 tonnes de matériel pour soutenir les lignes françaises.

L'équipe est sur les voies. Le monde ferroviaire se transforme : on électrifie peu à peu la ligne Paris-Strasbourg, et plus précisément, dans les années 1950, le tronçon Bar-le-Duc-Lérouville. La fin de la vapeur marque une rupture dans la tradition et la mythologie des chemins de fer. Il y a juste un peu plus d'un siècle que les premiers trains sont arrivés jusqu'au chef-lieu de la Meuse. Depuis, la conquête de la vitesse ne cesse de se développer, mais l'attachement de tous les cheminots à leur métier ne se dément pas.

7 août 1932 : en souvenir de Verdun

1916. Plus personne ne croit que la guerre sera courte. Le 21 février, les Allemands attaquent la charnière du front sur la rive droite de la Meuse : Verdun. Pendant dix mois, le champ de bataille, dédale de tranchées où chacun campe sur ses positions, se transforme en un enfer meurtrier comme jamais. Seize ans plus tard, l'ossuaire de Douaumont est inauguré afin de préserver le souvenir de milliers de disparus.

Une émotion poignante étreint les participants. Tous, du président de la République Albert Lebrun au simple soldat, ont encore des souvenirs très vifs de la tragédie de la guerre. Ce 7 août 1932 est officiellement inauguré l'ossuaire de Douaumont, élevé par souscription internationale. Le petit village de Douaumont, point culminant des côtes de Meuse, a été complètement anéanti au cours des violents combats du 25 février au 4 mars 1916. Dans la nef du monument ont été rassemblés les restes confondus de 130 000 soldats français et allemands, dans 52 tombeaux qui représentent les différents secteurs de la bataille de Verdun. Au sommet de la tour, à 46 m, une lanterne des morts veille sur le champ de 16 142 croix s'étendant devant l'ossuaire.

« Qui que tu sois, passant, entre et salue bien bas les restes des héros tombés pour ton salut. » Dans les mois qui suivent la fin de la guerre, ce respect pour les dépouilles des victimes de la tuerie de Verdun va de soi. Dès les premiers jours suivant l'armistice, l'évêque de la ville, parcourant les champs de bataille, décide de donner aux restes des disparus une sépulture décente et de bâtir le premier ossuaire de Douaumont, où sont inscrits ces mots. Pendant sept ans, les familles viendront se recueillir et prier en ce lieu. Le 17 septembre 1927, les 52 tombeaux de l'ossuaire provisoire seront transférés dans l'ossuaire définitif.

Le Tigre, le Père la Victoire : au creux des tranchées, Georges Clemenceau impose le respect et fait renaître l'espoir chez les poilus alors que la France doute de la victoire. Farouche patriote incarnant la volonté de mener la guerre jusqu'au bout, il est appelé par Raymond Poincaré à constituer un cabinet de salut national. Après l'offensive du 20 août 1917 au Mort-Homme, le nouveau président du Conseil, à 76 ans, inspecte le champ de bataille, parcourant les tranchées pour soutenir les troupes. Le voici sur la butte du Mort-Homme : comme la cote 304, le site a été pris par les Allemands au printemps 1916. À force d'être bombardée pour être reprise, la butte a perdu 10 m d'altitude !

1916. Ordre du commandant de la IIe armée : la route entre Bar-le-Duc et Verdun doit être une gigantesque courroie de transmission pour ravitailler le front en hommes, en nourriture et en armes. La dépêche, signée Philippe Pétain, vient du quartier général installé sur cette même route, à Souilly. Tout au long de la bataille, le trafic sera continu sur ce que l'écrivain Maurice Barrès nommera la Voie sacrée. Le 21 août 1922, le président de la République Raymond Poincaré inaugure, dans sa ville natale de Bar-le-Duc, la première borne jalonnant la voie : il n'y aura jamais trop de monuments ou de commémorations pour saluer l'héroïsme des combattants.

Ici était Fleury, ici était Louvemont, Beaumont, Cumières-le-Mort-Homme… Seuls des panneaux marquent aujourd'hui l'emplacement de ces villages disparus, totalement rayés de la carte après les bombardements de la région de Verdun. Dans la ville elle-même, ville héroïque et ville martyre, symbole dans le monde entier de la guerre de 1914-1918, la rue Saint-Pierre, à l'image de toute la cité, n'est plus qu'un champ de ruines. Tel est le résultat du déluge de feu et d'obus d'une bataille qui dura plusieurs semaines. Le 10 novembre 1920, c'est au cœur de la citadelle souterraine de la ville que sera choisi, parmi huit cercueils, celui du Soldat inconnu reposant aujourd'hui sous l'Arc de triomphe, à Paris.

Par la puissance du feu

Si le charbon est associé aux activités industrielles du Nord, la métallurgie l'est indissolublement à la Lorraine. Les grandes familles de maîtres de forges, comme les Wendel, ont porté leurs entreprises au niveau industriel et développé, autour des hauts-fourneaux rougeoyants et des usines, les cités ouvrières et les services sociaux. Ailleurs, le feu gouverne des activités restées largement artisanales : verrerie, cristallerie, poterie, qui se perpétuent depuis des siècles.

En 1956, on n'imagine pas que les années de la métallurgie lorraine sont comptées. Le seul site de Longwy abrite cinq hauts-fourneaux, comme celui dont on voit ici une coulée. Malgré la chaleur et l'éblouissement, les ouvriers maîtrisent avec précision le métal en fusion. À l'époque, les tâches sont déjà très spécialisées. Huit hommes produisent en un an 1 000 tonnes d'acier ; moins de trente ans plus tard, il n'en faudra plus que trois. Déjà, aussi, on assiste à la concentration des entreprises : les aciéries de Longwy et la société métallurgique de Senelle-Maubeuge et Escaut-Meuse constituent alors le groupe Lorraine-Escaut.

Les plus petits se demandent ce qui se passe… Tout le monde est sorti sur les marches de la crèche de l'usine de Mont-Saint-Martin pour la photo qui va témoigner des œuvres sociales des aciéries de Longwy. En cette année 1924, elles sont bien utiles : la saignée humaine de la Grande Guerre se fait sentir, bien des femmes doivent aller au travail, et les crèches, les écoles, les dispensaires viennent au secours des veuves, des orphelins, des malades. Pour financer la crèche, les ouvriers cotisent à raison de 1 franc par jour et l'usine verse 50 centimes. Ce système va rapidement faire école et anticipe la politique sociale nationale qui se généralisera plus tard.

Chaque matin, il faut monter la côte à pied pour se rendre à l'aciérie de Longwy ; la Lorraine n'est pas plate… Bien sûr, il y a le car de ramassage pour les ouvriers, mais on se sent plus libre avec son vélo quand on n'habite pas les cités les plus proches de l'usine. Dans les années 1950, l'entreprise n'incite d'ailleurs plus guère le personnel à se regrouper : la vie associative ou syndicale fait peur, alors que se profile la crise de la sidérurgie… On propose donc des logements ouvriers dispersés, parfois assez loin du lieu de travail.

Ce jeune garçon sera-t-il un jour maître verrier ? Assister un professionnel est en tout cas le meilleur des apprentissages, surtout si l'on vise l'excellence d'une entreprise comme Daum. En 1955, la cristallerie nancéenne bénéficie depuis vingt-cinq ans de la créativité d'artistes contemporains. Elle succède dans l'art du verre à la maison Gallé, célèbre pour ses pâtes de verre mais fermée depuis 1930.

Moule à kouglof ? Chope à bière ? Terrine à baeckehofe ? Plat à choucroute ? Toutes les spécialités alsaciennes peuvent naître dans les poteries de Soufflenheim. La céramique culinaire est depuis longtemps une spécialité de cette localité du nord de l'Alsace, et les ateliers rivalisent de talent pour créer les émaux et vernis qui en constituent les décors. L'atelier Elchinger est l'un des plus réputés et se développe activement sous la direction de Léon Elchinger. Vers 1909, celui-ci a cependant la bonne idée d'élargir la production à des pièces de céramique architecturale, bien dans l'air du temps de l'Art nouveau.

Bruit de vapeur et crissements de freins : en 1883, l'Orient-Express entre pour la première fois en gare de Strasbourg. Et quelle gare ! Massive, grandiose ! Ainsi l'a voulue Guillaume Ier, afin de donner une image forte du nouveau Reichsland d'Alsace-Lorraine. Trente ans plus tôt, Louis Napoléon, futur empereur – français cette fois – avait inauguré la première gare, détruite lors de la guerre de 1870. En grès rose, comme la cathédrale, c'est l'un des premiers édifices qui veulent donner à Strasbourg un visage allemand.

Ah ! Comme les Alsaciens aimeraient voir des barrières se lever et s'abaisser de part et d'autre du pont de Kehl, sous le regard d'attentifs douaniers. Mais non, au début du XXe siècle, lorsque ce monumental ouvrage de pierre et de fer remplace un pont de bateaux, le Rhin n'est pas une frontière : l'Alsace est allemande et l'on passe sans contrôle d'une rive à l'autre.

Strasbourg

Lorsque le XXe siècle commence, les Strasbourgeois sont allemands. Certes, comme tous les Alsaciens, ils ne renient pas l'imprégnation germanique de leur traditions ; mais beaucoup, au fond de leur cœur, se sentent et se rêvent français. Ils le redeviendront au prix terrible de deux guerres mondiales. Avec un dynamisme volontaire, la ville si longtemps belle et prospère renaît alors de ses ruines ; mieux, en 1949, elle manifeste haut et fort son désir de paix en accueillant le premier conseil de l'Europe.

Une revanche ? Une nouvelle menace ? On n'ose pas l'avouer, mais parfois, on y pense, en ce début de XXe siècle. Faudra-t-il alors sacrifier le cœur de Strasbourg et sa cathédrale de grès rose, miraculeusement épargnés par les combats de 1870 ? Quel charme, pourtant, dans la vieille cité historique aux maisons médiévales ! On se presse au long de ses rues commerçantes, on salive devant les vitrines de pâtissiers réputés, on fouine dans la papeterie Schleiffer, au n° 2 de la rue Mercière. Mais bientôt, l'Histoire saignera à nouveau la ville emblématique des blessures de l'Europe...

Dans les années 1950, les rues de la Petite France se remplissent de visiteurs : la ville, redevenue française, attire de nombreux touristes.
En famille, on s'émerveille des maisons anciennes peu à peu restaurées. Mais on cache aux enfants que le quartier doit son nom au « mal français », la syphilis, qu'on soignait là au Moyen Âge.

Qui va gagner, du marché ou des voitures cherchant à stationner ? En 1935, la place Kléber, cœur incontournable de la vie strasbourgeoise, se met au goût du jour. Veillée par la statue du héros bonapartiste depuis 1840, elle en a déjà vu de toutes les couleurs : des défilés prussiens à ceux des libérateurs français... Après la destruction, en 1870, du café-concert de l'Aubette, c'est l'hôtel-restaurant de la Maison-Rouge qui devient le phare des nuits strasbourgeoises à partir des années 1900.

1908. Concentrés sur leur tâche, ouvriers et ouvrières de Besançon assemblent les mécanismes des montres dans leurs boîtiers. Vers 1900, ils sont plus de 8 000 à travailler dans des fabriques ou à domicile pour produire plus de 600 000 montres par an. Les divers composants ont été fabriqués dans différents ateliers, parfois dans des hameaux presque perdus au cœur des monts du Jura.

L'heure de gloire de la Franche-Comté

Venue de la Suisse voisine, l'industrie horlogère fleurit en Franche-Comté aux XIXe et XXe siècles. Grâce à la division des tâches, une grande part du travail est effectuée durant les longs hivers jurassiens par des artisans : certains œuvrent aux rouages, d'autres fabriquent les coffres d'horloge ou les aiguilles, d'autres émaillent les cadrans. Et Besançon est capitale mondiale de l'horlogerie.

Dans les rues du centre de Besançon, magasins et ateliers d'horlogerie voisinent avec une étonnante densité. Les enseignes habillent les façades : la réclame se développe. En 1900, la maison Piguet, sise rue du Quatre-Septembre, a déjà un siècle d'existence. Ce n'est que dans les années 1970 que l'horlogerie, en crise, cessera d'être l'activité principale de la ville.

La fête bat son plein à Villers-le-Lac, au bord du Doubs. Aucun doute, en cette mi-carême vers 1950, on est bien dans le pays horloger : les déguisements le prouvent, les pendules, les horloges et les montres, c'est vraiment notre affaire !

Une rivière anisée !

Personne n'a oublié la violence des orages qui se sont abattus sur Pontarlier dimanche dernier, 11 août 1901. D'autant que la foudre a mis le feu aux établissements Pernod Fils, la plus grande distillerie d'absinthe de la ville du haut Jura.

D'un seul coup, les bâtiments s'embrasent, dégageant d'épais nuages de fumée au-dessus de la petite cité du Doubs. Par bonheur, un employé a la présence d'esprit d'ouvrir la vidange des cuves d'absinthe, qui se déversent dans le Doubs, évitant probablement ainsi que l'incendie se propage à travers toute la ville, si souvent victime du feu dans son histoire. On raconte que des soldats en garnison ont pu boire la « fée verte » à même leur casque en le plongeant dans la rivière ! Plus intéressant encore : le lendemain, des traces d'absinthe colorent la source de la Loue, pourtant fort éloignée vers le nord. Il suffit, paraît-il, de se pencher sur les berges pour remplir son verre ! À quelque chose malheur est bon, d'autant que vient d'être ainsi percé un mystère géologique : la Loue n'est en fait qu'une résurgence du Doubs. Il est prévu que le maître de la spéléologie M. Édouard Martel se rende sur place et confirme le fait en jetant un puissant colorant vert dans une faille qu'il a remarquée sur le cours du Doubs, en aval de Pontarlier... Il faudra nous y faire : un temps, la Loue sera verte.

1949. Plusieurs fois par jour, les toiles de lin tissé étalées sur les prés sont arrosées avec l'eau très pure des rivières des Vosges. Peu à peu, le préposé à cet arrosage observe ce blanchiment sur pré de tradition dans la région de Gérardmer depuis le XIXe siècle. Après quelques jours, la blancheur est éclatante et la solidité, assurée. La pureté des eaux locales est pour beaucoup dans la réussite de cette technique, qui sera bientôt abandonnée mais participe encore à la réputation du linge de maison des Vosges.

Les usines Haussmann ? À Colmar, tout le monde connaît ! Les trois frères Haussmann y ont fondé leur filature en 1775 ; c'est dire combien elle est familière aux habitants en 1946. Bien sûr, les machines ne sont plus les mêmes. De retour dans une Alsace libérée, les ouvrières redécouvrent leur fonctionnement : elles doivent alors tourner à plein régime. Pourtant, le textile va quasiment disparaître des Vosges et d'Alsace dès la fin des années 1950.

Fil à fil

Filer, tisser, broder : partout les femmes le font depuis des siècles. Mais ici, dans l'Est, en Lorraine, dans les Vosges, en Alsace, ces activités prennent une dimension préindustrielle dès la fin du XVIIIe siècle, les ateliers se multipliant à proximité des rivières. Et, au siècle suivant, ce que l'on nommera dans tout le pays le linge des Vosges bénéficiera d'une réputation de qualité inégalée.

Plus que quelques rares paroles, c'est le froissement des toiles et le cliquetis des machines à coudre que l'on entend dans cet atelier de confection de la rue Raymond-Poincaré, à Nancy. Vers 1900, la ville est en pleine expansion, et la production textile des Vosges fait vivre beaucoup d'ateliers de confection. Réputée habile et soigneuse, la main-d'œuvre féminine fabrique là chemises, corsages, vareuses, pantalons ou encore linge de maison. Les conditions de travail matérielles mais surtout financières sont dures : une ouvrière gagne entre 75 centimes et 1,50 franc par journée de dix à douze heures !

1910. Les élèves de Grandecourt, à Baccarat, ont repris place sur les bancs de l'école ; mais ce n'est pas celle qui conduit au certificat d'études : c'est le pensionnat d'éducation ménagère que le curé d'Abainville, Hyacinthe-Joseph de Curel, a fait construire à ses frais en 1816 pour celles qui seront bientôt épouses et mères. C'était en cela un précurseur, car c'est surtout au début du XXe siècle que se multiplieront les écoles d'enseignement ménager. Couture, économie domestique, hygiène, science de l'alimentation et pédagogie maternelle y forment d'excellentes femmes d'intérieur.

Maman travaille à deux pas : la cour de la crèche est juste au-dessus de l'usine. Parfois, les cris des enfants qui jouent se mêlent au fond sonore de l'atelier. Les mères font aisément confiance aux religieuses auxquelles la direction de l'entreprise textile de Gérardmer a confié la garde des enfants. Comme dans de nombreuses institutions sociales, leur dévouement est total. Elles les aiment, ces petits qui iront bientôt à l'école et dont beaucoup, personne n'en doute dans ces années 1940, travailleront au pays comme leurs parents… et probablement dans la même usine.

Il fait beau, à Fougerolles, dans l'extrême nord de la Haute-Saône : autant s'installer dehors, devant la maison, avec les autres spécialistes de la broderie blanche.
En 1932, ces femmes travaillent à façon chez elles ou dans un local commun du bourg, pour le compte des ateliers de Fontenoy-le-Château. Des commandes royales venues de toute l'Europe les font sans doute rêver, mais sans améliorer leur pauvre revenu : il faut payer l'intermédiaire qui collecte le travail… Alors elles ne lèvent pas la tête, semblant ne jamais s'arrêter durant ces longues journées de douze heures, une main sur l'ouvrage, une autre en dessous, et l'aiguille, sans cesse, allant, venant, allant…

En 1933, l'année suivant son élection, M. le président de la République Albert Lebrun entame une grande tournée à travers la France, qui le mène jusqu'à Besançon pour diverses inaugurations. Le 2 juillet, lors de la visite du préventorium de Palente, il se mêle un instant de bonne grâce à la ronde des jeunes pensionnaires. Une plaisante manière d'assurer que l'air du Jura est décidément bien vivifiant ! Reconduit dans ses fonctions en 1939, il sera le dernier président de la IIIe République.

Hôtes d'honneur

Après avoir lancé dans son discours du 19 septembre 1946 à Zurich : « Nous devons édifier une sorte d'États-Unis d'Europe », sir Winston Churchill rejoint, en août 1949, dix autres nations européennes à Strasbourg, pour participer à l'Assemblée consultative européenne, qui, avec le Comité des ministres, est l'un des deux principaux organismes du tout nouveau Conseil de l'Europe. L'homme politique britannique conclut par un discours d'anthologie, place Kléber, devant le palais où se déroule le congrès.

Depuis le XIXe siècle, de nombreuses têtes couronnées viennent prendre les eaux à Contrexéville. En octobre 1900, on peut même y croiser le chah de Perse, Mozaffer ed-Dîn, et sa suite, qui ne lésinent pas sur les frais de représentation. On murmure que le chah dépense près de 22 000 francs par jour depuis qu'il a quitté son pays…

Quand on mène une vie de labeur dans une Alsace-Lorraine allemande, il faut bien respirer un peu, se changer les idées de temps en temps. Dans les années 1900 comme dans l'entre-deux-guerres, toute la population aspire à se rassembler, à se distraire, et toutes les occasions sont bonnes pour se retrouver, partager un repas, faire ensemble de la musique ou du sport. Heureusement, quand le travail est dur dans les aciéries ou les filatures, il suffit parfois d'une partie de pêche pour vous faire voyager...

Les beaux dimanches

Pages suivantes
Place Sainte-Croix, la fête foraine bat son plein ! Depuis le Moyen Âge, elle est un point de ralliement au cœur de Metz. Bien sûr, dans ces années 1900, la ville et le département de la Moselle sont allemands ; peut-être la fête est-elle un exutoire… En tout cas, les militaires en goguette, les bonnes à qui Madame a donné la journée et les enfants, bien sûr, apprécient l'immense et fastueux manège.

Quatre à zéro ! Au repas annuel de 1944 du FC Nancy, c'est la fête : on vient d'écraser Reims en finale de la coupe de France. Un bon moyen d'oublier la guerre et de patienter encore : dans deux mois, ce sera le débarquement.

Un beau dimanche au bord de l'eau : on oublie l'usine, le bureau ou le magasin. Pour les Nancéens, les prises sont aléatoires mais le bol d'air assuré sur les rives du canal de la Marne au Rhin.

Eh oui… C'est en auto que l'on vient maintenant patiner sur le lac formé par le Doubs, dans un site grandiose. Et même, malgré le froid, on ose sortir la décapotable ! De Villers-le-Lac ou de plus loin, la jeune bourgeoisie locale contribue, dans les années 1930, à l'essor de ce que l'on appellera les loisirs. En hiver, le ski et le patinage commencent alors à être prisés ; déjà, c'est grisant !

VOLKS
THEATER

Voisin de terres protestantes, l'est de la France a été un bastion catholique de la Contre-Réforme : il en reste quelque chose au xxe siècle, où l'Église est très présente dans la vie sociale. Même si des communautés protestantes fleurissent çà et là, surtout en Alsace.

Au son des cloches

Au début du siècle, à la sortie de la messe dominicale comme au pèlerinage de la chapelle Saint-Erminfroy, que l'on célèbre depuis 1050, les fidèles de Cusance, bien modeste village d'une très jolie vallée franc-comtoise, se séparent : les hommes d'un côté, les femmes de l'autre. Cet usage perdurera un peu partout en France au cours des cérémonies religieuses jusque dans les années 1960.

Oui, ils se sont bien mariés à l'église le 26 mars 1906, en dépit des inventaires imposés par la loi de séparation de l'Église et de l'État. Malgré le froid, on a dressé l'autel dehors, devant l'église, sur un tapis pour s'isoler un peu de la neige. Pourtant, l'hiver est encore rude au Bief-du-Fourg ; et bien des invités attendent impatiemment la fin de l'office, le souper, la fête et ses danses…

C'est le départ. Le voyage sera long jusqu'à Lourdes. Mais chacun de ces fidèles du haut Doubs l'a désiré avec ferveur. Car, dans les années 1950, le pèlerinage annuel au sanctuaire marial devient une institution que paroisses et diocèses organisent à merveille. La dévotion à Marie est grande, et il n'est pas besoin d'être malade pour se rendre à l'illustre sanctuaire. C'est une démarche collective, un acte de foi que les fidèles qui l'accomplissent considèrent comme un privilège.

Tous cuivres étincelants, la Lyre mortuacienne s'est rassemblée pour prendre la pose avant de jouer. D'obédience catholique, la fanfare de Morteau participe aux réjouissances dans toute la région. Avec plus de cinquante musiciens, le succès des cuivres, bois et autres percussions est assuré !

La dynastie Triboulot

Une famille, une usine : le cas est fréquent, pour les dirigeants comme pour les ouvriers. Les Triboulot s'affirment ainsi comme une lignée d'ouvriers verriers dont le destin, pour plusieurs générations, est intimement lié à celui d'une des plus anciennes verreries de Lorraine, située à Portieux, dans les Vosges.

Jean-Nicolas Triboulot, tailleur de pierre issu de Brû, dans les Vosges, vient s'installer à La-Verrerie-de-Portieux : vers 1890, on reconstruit l'église, ce qui assure du travail pour plusieurs années et une pension pour les apprentis. La verrerie, qui a intégré depuis 1872 celle de Vallerysthal, située en territoire annexé, vit alors un âge d'or. En 1886, l'usine compte 4 fours de 12 pots et emploie 820 personnes ! Les quatre fils Triboulot, nés entre 1874 et 1883, vont y travailler dès l'âge de onze ans. De Nicolas-Léopold, maître verrier, surnommé le Marquis, à René-Nicolas, troisième souffleur puis relais (fabricant de gobelets), en passant par Nicolas-Léon-Raymond, embauché comme peintre dans l'usine mais décédé à trente-deux ans de « coliques de plomb » (saturnisme), et par Camille, dit le Cabou, entré comme « porteur à l'arche » et devenu « souffleur de grande place ». Héros de la guerre de 1914-1918, il souffre de terribles quintes de toux, conséquence du gazage subi dans les tranchées de Verdun. Travaillant au four 1, il souffle désormais des gobelets. Deux générations vont encore suivre cette voie : entre autres cousins, le fils de Camille, Jean, né en 1920, qui entre à la verrerie à l'âge de treize ans mais est atteint d'une pleurésie en 1940. Pendant la guerre, l'activité se ralentit, nombre de verriers étant partis au combat ou ayant été réquisitionnés par les Allemands ; Jean passe au magasin général puis à la scierie, avant de revenir à la halle comme « cueilleur de jambes ». Son fils aîné, Bernard, échappe à l'usine en entrant à dix-neuf ans à l'école normale de Mirecourt pour devenir instituteur. Quant au « queuchon », le dernier, bien qu'élève prometteur, il entre en 1959, juste avant ses quatorze ans, à la verrerie de Portieux comme « porteur à l'arche » au four 1 : il faut payer les études du grand frère, qui lui va aux « grandes écoles ».

Camille-Nicolas Triboulot, né en 1881 à Brû, se marie le 16 septembre 1905 à Portieux avec Jeanne-Marie Kribs. La grande spécialité de Camille est la fabrication des bouchons de carafe, où il excelle. Son épouse, née le 6 août 1883 à Hessen, est coupeuse sur verre, puis graveuse. À cette époque, les ouvrières des ateliers sont amenées à changer souvent de poste.

Bientôt, la photographie sera en bonne place sur le buffet, à la maison. Car on est fière d'être de l'atelier de coupage-biseautage, qui rassemble les ouvrières chargées de la délicate opération de coupe au diamant de la calotte supérieure de la bulle de verre. Moins nombreuses à la verrerie en 1891 que les hommes ou même les enfants, les femmes peuvent y être aussi graveuses ou choisisseuses, des tâches qui réclament rigueur et précision.

Né le 28 juillet 1841 à Brû, dans les Vosges, le patriarche, Jean-Nicolas Triboulot (à droite sur la photo), ne quitte jamais son éternel chapeau. Médaillé militaire en 1870, il est tailleur de pierre. Il travaille six jours par semaine, sans sécurité sociale, ni allocations familiales, ni retraite, et gagne 58 centimes l'heure, alors que 1 kg de pain en coûte 38 et 1 litre de vin, 50. Sa femme, Constance-Philomène Balland (à gauche, avec un bonnet), née également à Brû, en 1845, est couturière.

En 1956, Bernard fait sa première communion. Pour l'occasion, il pose avec Gérard sur leur terrain de jeux préféré, derrière la cité n° 2 de la verrerie. Ce sont les arrière-petits-fils de Jean-Nicolas Triboulot.

La Verrerie-de-Portieux est une cité à part entière qui s'est développée au début du xxe siècle, à côté du village. L'usine compte de nombreux bâtiments. À gauche, après le fronton où résonne la cloche qui sert à appeler les verriers au travail, le four 1, où Gérard démarrera en 1959. Au fond, on aperçoit la pension des apprentis verriers. Sur la droite, le quai de chargement.

Une verrerie ne fonctionne pas sans bois : elle intègre logiquement une scierie. C'est là que Jean, à gauche, pose avec Maurice Bogaert, le conducteur du fameux monorail qui achemine le combustible vers les fours. Il reviendra travailler définitivement à la halle, où il terminera sa carrière de verrier comme « cueilleur de jambes ».

Les noms et parlers locaux

Les noms de famille

Alsace

Meyer, de *maier* = métayer
Muller = meunier
Schæffer = berger
Schaller = sonneur
Schmitt = forgeron
Schneider = tailleur

Reinlen, de *rein* = pur
Schœnn, de *schœne* = beau

Hecklen, de *heck* = haie

Hertfelder, Schini, Tschamber…

Lorraine

Farinez = meunier
Marchal = maréchal

Colin = Nicolas
Varin, Varinot = Garin, Guérin
Wautier, Vautier = Gautier
Wuillaume, Wilhelm, Villaime,
Villemot, Vilminet = Guillaume
Gérard, Jacquot

Spieles, de *spiel* = jeu
Trinkwell, peut-être de *trinken* = boire
Weiss = blanc, à cheveux blancs

Blesz, Chassatte, Drohm, Vermion,
Wahu…

Franche-Comté

Faivre = forgeron
Léonard, de *Léonhard* = fort comme un lion

Choppard, de *chopper* = tomber
Garnache = long sarrau, blouse de travail
Valladont = fossé

Droz , Grandjean, Grosjean, Vuillard,
Vuillermoz, Villoz…
Bailly-Maître, Garnache-Barthod,
Petit-Maire…

Les mots de chez nous

Alsace

bouillir = faire la cuisine
coq = poulet (en cuisine)
touffe = très chaud, étouffant
thé = infusion
dîner = repas de midi

waschlumpen = serpillière
chambre = bureau
parterre = rez-de-chaussée

chiques = billes (jeu)
pipeur = fumeur de pipe
pensionné = retraité

Mots alsaciens
brot = pain
kerscha = cerises
kucha = cuisine
marik = marché
pfànn = poêle
welsche = Français d'outre-Vosges, de l'intérieur

Lorraine

welche = habitant du pays roman (Moselle germanophone)
hachepailler = parler l'allemand ou un dialecte germanique (Lorraine romane)

calente, châouée = pluie d'orage
broussiner = bruiner

brimbelles = myrtilles (Vosges)
brandvin = eau-de-vie
cheûler = boire
frichtic = repas, collation
touiller = mélanger (la salade)
hocher = secouer (un mirabellier)
tringuel(d) = pourboire

torchon de plancher = serpillière
cornet = sachet d'emballage
passotte, passette = passoire, filtre à café
baugeatte, baugeotte, mannnequin,
charpagne = panier haut à deux anses
verrine = pot en verre

chânatte, chânette = gouttière
poêle = pièce de séjour, salle à manger
couarail = lieu de réunion, réunion

clârteux = bien éclairé, exposé au soleil
fiâche = fané, ridé
haltata = étonné

gamin = fils (même adulte)
queuchon = petit dernier
mamaillou = bricoleur avisé

clencher = ouvrir une porte
ressuyer = essuyer, sécher
marner = bavarder
bassoter = perdre son temps
chmaquer = sentir
wiquer = crier d'une voix aiguë
zomber = bourdonner (mouche)

Mots du pays messin
platt = dialecte francique de la Moselle germanophone
pleuviate, pleuviote = pluie fine

doçate = salade de mâche
lazare = petit couteau de cuisine
pierre à relaver = évier
anche = robinet
balier = balayer
frapouille, frandouille = chiffon
chauffoir = chaufrette
consigne = tisonnier

cognerie = bêtise
zingler = avoir l'onglée

Franche-Comté

graissotte = salade de mâche
treuffe = pomme de terre
pochon = louche
fruitière = fromagerie
panière = panier
vaché = tonneau
détrau = grande hache
le cheni = la poussière

cuchon = petit tas de foin
moraine = muraille de pierres sèches
darbon = taupe

sommarder = piocher la vigne au printemps
ticler = fermer à clé
clairer = fonctionner (lampe ou feu)
souffler = éteindre

Les expressions

Alsace

parler pointu = parler comme les Lorrains germanophones (francique)
ça tire ! = il y a un courant d'air
avoir la toux = être enrhumé
avoir langue = être bavard
il pleut des crapauds et des chats = il pleut à verse
il est cinq minutes jusqu'à trois = il est trois heures moins cinq
il est la demie moins trois = il est deux heures et demie

Expressions en alsacien
d'welsche Wiiner griine, les femmes *welsches* sanglotent = il pleut
d'Walsche verrisse d'Hämbder, les *Welches* déchirent leurs chemises = il neige à gros flocons

Lorraine

ça tombe comme à Gravelotte = il pleut à verse (allusion à une bataille de la guerre de 1870)
appeler des noms = dire des injures
aller à la nage = aller se baigner
il fait noire nuit
un neuf sac

Expressions de Moselle germanophone
aller schloff = aller se coucher
tête de holtz = tête de bois

Franche-Comté

dévorer sa culotte = déchirer son pantalon (Besançon)
abattre la rosée devant les faucheurs = marcher en canard
chercher les œufs au grenier = chercher les complications
les mains me débattent = j'ai l'onglée
retirer du côté de son père = ressembler à son père
avoir meilleur temps de = avoir intérêt à

Les adresses

ASSOCIATIONS

Alsace
Cercle généalogique d'Alsace
41, rue Schweighaeuser
67000 Strasbourg
www.alsace-genealogie.com

Lorraine
Union des cercles généalogiques lorrains
14, rue du Cheval-Blanc
MJC Lillebonne
54000 Nancy
www.genealogie-lorraine.fr

Cercle généalogique du pays de Briey
Rue Olivier-Drouot
54150 Briey
http://geneabriey.pagesperso-orange.fr

Franche-Comté
Centre d'entraide généalogique de Franche-Comté
5, avenue de Bourgogne
25000 Besançon
www.cegfc.net

Société d'Agriculture, Lettres, Sciences et Arts de la Haute-Saône (SALSA)
1, rue des Ursulines
70000 Vesoul
www.haute-saone-salsa.fr

ARCHIVES DÉPARTEMENTALES

Doubs
Rue Marc-Bloch, Planoise
BP 2059
25050 Besançon Cedex
03 81 25 88 00
www.doubs.fr

Jura
Impasse des Archives
BP 14
39570 Montmorot
03 84 47 41 28
www.archives39.fr

Meurthe-et-Moselle
1, rue de la Monnaie
CS 75202
54052 Nancy Cedex
03 83 30 90 90
www.archives.cg54.fr

Meuse
26, rue d'Aulnois
BP 514
55012 Bar-le-Duc Cedex
03 29 79 01 89
archives.meuse.fr

Moselle
1, allée du Château
57070 Saint-Julien-lès-Metz
03 87 78 05 00
www.archives57.com

Bas-Rhin
6, rue Philippe-Dollinger
67100 Strasbourg
03 69 06 73 06
archives.bas-rhin.fr

Haut-Rhin
3, rue Fleischhauer
68026 Colmar Cedex
03 89 21 97 00
www.archives.cg68.fr

Haute-Saône
14 *bis*, rue Miroudot-Saint-Ferjeux
BP 10118
70002 Vesoul Cedex
03 84 95 76 30
archives.cg70.fr

Vosges
4, avenue Pierre-Blanck
Parc économique du Saut-le-Cerf
BP 1002
88050 Épinal Cedex 09
03 29 81 80 70
www.vosges-archives.com

Territoire de Belfort
4, rue de l'Ancien-Théâtre
90000 Belfort
03 84 90 92 00
www.archives.cg90.fr

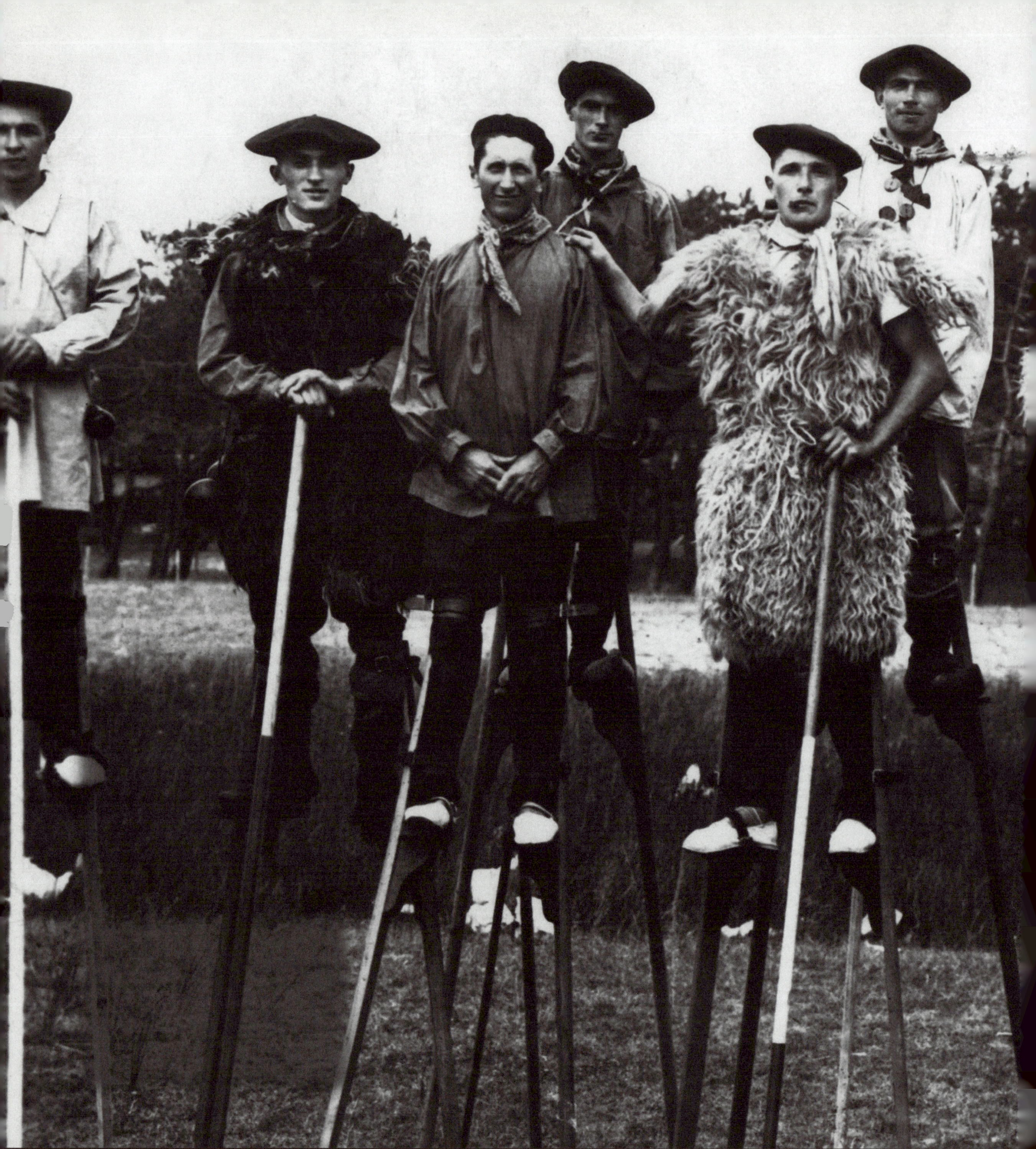

Entre Vienne et Pyrénées :

Poitou-Charentes, Aquitaine

Pour leurs pères, gardiens de brebis et de moutons dans les Landes, l'usage des tchanques était banal et quotidien : d'un coup d'œil, ils avaient une vision générale du troupeau. Et si, comme souvent, le sol était marécageux, pas de problème pour franchir mares et rigoles ! Mais, en 1946, les plantations de pins ont déjà donné un nouveau visage au pays ; les troupeaux s'y font rares et c'est avec nostalgie que l'on ressort les échasses pour la fête au village. Heureusement, le béret, lui, tient bon !

Enfant, il se voyait devenir berger. Mais les immenses plantations de pins de la forêt landaise en ont décidé autrement… En 1930, il faut de nombreux gemmeurs pour récolter la résine : il est l'un des 18 000 travailleurs qui écorcent les troncs et y accrochent le cutchot, ce pot en terre cuite où s'écoulera le précieux liquide. De mars à octobre, il incise les troncs tous les huit jours. Un mois plus tard, les femmes viendront vider les pots dans des barriques. La collecte de 400 à 500 cutchots donne 15 000 litres de résine.

Odeur ou parfum, on ne saurait dire ; depuis tant d'années qu'il répète les mêmes gestes, le distillateur n'y fait plus attention. L'important, pour lui, c'est que l'alambic fonctionne bien, pour transformer la résine de pin en colophane – le brai – et en essence de térébenthine. La première est mise à sécher à l'air libre puis utilisée dans les vernis, les encres, les colles, les savons, mais aussi dans les rouges à lèvres et le… chewing-gum, qui fait fureur en ces années 1950 où des troupes américaines sont encore stationnées en France. Quant à l'essence de térébenthine, elle sert de solvant pour les peintures et les cirages. Mais, bientôt, les dérivés du pétrole remplaceront ces produits naturels. Plus de gemmeurs, plus de distillateurs.

Comme une grosse pelure, la plaque d'écorce se détache sans trop de mal : les entailles ont été assez profondes, mais sans atteindre le bois. Ils savent y faire, les démascleurs confrontés aux vieux chênes ! En 1927, ils ont déjà une bonne pratique… Ils choisissent des arbres de plus de vingt-cinq ans, y découpent des couronnes en pratiquant des incisions autour du tronc puis une longue fente verticale. Alors le tronc apparaît dans sa nudité rouge orangé, tandis que les plaques de liège vont sécher pour devenir bouchons : le Bordelais n'est pas loin, et c'est un gros consommateur de liège de qualité. Pourtant, dans un quart de siècle, le démasclage landais ne sera plus qu'un souvenir : Espagne, Portugal et aussi Algérie proposeront du liège à meilleur coût.

Oui, le travail est fastidieux ; mais on l'a toujours fait… Le nouveau siècle qui s'ouvre en 1900 n' y changera rien, je vous le dis ! Une échelle contre le tronc, un long estoma pour secouer les hautes branches, et les pommes de pin, les pignes, se retrouvent sur le sol. Récolte faite, la chaleur du four les fait craquer et s'ouvrir afin qu'elles libèrent leurs graines avant d'être vendues jusqu'au Pays basque comme allume-feu.

En forêt landaise

Les terres humides et instables peuplées de troupeaux d'ovins veillés par les bergers sur leurs échasses, c'est fini. Le XXe siècle est celui de l'immense forêt landaise plantée à des fins économiques : les pins pour leur résine, les chênes pour leur écorce. Sur de vastes étendues, un paysage nouveau se dessine ; pour les hommes, des métiers que l'on croyait éternels disparaissent au profit d'activités nouvelles que l'on n'imaginait pas.

Pas facile de sortir une prise pareille ! En 1925, les esturgeons se font déjà bien rares dans la Dordogne ou la Garonne ; cela vaut bien une photographie. Au moins, tout le pays y croira ! Mais, vite, il faut l'ouvrir : peut-être y trouvera-t-on des œufs ; loin d'ici, on les appelle caviar…

La nature est généreuse : personne n'en doute dans les contrées du Sud-Ouest, et l'abondance de la table en témoigne. Jusqu'à la fin du xxe siècle, chasse et pêche contribuent largement à l'alimentation et à la gastronomie, au risque grandissant de voir disparaître des ressources que les transformations de la société commencent alors à mettre en péril.

De chasse et de pêche

Octobre : rendez-vous à la palombière. C'est plus qu'une tradition, un rite. Mais, attention ! Vers 1905, chasser est une affaire d'hommes. Les femmes ne sont là que pour la photographie…

La saison 1905 ? Bonne pour l'alose ! À Agen, le poisson remonte la rivière pour frayer de février à juillet. La pêche au tramail dérivant est un vrai spectacle lorsque sont relevés ces grands filets laissés en travers de la Garonne. D'autant qu'après avoir encouragé les pêcheurs on aura bien droit à une partie de leur prise.

C'est l'usage, au Caillou-Condray, près de Libourne : la pêche est une activité professionnelle, et elle utilise des moyens empruntés à la marine, tel un énorme cabestan manié par au moins quatre hommes. Il faut dire que les filets sont souvent pleins, dans les années 1900, au confluent de la Dordogne et de l'Isle, et près de celui de la Dordogne et de la Garonne.

Voici une nouvelle journée de l'automne 1905 qui commence. Laissant le porteur d'appeaux marcher devant, ces messieurs, propriétaires terriens ou notables, rejoignent la palombière camouflée par des fougères sous les chênes et les pins. De longs moments à l'affût les attendent, mais il est déjà temps de scruter le ciel ; n'y a-t-il pas, là-bas, un vol gris bleuté qui s'annonce ? En octobre, les palombes, pigeons ramiers, commencent leur migration vers l'Espagne ; à la fin du mois, il n'en passera plus. La rareté participe au succès de ce mets de choix ; dans les cuisines de Dax ou de Bordeaux, on n'en doute pas.

Dans les belles fermes du Sud-Ouest, on cultive et on élève un peu de tout pour sa propre subsistance. Mais ce tout… n'est pas rien : truffes et foies gras en sont les fleurons, auxquels on pourrait ajouter les confits, les charcuteries, les fruits… En ces pays de bien vivre et de bien manger, les traditions gastronomiques sont l'écho de la qualité des productions agricoles. Peu à peu, elles portent loin la réputation de la région, tout en permettant de perpétuer la vie rurale.

Trésors du terroir

Le flair ? Mais elle est dressée pour ça ! Dressée pour chercher et trouver ce qu'elle ne mangera pas. Juste un tout petit peu d'épluchures pour l'appâter, et en chasse ! Qui laisserait une truie goûter à de la truffe ? Dès qu'un coup de groin laisse apparaître le précieux champignon, il s'agit d'écarter bien vite l'animal ! Plantureuse et riche, la table bourgeoise des XIXe et XXe siècles est friande de produits de choix ; de luxe, même. Ainsi, en 1912, entre Périgord et Quercy, on commercialise 280 tonnes de truffes ramassées sur les racines des chênes, à 5 ou 10 cm de profondeur.

Agen, Agen… Oui, bien sûr, c'est ce qui est marqué sur les caisses. Mais nos prunes, d'abord, elles viennent de Villeneuve ! Villeneuve-sur-Lot. C'est là que les entes, belles prunes plantureuses à la jolie robe violette, sont le plus belles. Bientôt, le four en sera rempli ; et il en ressortira des pruneaux d'Agen ! Longtemps on a compté sur le soleil ou le four à pain pour déshydrater les fruits mais, depuis quelques années, on utilise des étuves chauffées au bois, comme ici, en 1910. On enfourne trois volumes de prunes étalées sur le coufidou pour n'en retirer plus qu'un ; mais, même tout fripé, le pruneau conserve toutes les vertus du fruit originel.

Les hommes ici présents sauraient-ils faire les tourteaux fromagés du Poitou ? C'est qu'en 1900 leur réussite touche à l'honneur de la famille, qui a ses moules marqués à son chiffre. Une fois le mélange de fromage frais, crème, œufs et sucre coulé dans la pâte brisée, le tout sera cuit chez le boulanger… Et chacun y reconnaîtra les siens.

L'animal souffre… Les autres oies qui attendent leur tour dans l'épinette, la cage d'osier, crient si fort qu'on les entend dans tout Marcillac-Saint-Quentin. Mais on a l'habitude. Pour la fermière, le travail de novembre 1918, c'est le gavage qu'elle renouvelle trois fois par jour pendant trois semaines. Le foie passe ainsi de 80 à 600 g ! En Périgord comme dans le Gers, la production de foie gras ne fait qu'augmenter au long du XXe siècle.

Pages suivantes
Les foires de Sarlat-la-Canéda, c'est tout le Périgord sur les places et dans les rues ! Champignons, truffes, noix, tabac, volailles, toutes les richesses locales sont là. En 1911, à l'ombre du clocher de l'église Sainte-Marie, on négocie ferme le prix des oies, qui couvrent les discussions de leurs cris perçants. Un tour au bistrot, et les affaires sont faites ; bientôt, au même endroit, on discutera du prix des foies.

BLIQUE FRANÇAISE
POSTES

Généreux raisin

Vins de Bordeaux, eau-de-vie de Cognac : saurait-on être mieux pourvu ? Et ce ne sont pas les seules ressources locales issues de la vigne ; il y a d'autres vins, il y a le fameux chasselas de Moissac, succulent raisin de table… Et toujours les soins attentifs, garants de qualité.

L'idée peut surprendre, et l'objet intriguer les élégantes à Saint-Émilion : surmonté d'une pyramide en tôle amplifiant le son, voici le canon antigrêle de la fin du XIXe siècle. Mais le plus ancien vignoble bordelais préférera vite des moyens plus efficaces, tels que fusées ou pétards.

1916. Les hommes sont au front. Dans les chais du Bordelais, les femmes les remplacent, roulant de lourds tonneaux. Certains vont d'ailleurs partir vers les champs de bataille : le président Millerand vient d'attribuer 1,5 litre de vin par jour aux combattants.

Vers 1900-1910, la bonne table de Cap-Ferret, c'est bien sûr le Bélisaire ! La station balnéaire du bassin d'Arcachon est encore très fréquentée en cette fin d'été, et la terrasse de l'établissement ne désemplit pas. En plus, aujourd'hui, on récolte le chasselas de la treille ; le spectacle des belles à qui l'on a demandé de grimper sur les escabeaux pour l'occasion est déjà un régal !

Aujourd'hui : travaux pratiques ! Le sujet ? Les principes de la distillation. Au pays du cognac, la leçon s'impose ! Gageons que les élèves de Juillac-le-Coq en connaissent déjà un peu sur le sujet… Leur classe est bien caractéristique d'une école des années 1940, sous la houlette d'un instituteur en gilet et cravate : à l'époque, la fonction suscite encore le respect et s'accompagne d'un souci de dignité manifeste.

1950. Davantage de bruit, et davantage de vitesse. Eh oui, la mécanisation est arrivée à Cognac. Elle ne supprime pas le contrôle attentif des ouvrières qui mirent les bouteilles issues de la verrerie Saint-Gobain, vérifient bouchons et étiquettes. Réputation oblige. Ayant connu un grand essor à la fin du XIXe siècle, le cognac véhicule en effet une image de prestige et de perfection dans le monde entier.

Scène de genre pour peintre en mal de sujet ? Non. Vie quotidienne dans le Marais poitevin, vers 1935. Collecter les bidons de lait en barque n'a vraiment rien d'exceptionnel : quand on est paysan ici, on est aussi batelier. À Vanneau-Irleau comme dans toute la région, chacun dispose de sa yole, ou platte, longue barque à fond plat bien adaptée aux canaux étroits et peu profonds. Debout à l'arrière, le batelier appuie ferme sur sa pigouille, longue perche de saule, tout en équilibrant l'embarcation avec ses jambes. Ça semble difficile, mais c'est une seconde nature.

Petits métiers

À la campagne aussi bien qu'en ville, il y a toujours, jusqu'aux années 1950, des activités possibles pour tous. Tâches nécessaires à la vie quotidienne ou compléments du métier principal, apprises par l'exemple et souvent tributaires de l'environnement régional, elles maintiennent chacun dans un tissu social où l'exclusion n'a pas de sens.

Ne dites pas à ce couple de Maraîchins – les habitants du Marais poitevin – que les rigoles, conches et autres fossés, les canaux de la Venise verte, sont pleins de charme. Pour eux, ce ne sont que des lieux de travail : elle est lavandière, posant sa caisse sur les berges pavées ; il est pêcheur d'anguilles, de carpes ou de gardons. D'autres, qui comme eux vivent dans les maisons blanches du Marais, chassent le gibier d'eau, travaillent l'osier ou cultivent les légumes, dont les petits haricots blancs, les fameuses mojettes.

Agen, 1910. Comme ailleurs, le travail des tanneurs est ici relégué dans un triste faubourg. Sale et nauséabond, il se pratique dans des rez-de-chaussée ouvrant directement sur un canal. Qui voudrait vivre dans les étages des maisons délabrées donnant sur ce cloaque ?

Il fait bon, à l'ombre devant la maison de Salies-de-Béarn, dans la douceur printanière du Pays basque. On se retrouve ensemble pour travailler et pour échanger : depuis hier, on a bien des choses à se dire ! Quant au travail, on n'en manque pas : en 1900-1910, les sandalières de Mauléon ne suffisent plus tant la demande d'espadrilles et de sandales à semelles de chanvre tressé est grande. Jusqu'aux mineurs du Nord qui en réclament ! Alors on tresse, on met en forme la semelle, on y coud le dessus en toile de lin, et on recommence…

Aujourd'hui, le patron a été généreux ; il a donné assez de reste de pâte pour que les tout jeunes apprentis pâtissiers deviennent oublieurs sur une place bordelaise. Oublieurs ? Eh oui ! En ce début de XXe siècle, ils confectionnent des petits gâteaux, les oublies, qu'ils proposent aux passants ; une petite loterie détermine le nombre attribué à chacun. Et, pour attirer l'attention, rien de mieux que de pousser la chansonnette. On dit que leur répertoire est un peu leste…

Femmes et enfants peuvent s'y mettre : il faut plus d'habileté que de force pour réaliser les enveloppes de paille qui garniront bouteilles et verreries diverses. Dans les années 1890 et 1900, c'est bien sûr un travail entièrement fait à la main, dans les Landes. Ferdinand Bernède, photographe à Arjuzanx, a eu la bonne idée de l'immortaliser. Se doutait-il qu'il disparaîtrait bientôt, comme tant d'autres petits métiers de l'époque ?

Le plus gros casse de l'Histoire !

Le 26 juillet 1944, la petite gare de Neuvic-sur-l'Isle (Dordogne) entre dans l'Histoire. Un groupe de FFI (Forces françaises de l'intérieur) attaque le fourgon de tête du train Périgueux-Bordeaux : il est affrêté par la Banque de France ! Butin : 2 280 000 000 francs… contre un bon de réquisition.

Du chef de gare au trésorier-payeur général en passant par le préfet, il a fallu mettre beaucoup de monde dans le coup. Toujours avec prudence… Mais les sympathies pour les combattants de l'ombre se font plus fréquentes ; beaucoup sentent le vent tourner : le débarquement d'il y a quelques semaines redonne espoir. Mais les réseaux de la Résistance manquent d'argent. Le général Kœnig, commandant des FFI, ne peut plus ravitailler les maquis en armes et en munitions. Alors on pratique les « réquisitions » de fonds publics dans les postes, les perceptions, et même… à la Banque de France ! Voilà donc les groupes Valmy et Roland qui arrivent à la gare. La première tâche est de signer un ordre de réquisition au chef de gare. Puis tous se cachent le long des voies. Fumée et grincement de freins : le train est arrêté. Chacun sait ce qu'il a à faire, certains sécurisent le train et veillent, d'autres fracturent le fourgon et sortent les… 150 sacs. Pas de coup de feu, pas de violence : une opération propre qui s'achève par la signature d'un reçu ! Le butin est chargé dans une camionnette, puis conduit en lieu sûr à dos d'homme. 2 milliards 280 millions… De quoi redonner des moyens pour les ultimes opérations à bien des groupements de la Résistance. Cependant, l'Administration ne peut faire l'économie d'une enquête, lancée après 1945. Ce qui déclenche une vive polémique lorsque l'utilisation de près d'un cinquième de la somme s'avère indéterminée…

19 août 1949 :
la forêt en feu !

Alerte au feu ! Alerte au feu ! Dans l'après-midi du 19 août 1949, la nouvelle parvient à la mairie de Saucats, petit village de la forêt des Landes de Gascogne. Le sinistre a démarré dans une scierie du côté du Murat et menace les villages alentour. Tardant à être maîtrisé, l'incendie prend le lendemain des proportions effroyables. Bientôt, 50 000 ha de pinède brûlent entre Arcachon et Bordeaux, déclenchant la panique jusque sur les plages, où les estivants, inquiets à juste titre, ont trouvé refuge...

Marcheprime, Saucats, Cestas, Le Barp : à leur tour ces communes sont touchées, ce 20 août, par l'incendie qui a éclaté la veille et ne cesse de s'étendre. Dans l'après-midi, c'est une véritable tornade de feu qui se déclenche, dégage une fumée incroyablement épaisse et piège de nombreux sauveteurs. Même les habitants qui ne sont pas à proximité de l'incendie commencent à quitter leurs maisons, emballant à la va-vite leurs affaires et laissant le linge précieux, comme il est de tradition, à l'abri dans le puits ; mais même là, il brûlera... Sur les chemins et les routes, c'est un véritable exode, des sacs plein les bras, à pied la plupart du temps, ou à vélo, fuyant la colonne de fumée qui menace à l'horizon.

Un malheureux concours de circonstances augmente encore la liste déjà longue des victimes. Quatre sauveteurs, secondés par un habitant d'un village et ses deux apprentis, tentent vainement de lutter contre l'incendie. Alors qu'ils cherchent à se replier, ils sont pris au piège par un rideau de contre-feu... Ils sont sept à se réfugier dans un fossé : on ne retrouvera que les corps calcinés de ces hommes vraisemblablement morts asphyxiés.

Créé en 1913 pour recevoir des enfants défavorisés et menacés de tuberculose, l'aérium d'Arès, près d'Arcachon, est devenu un centre de colonies de vacances pour les communes d'Arès et des environs.
Le 22 août, deux jours après le début de l'alerte, l'incendie n'est toujours pas maîtrisé ; le centre est menacé et doit donc être évacué. Au cas où le bâtiment brûlerait, il paraît judicieux de récupérer matelas et couvertures. Sous la menace de la fumée, les militaires réquisitionnés et les bénévoles s'empressent de charger les camions.

C'est un incroyable brasier qui se propage à la vitesse hallucinante de 70 km/h ! Des témoins assurent avoir vu des langues de feu de 300 m de long, des colonnes de gaz bleu – des chandelles – s'élevant à plusieurs kilomètres de haut ! Les arbres sont vrillés. À peine touchés par la tornade de feu, les bâtiments s'embrasent… Ralliés par le tocsin, les pompiers et les bénévoles réussissent à mettre en place, sous les ordres du maire, des contre-feux : ce sont des bandes de terrain que l'on brûle sur 10 m de large et une longueur de 300 à 500 m, pour réduire la prise des flammes.

Le feu ne sera complètement dompté que le 24 août à 7 heures. « L'incendie du siècle » a fait des ravages parmi la population locale comme chez les militaires venus en renfort. On ne compte plus les blessés, une centaine, dont certains souffrent de graves brûlures.
Le seul village de Canéjan pleure 29 morts pour 480 habitants, c'est-à-dire trois fois plus que lors des deux guerres mondiales. On dénombre au total 83 victimes. Certaines, méconnaissables, ne seront jamais identifiées… Des funérailles nationales sont organisées à Cestas. Le général Grossin représente le président Vincent Auriol, souffrant. Des membres du gouvernement, M. Queille, Mgr Feltin, le préfet de la Gironde assistent à la cérémonie, ainsi qu'un détachement des pompiers de la Royal Air Force, dont l'un dépose une couronne.

Les liens des hommes avec la terre sont toujours forts. Durant des siècles, ils ont forgé les coutumes, les traditions, les modes de vie. Et voilà que tout change. Les générations du tournant du XXe siècle en sont les témoins, contraintes à des bouleversements dont, sur le moment, elles ne peuvent mesurer la portée. Alors il est temps d'observer des actes et des gestes qui vont disparaître.

Travaux des champs

Toujours pas de pluie… à la longue, les récoltes sont compromises ; que faire ? Monsieur le curé l'a bien rappelé : l'Église catholique a des prières pour ça, celles des rogations. Dans les années 1950, la foi s'émousse même dans les campagnes, où l'on voit souvent les hommes rester dehors pendant les offices à l'église ; mais bon, on ne risque pas grand-chose à partir en procession à travers champs… Alors rendez-vous est pris, et voici que, avec force enfants de chœur, le cortège sillonne les abords de Nanteuillet, au sud d'Angoulême. On prie, on chante, le photographe est là ; mais qui retrouvera le cliché des jours suivants, celui de la campagne sous la pluie ?

La machine à vapeur est arrivée au village landais. Elle va actionner la batteuse à maïs : le travail qui prenait de longues journées sera fait en quelques heures seulement. Le bruit est assourdissant, rythmé par le claquement de la courroie de transmission. La poussière s'insinue partout, mais le progrès aussi ! Dans les Landes, le battage du maïs est déjà mécanisé en 1909. La vraie révolution du XIXe siècle est bien là, pénétrant au cœur des campagnes et apportant un gain de temps considérable.

Le moment est calme et paisible devant la maison de Curzay-sur-Vonne. L'été 1904 est chaud dans la Vienne, et il fait bon sous les arbres, chacune à son ouvrage. Les enfants sont tranquilles : ils observent, ils apprennent ; bientôt les filles se mettront à leur tour à la couture. Les hommes, eux, sont aux champs. Les générations partagent une vie quotidienne presque intemporelle. Dans dix ans, une guerre mondiale signera les changements de la société…

Cette fois, les femmes sont aux champs : la récolte du millet est facile, la plante se coupe bien et n'est pas lourde à rassembler en faisceaux. Déjà, elles imaginent les recettes qu'elles pourront confectionner avec cette forme de maïs très commune dans les Landes en 1908 : bouillies roboratives – cruchades ou escauton –, ou miques, ces galettes pouvant servir de pain.

Sur la grand'place hors les murs de la cité médiévale, de puissants meuglements se répondent sans cesse. C'est mercredi, jour de foire ; et, à Parthenay, cela veut dire que des centaines de bestiaux, tous plus imposants les uns que les autres, sont offerts par les producteurs à la convoitise des maquignons. Il en est ainsi depuis des siècles : même la concurrence du marché de Bressuire n'a rien pu y faire. Dans les années d'après guerre, on considère ce marché aux bestiaux comme le premier de France pour les bovins de boucherie : la majorité d'entre eux ne repartiront pas dans les camions de ceux qui les ont élevés…

Faut-il qu'il l'aime, son baudet, M. Quintard, pour le faire poser avec lui ! Un vrai baudet du Poitou, fidèle et dur à la peine. Pour ses sept ans, à l'aube du XXe siècle, il vient de gagner le deuxième prix à la foire de La Roche-Piché, près de Sainte-Éanne. Et quel reproducteur : il peut saillir huit à dix juments par jour ! De quoi maintenir les exportations muletières vers le Maroc, le Chili ou l'Indonésie ; là-bas, les poitous sont réputés.

La pesanteur du milieu de la bourgeoisie provinciale, le Bordelais François Mauriac, né le 11 octobre 1885 dans une famille catholique et conservatrice, en est un observateur pointu. Il pose pour ce cliché à vingt ans environ, alors qu'il se prépare à quitter sa ville natale pour Paris, ses écoles et son riche milieu intellectuel. Ses romans témoigneront de son attachement à sa région d'origine, *Génétrix* (1923), *Thérèse Desqueyroux* (1927), *le Nœud de vipères* (1932) représentant quelques jalons d'une œuvre marquée par les conflits de la chair et de la foi. Il aura aussi une importante activité de journaliste et de polémiste, jusqu'à sa mort, à Paris, en 1970.

Lettres, humour et politique

Chaque année, 3 000 personnes défilent, au cimetière des Grands-Maisons de Jarnac, devant le caveau familial où repose François Mitterrand (1916-1996), dont la vie fut celle d'un vrai politique. Après un passage au Commissariat général aux prisonniers de guerre, sous Vichy, il a tout juste quarante ans lorsqu'il est élu député socialiste de la Nièvre. Plusieurs fois ministre sous la IVe République, il met le général de Gaulle en ballottage aux présidentielles de 1965, est battu de justesse en 1974 par Valéry Giscard d'Estaing puis, en 1981, soit quarante-cinq ans après le Front populaire, porte la gauche au pouvoir. Il est réélu à la présidence de la République en 1988.

Gabriel Maximilien Leuvielle (1883-1925), né à Saint-Loubès, en Gironde, dans une famille de viticulteurs, devient, sous le nom de Max Linder, la première grande vedette comique de l'histoire du cinéma. Embauché chez Pathé avec un cachet annuel mirobolant (200 000 francs or !), il façonne, à travers plus de 150 petits films, un personnage de dandy désinvolte et longiligne qui contraste avec les rondeurs de l'époque. Désespoir de comique ? Il se suicide avec sa femme en 1925.

Sur le quai des adieux, ils rêvent encore. Leur Amérique, c'est celle du Sud, où l'on parle espagnol ou portugais et vers laquelle les émigrants du Sud-Ouest sont nombreux à l'aube du XXe siècle. Ouvert en eau profonde à deux pas de La Rochelle, le port de La Pallice est voué à ces destinations transatlantiques. Pour les passagers comme pour les marchandises, le chemin de fer arrive jusque sur le quai de ce port, alors à la pointe du modernisme.

Cap au large

Ce n'est pas que l'on vive mal dans nos contrées, non. Mais les espoirs sont si grands, outre-mer ! Pourtant, les ports du Sud-Ouest ne sont pas affectés qu'au trafic des passagers. Les terre-neuvas y font escale, la pêche côtière les anime, et puis, à La Pallice, il y a les départs pour le bagne…

Enfin, ils sont là ! Mais, après sept à huit mois de mer, à la voile, jusqu'aux parages de Terre-Neuve, ce n'est qu'une étape. Ici, à La Pallice, on décharge la morue pour qu'elle soit salée. Reste à remonter vers la Bretagne et le port d'attache, où la famille attend encore. Depuis le milieu du XIXe siècle, on sèche et sale en effet dans la région de La Rochelle, où le commerce de la morue dynamise l'économie.

Ils font les fiers, mais ils n'ont pas choisi de partir. Ceux-là, avec un chapeau mou, sont des relégués, des récidivistes. Ils embarquent pour Cayenne, le bagne tellement plus dur que les geôles de Saint-Martin-de-Ré ! À quai, le *Magellan* ou le *La Martinière* les attendent. De 1852 à 1938, ils sont 70 000 à faire le voyage.

Bordeaux

Ville des vins, bien sûr, et des plus prestigieux, Bordeaux est avant tout ville de commerce, port maritime et fluvial depuis des siècles, nœud ferroviaire à la fin du XIXe, en attendant de devenir un important carrefour routier. Aristocratique au long de ses cours, Bordeaux est aussi la ville de tout le petit peuple des services, des échanges, des métiers urbains utiles à toutes les campagnes d'Aquitaine et de Gascogne. Une vraie métropole, déjà.

Il y a sept siècles, les pèlerins de Saint-Jacques-de-Compostelle suivaient le même chemin... Aujourd'hui, dans ces années 1900, on vient là, au cœur de la ville, faire les magasins. Mais, au bout de la rue, la vieille tour de la Grosse Cloche, beffroi et porte du XVe siècle, vous replonge dans l'Histoire. Quant à la rue Saint-James, presque aussi étroite qu'au Moyen Âge, il vaut mieux y être prudent ; depuis quelque temps, on y voit parfois passer des voitures à moteur... Oui, des automobiles ! Heureusement, on les entend venir.

1936. Oui, c'est la grève, mais c'est aussi la fête ! Dans l'euphorie de l'arrivée au pouvoir du Front populaire unissant les forces politiques de gauche, on danse sur les chantiers navals de Bordeaux. Qu'importe s'il n'y a pas de femmes : l'urgence est de se laisser aller à la joie des conquêtes sociales. Ce 12 juin, les chantiers sont occupés, comme la plupart des grandes entreprises industrielles du pays. Bientôt les négociations aboutiront, donnant au monde ouvrier un nouveau statut, des droits, de meilleures conditions de vie. Des occasions pour organiser d'autres fêtes.

Sur le port, on ne manque jamais de travail : rouler un fût de 500 litres, ça vous prend bien deux hommes ! Et des fûts, ici, il y en a ! Il y a ceux qu'on embarque, bien sûr, notamment vers l'Angleterre, qui fit la gloire des vins de Bordeaux, mais aussi ceux que l'on décharge et qui arrivent d'Espagne ou du Portugal : en 1913, bien des vignobles français qui fournissaient des vins courants sont toujours décimés par l'oïdium et le phylloxéra. Mais par Bordeaux transitent aussi maintes autres marchandises : le port dessert tout le quart sud-ouest de la France.

Un rendez-vous en ville ? Place de la Comédie, bien sûr ! Inévitables à Bordeaux : d'un côté le Grand Théâtre, chef-d'œuvre de Victor Louis datant du XVIIIe siècle, et en face le Grand Café. Sans souci, laissez donc votre automobile entre les deux : en 1927, les voitures ne sont pas encore trop nombreuses.

Entre Orléans et Saint-Jean – les deux gares de la ville –, l'obstacle de la Garonne ne facilite pas les correspondances. Bonne idée, donc, que ce pont demandé en 1859 à M. Eiffel. Grâce à lui, Bordeaux devient un vrai carrefour ferroviaire entre nord et sud.

Attention ! pas d'huîtres pendant les mois sans R ! La maxime est répandue après la Seconde Guerre mondiale, comme en cette année 1949. Encore considérées comme un produit de luxe, les huîtres sont pourtant de plus en plus appréciées. Peu à peu, leur consommation va se développer, les transports toujours plus rapides permettant de les acheminer bien fraîches dans tout l'Hexagone. Une aubaine pour les nombreux ostréiculteurs du bassin d'Arcachon. Après le développement dans les parcs, le passage dans les claires pour les débarrasser de leurs impuretés, un tri attentif précède la mise en bourriches et le départ vers… les tables des gastronomes.

Mer et salines

Une façade atlantique faite d'immenses plages, quelques ports, des lacs littoraux et le vaste bassin d'Arcachon : autant d'atouts géographiques pour que les côtes d'Aquitaine et du Pays basque soient actives. Quant au sel, ici il n'est pas que marin : une source d'eau salée, et le Béarn a ses salines.

1960. Deux générations déjà que, au gré des marées, on s'en vient là en barque décrocher les grappes de moules de leurs piquets enfoncés dans la vase. Vers 1885, la famille s'est installée à l'endroit qu'on appelle désormais les Boucholeurs, au bout de la plage de Châtelaillon. Et bien d'autres l'ont suivie : la conchyliculture, l'élevage des moules, on ne sait rien faire d'autre dans le coin…

Non, ce n'est pas du folklore ! Imaginerait-on un Basque sans son béret et sa large ceinture ? Son attelage de bœufs porte des pendeloques qui font office d'œillères. Il charge du sable sur la plage de Biarritz. Peut-être pour un chantier : on construit beaucoup de villas sur la côte basque en 1908.

Les hommes en portent trois, les femmes, deux seulement : ils sont bien lourds, les sacs de sel. Certes, la manutention est archaïque en cette fin de XIXe siècle. Pourtant, les salines de Salies-de-Béarn ont pris il y quelque temps une dimension industrielle : l'exploitation de la source salée n'est plus organisée, comme depuis le XVIe siècle, par une confrérie veillant au partage de la précieuse ressource. Depuis 1841, la saline est une usine, où les poêles en plomb font jour et nuit s'évaporer l'eau pour libérer le sel.

1936. Le chef de gare de Carlux n'en revient pas ! Alors que les paysans se rendant au marché de Sarlat ou de Souillac se font rares – pensez ! l'automobile –, voilà que les congés payés arrivent ! Ils ont marché, ils ont bronzé, risqué un bain dans la Dordogne, goûté un confit arrosé de cahors ou de bergerac… Visiblement, ils sont heureux ! Et Robert Doisneau est là pour les photographier. Foi de chef de gare, le Front populaire a peut-être du bon…

Les jolies vacances

Ça y est, les loisirs sont là ! Avant même le grand bond en avant de 1936 et des congés payés, le goût des vacances a peu à peu fait son œuvre. Biarritz était lancé depuis le second Empire, les Bordelais venaient en villégiature sur le bassin d'Arcachon. Dans la première moitié du xxe siècle, c'est tout le littoral atlantique qui devient destination de vacances : si des métiers disparaissent, c'est l'occasion pour que d'autres se créent.

De l'audace ou un sentiment de liberté et de plaisir ? La baie de Saint-Jean-de-Luz est assez sûre pour qu'une jolie baigneuse se lance sur un fragile esquif : l'ancêtre du pédalo. Un nom qui sera déposé l'année d'après, en 1936. Une date symbole pour les loisirs !

Monsieur le maire l'a bien dit, en 1857, à la création d'Arcachon : « Hier désert, aujourd'hui village, demain cité. » Cinquante ans plus tard, en 1907, on peut témoigner qu'il avait raison ! La promenade est toute récente, mais ô combien fréquentée ! Même les bonnes à qui on a donné leur jour viennent y flâner, côtoyant les riches clients du grand Hôtel de France.

« Les enfants, ne lâchez pas la corde ! les bains de mer sont dangereux, vous le savez bien ! Deux heures au moins après manger et… Ne lâchez pas la corde ! » Sur la plage de Lacanau, station desservie par le chemin de fer depuis 1905, les vagues sont traîtresses, c'est vrai. Dans un louable souci de sécurité, les plus prudents pratiquent donc, dans les années 1930, le bain à la corde restant à portée d'un filin tendu perpendiculairement au rivage.

En 1928, on ne se mélange pas sur la plage de Biarritz. Au pied du très luxueux Hôtel du Palais, les enfants sont confiés à leur gouvernante ; pas de risque de les voir jouer avec des petits Basques…

Biarritz, un autre Deauville ? Dans l'entre-deux-guerres, aristocrates, artistes et banquiers se prennent d'engouement pour la côte basque. Attirés par la douceur de son climat et l'atmosphère de fête de ses nuits, ils font de Biarritz un lieu de rendez-vous incontournable. Henri de Rothschild y joue les capitaines de fantaisie à la terrasse d'un café de la Grande Plage. Fréquentant Deauville l'été, il adopte la station à l'arrière-saison, à l'instar du prince de Galles, des souverains d'Espagne, de Coco Chanel ou de Buster Keaton…

Riches et célèbres

après la débâcle, Joséphine Baker (1906-1975), la danseuse à la ceinture de bananes révélée en 1925 dans la Revue nègre, se réfugie au château des Milandes, en Dordogne. Elle y déploie une activité qui lui vaut une médaille de la Résistance. À la Libération, elle transforme son château en centre touristique, puis y accueille la tribu Arc-en-Ciel, les douze enfants qu'elle a adoptés. Écrasée par les dettes, elle est expulsée en 1969 et s'éteint juste après un retour à Bobino, en 1975.

Octobre 1948. Marcel Cerdan (1916-1949) est tout juste sacré champion du monde des poids moyens. Le « bombardier marocain » s'est en effet illustré un mois plus tôt à Jersey City, en battant Tony Zale au douzième round : il ravit ainsi aux Américains un titre qu'ils détenaient depuis 1891 ! Il met alors sa très grande popularité au service d'une noble cause : l'enfance malheureuse. Le 20, il achève un tour de France de bienfaisance à Bordeaux, où la foule l'acclame devant l'hôtel de ville. Le boxeur, qui vit à l'époque une idylle avec la Môme Piaf, trouvera la mort un an plus tard dans un accident aérien, juste après avoir perdu son titre face à Jake La Motta.

Elle est bien fière, cette équipe de rugby de Bordeaux, en 1910 ! Elle est née grâce au succès de celle du Stade bordelais, sept fois champion de France entre 1899 et 1911, dont cinq contre le Stade français ! Des Parisiens… Ces succès ont entraîné l'éclosion de nombreuses équipes dans la région. Et qui dit rugby dit Sud-Ouest, non ?

Élégantes, croyez-vous ? Non, sportives, simplement sportives… Une fois de plus, nos amis les Anglais nous montrent l'exemple : le golf n'est-il pas le sport idéal pour nous, les femmes ? En villégiature sur la côte basque, nous avons la chance de disposer depuis peu de temps – 1892 – d'un terrain magnifique, le golf des Anglais, justement, à Saint-Jean-de-Luz. Et puis, ces jeunes Basques qui portent notre matériel ne sont-ils pas charmants ?

Sports et jeux

Une distraction de village, un jeu en famille, un sport huppé aux accents britanniques, mais aussi des compétitions ancestrales : la gamme est large des pratiques où l'on s'amuse ou s'affronte, avant même qu'une société des loisirs soit imaginable. Mais toujours, ou presque, l'empreinte locale transforme la pratique en tradition.

À d'autres le golf et le tennis… Les vrais Basques ne s'en laissent pas conter : ils sont fidèles à la pelote, lointain cousin des anciens jeux de paume. Mais, attention, voici un important match de chistera (où l'on joue à trois contre trois) pour la saison 1910. À Saint-Jean-de-Luz, le fronton a été repeint, aussi blanc que la tenue des joueurs ; et les têtes se tournent sans cesse pour suivre la pelote de la chistera d'osier au mur, du mur à la chistera…

Le cri de l'animal renforce la tension ; à Biriatou, le galop du cheval se fait plus pressant et, d'un coup, le cavalier en costume traditionnel tranche la tête de l'oie… C'est cruel, mais c'est un jeu immémorial, l'antzara jokoa, que l'on pratique encore au Pays basque en 1936. Le premier cavalier de l'équipe dispose d'un sabre, mais les autres joueurs s'efforcent d'arracher le cou de l'oie à mains nues…

On a passé le cap d'un nouveau siècle, l'époque est belle… Alors amusons-nous puisque voici la Belle Époque et l'insouciance relative des premières décennies du XXe siècle ! Les amuseurs ont du succès : les chansons en témoignent ! À Moncrabeau, en Lot-et-Garonne, au sud-ouest d'Agen, on a trouvé mieux encore : on ravive une académie des Menteurs créée sous l'Ancien Régime ! Mais son champ d'action s'élargit : elle devient académie des Blagueurs et des Menteurs. En 1904, comme toujours, on y est intronisé assis sur un trône de pierre nommé pierre de vérité ; allez donc vous y retrouver…

Les jeux du dimanche… Dans la France rurale des années 1900, en Périgord, le jeu de quilles assure un bon moment. Oubliés, les travaux des champs et les bêtes, même s'il faudra tout de même les retrouver bientôt : endimanché comme de juste, on rivalise d'adresse pour bousculer des quilles toutes simples – quelques morceaux de bois à peine équarris.

Écart, feinte, saut… C'est qu'il est doué, celui-ci ! Chaque saison, les courses landaises révèlent chez les jeunes du pays de nouveaux talents. Le mieux, c'est de se produire à Dax. D'ailleurs, voyez-le : il va risquer un vrai saut périlleux en esquivant la vache. Car ce que l'on juge, ici, ce n'est pas un combat – pas question de mise à mort – mais l'adresse et l'agilité des jeunes gens qui se lancent dans l'arène. Celui-ci, on le reverra sûrement l'année prochaine, en 1908…

Pourquoi font-ils la queue au kiosque sur la place ? Mais c'est la saison des corridas ! Et, si l'on veut les meilleures places, à l'ombre, il ne faut pas tarder à venir prendre son billet. Même si elle n'est pas de tradition locale, la corrida est, en 1930, réputée à Bayonne. L'impératrice Eugénie, entichée du Pays basque mais nostalgique de son Andalousie natale, a fait organiser la première ici en 1853. Quarante ans plus tard, on inaugurait, et toujours à Bayonne, les plus grandes arènes du Sud-Ouest.

La dynastie Hennessy

Une famille, un terroir, une maison de cognac : telle est souvent l'histoire des entreprises de la prestigieuse eau-de-vie. Pourtant, la famille Hennessy vient d'ailleurs. C'est en effet d'Irlande que débarque l'illustre ancêtre, Richard Hennessy, au XVIIIe siècle. Mais ses descendants sauront s'attacher au pays.

Jacques-Richard-Maurice Hennessy (1835-1905) est le premier négociant à mettre le cognac en bouteilles. Il est aussi à l'origine du X.O, qu'il crée en 1870 pour sa consommation personnelle, mais aussi pour sa famille et ses amis.

Né à Cork, en Irlande, en 1724, Richard Hennessy est officier dans la brigade irlandaise de Louis XV. Après sa carrière militaire, il s'établit à Tonnay-Charente puis fonde, en 1765, sa maison de commerce à Cognac. Son fils Jacques (1765-1843), son petit-fils James (1795-1845), puis son arrière-petit-fils Jacques-Richard-Maurice Hennessy, né à Cognac le 15 mars 1835, poursuivent avec succès le négoce de l'eau-de-vie. Le plus jeune va lui donner une impulsion supplémentaire en enrichissant la gamme de ses cognacs d'une série d'excellence, le X.O *(extra old)*. Plus d'un siècle plus tard, le X.O Hennessy, assemblage de plus d'une centaine de très vieilles eaux-de-vie issues des meilleurs crus de la région de Cognac, demeure la référence.
En 1893, son fils James, né le 26 juillet 1867, démissionne de la marine pour succéder à son père à la direction de l'entreprise. Président du comité de viticulture de Cognac à partir de 1898, il encourage la replantation des vignobles de Segonzac, qui produisent la fine champagne. Menant parallèlement une carrière politique, il est élu plusieurs fois député, puis sénateur. Républicain modéré, partisan du libre-échange, ardent mutualiste, il intervient dans toutes les questions maritimes et viticoles nationales. Son fils Maurice, né le 13 novembre 1896, lui succède. Il met en place le Bureau national interprofessionnel du cognac (BNIC), qui remplace à la Libération le Bureau de répartition des vins et eaux-de-vie créé pendant la guerre. Aujourd'hui, la maison de cognac Hennessy, qui appartient au groupe LVMH, premier groupe de luxe français, continue sa progression : elle vend plus de 4 millions de caisses de cognac chaque année dans le monde entier.

À chacun son outil : sur ce cliché datant de 1897, le personnel des établissements Hennessy & Cie présente l'ensemble des tâches du cycle de production du cognac. Et chacun y figure muni de l'accessoire indispensable à l'exercice de son métier.

Au début du XXe siècle, Hennessy est l'un des premiers négociants de cognac à profiter de l'invention de Claude Boucher, une machine à souffler et mouler les bouteilles, pour commercialiser son eau-de-vie. Après une dernière vérification au sein de l'atelier de mise en bouteilles, celles-ci sont emballées à la main avant d'être mises en caisses, généralement par douze.

James Hennessy (1867-1945) est élu le 8 juillet 1906 député de la Charente, puis réélu en 1910 et 1914. Mobilisé en 1914 comme lieutenant de vaisseau, il reçoit la Légion d'honneur à la fin de la guerre. Il devient sénateur le 9 janvier 1921 et le reste jusqu'en 1938. C'est un parlementaire très actif, participant aux commissions de la Marine, du Commerce, de l'Industrie et du Travail.

Maurice Hennessy (1896-1990) est le créateur du Bureau national interprofessionnel du cognac, qui soumet, à partir de 1946, tous les stades de l'élaboration du produit à une réglementation destinée à le protéger. La notoriété grandissante du cognac suscite en effet concurrence et contrefaçons. S'en faisant le chantre à travers le monde, Maurice Hennessy va multiplier les voyages, allant même jusqu'à Shanghai dès 1927.

Les noms et parlers locaux

Les noms de famille

Poitou-Charentes

Francillou = petit François
Jame = Jacques
Pére = Pierre
Pérote = Pierrette
Ragund = Radegonde
Tenot = Antoine

Tessereau = tisserand
Gachinat, Gadioute, Louméle, Moreau, Ocqueteau, Piveteau, Quintarde, Robine, Thériault, Thiébault…

Aquitaine

Besse = bouleau
Bordes = ferme
Carrere = carriole
Loustau, d'*ostal* = maison

Anetas, Arnaud, Lapaillerie, Lasserre, Moustirats…

Noms gascons

Abadie = abbaye
Bordenave = ferme neuve
Casenave, Casanava = maison neuve
Lacase, de *casa* = la maison
Labat = vallée, domaine

Darribeyros = riverain ou ruisseau pierreux
Lalanne, de *lana* = lande

(D)arricau, de *ric* = riche
Haure, Hauret (Faure), *Oriede*

Pays basque

Barberteguy = maison du barbier
Etchegarray = maison d'en haut
Etcheverri, Etxeberria = maison neuve
Paulorena = maison de Paul
Pierrasteguy = maison de Pierre

Arosteguy = forgeron
Biscaichipy, de *Byscaye*, Espagne = petit Espagnol
Urrutia = habitant d'Urrutilade, hameau de Saint-Jean-le-Vieux

Belasta = épervier
Otchoa = loup
Etchecaharreta, Hiriart, Hirigoyen, Jaureguiberry, Peigneguy, Urruty…

Les mots de chez nous

Poitou-Charentes

brimer = bruiner

achenal = canal d'assèchement
bot = digue du marais
acon = petit bateau plat
manoque = panier de pêcheur
bosselle, botte = nasse à anguilles
treselles = grand filet pour la pêche aux anguilles
boucs = crevettes grises
trois-pieds = étoile de mer
marache = baudroie, lotte de mer
marmon = méduse
bouilliture = matelote d'anguilles

batterie = époque du battage des céréales
métive = moisson
bourlot = repas concluant les métives ou les batteries
charreau = cuve charretière de vendanges

cince = serpillière
ramasse-bourrier = pelle à poussière

boursette, broussette = salade de mâche
chicon = laitue romaine
aillet = ail
appétit = ciboulette
argonane = pleurote
girelle = girolle
ballée = lot de légumes préparés par les maraîchins
bottereau = beignet
grimolle = clafoutis aux pommes
charnier = récipient dans lequel on conserve le lard

compagnie = invités
ballade = fête annuelle de village
truc = jeu de cartes
attrapette = devinette, blague

Mots poitevins-saintongeais

drôlle = enfant
ajhace = pie
cendrilha = mésange
grole = corbeau
luma, cagoulle = escargot
mojhéte = haricot blanc
pabot = coquelicot

Au nord de la Garonne

Mots occitans

draule = enfant
mongeta = haricot blanc
creac = esturgeon
pibalas = civelles
gabarras = bateaux plats des fleuves
gerba bauda = gerbe de la fête de fin de moisson

Landes

abat d'eau = pluie d'orage
gave = torrent
doucette = salade de mâche
guenille à gringonner = serpillière

Mots occitans

gema = résine de pin
gemèr = résinier
quartas [couarte] = récipient d'un quart d'hectolitre dans lequel on porte la résine
eishancas = échasses du berger des landes
palomèras = palombières

carrièira, carrèra = rue
ostal = maison

còca = gâteau
hetge = foie gras
confit [coufit] = confit
poda = taille (de la vigne)

Mots gascons

lo pinhadar = la forêt de pins
cara = entaille dans le tronc du pin
cuthot = pot de résine
hapchòt = petite hache spécifique
lana = lande
borda = ferme
garfo = gâteau de fête (Épiphanie, Pâques)
pelaporc = tuailles du cochon

Pays basque
Euskal Herria = Pays basque
iri = village
etxe = maison, famille
ibai = cours d'eau

gizon = homme
neska = fille
artzain = berger
txipi, chipi = petit
txuri, chouri = blanc
gorri = rouge

Les expressions

Poitou-Charentes
être champi de quelque chose = être frustré
être en chemin de famille = être enceinte
avoir vu péter le loup sur la pierre de bois = avoir subi de nombreuses épreuves
être de bonne mâche = avoir un solide appétit

Aquitaine
et patin et couffin = et patati et patata
plié pour compte = mort
tâcher moyen de = faire en sorte de
rire comme un choine en vitrine = allusion au pain choine, fendu tout du long

Expressions occitanes
les bons moments duraràn pas tant coma la talha = les bons moments ne dureront pas aussi longtemps que les impôts

Expressions en gascon
gromanda com una padera renosa, gourmande comme une poêle rainurée = très gourmande
Diu vivant ! = zut !

Pays basque
gauzak ez dira zaharrez ontzen, bainan onez zahartzen = les choses ne se bonifient pas parce qu'elles sont vieilles, mais vieillissent parce qu'elles sont bonnes (Pierre Lafitte)

Les adresses

ASSOCIATIONS

Poitou-Charentes
Cercle généalogique de l'Aunis
3, rue Jean-Baptiste-Charcot
17000 La Rochelle
http://cgaunis.org

Cercle généalogique
de Saintonge
8, rue Mauny
17100 Saintes
www.cgsaintonge.fr

Cercle généalogique
Sud-Saintonge
1, rue de la Motte-à-Vaillant
17130 Montendre
www.cgss17.fr

Cercle généalogique
des Deux-Sèvres
Archives départementales
26, rue de la Blauderie
79000 Niort
http://genea79.fr

Cercle généalogique poitevin
22, rue Arsène-Orillard
86000 Poitiers
www.herage.org

Cybergroupe généalogique
de Charente poitevine
www.cgcp.asso.fr

Aquitaine
Cercle d'histoire et de
généalogie du Périgord
12, cours Fénelon
24000 Périgueux
www.perigord.tm.fr

Centre généalogique
du Sud-Ouest
1, place Bardineau
33000 Bordeaux
www.cgso-bordeaux.org

Amitiés généalogiques
bordelaises
2, rue Sicard
33000 Bordeaux
http://genealogie-gironde.org

Cercle généalogique du bassin
d'Arcachon et du pays de Buch
1, avenue des Chênes
33115 Pyla-sur-Mer
www.bassindarcachon-genealogie.org

Cercle généalogique cestadais
2, chemin Dous-Hilats
33610 Cestas
www.cgcestas.fr

Histoire et Généalogie landaises
Maison des associations
Joëlle Vincent
Rue Martin-Luther-King
Site Bosquet
40000 Mont-de-Marsan
www.genealogie.landaise.com

Centre généalogique
des Landes
Société de Borda
27, rue Cazade
40100 Dax
www.cglandes.org

Cercle héraldique, généalogique
et historique
de Lot-et-Garonne
Maison des associations
54, rue de Cocquard
47300 Villeneuve-sur-Lot
www.premiumwanadoo.com/genealogie-chgh47

Généalogie et Histoire
des familles Pays basque-Adour
maritime
BP 422
64104 Bayonne Cedex
www.ghfpbam.org

ARCHIVES DÉPARTEMENTALES

Charente
24, avenue Gambetta
16000 Angoulême
05 16 09 50 11
www.cg16.fr

Charente-Maritime
35, rue François-de-Vaux-de-Foletier
17042 La Rochelle Cedex 1
05 46 45 17 77
Annexe
81-83, rue Sadi-Carnot
17500 Jonzac
05 46 48 91 13
charente-maritime.fr

Dordogne
9, rue Littré
24000 Périgueux
05 53 03 33 33
archives.cg24.fr

Gironde
72-78 cours Balguerie-Stuttenberg
33000 Bordeaux
05 56 99 66 00
archives.gironde.fr

Landes
25, place du 6e RPIMA
40000 Mont-de-Marsan
05 58 85 75 20
www.archives.landes.fr

Lot-et-Garonne
3, place de Verdun
47922 Agen Cedex
05 53 69 42 67
Archives contemporaines
1633, avenue du Maréchal-Leclerc
05 53 69 42 64
47922 Agen Cedex
www.cg47.org

Pyrénées-Atlantiques
Hôtel du département
Avenue Jean-Biray
64000 Pau
05 59 84 97 60
Pôle de Bayonne
39, avenue Duvergier-de-Hauranne
64100 Bayonne
05 59 03 93 93
www.archives.cg64.fr

Deux-Sèvres
26, rue de la Blauderie
79000 Niort
05 49 08 94 90
archives.deux-sevres.com

Vienne
30, rue des Champs-Balais
86000 Poitiers
05 49 03 04 05
www.archives-vienne.cg86.fr

Entre Lot et Espagne :

Midi-Pyrénées, L anguedoc-Roussillon

1947. La guerre est finie : on peut donner libre cours à la fête ! Sur les places catalanes, ici à Banyuls comme au-delà des Pyrénées, on danse souvent la sardane, le dimanche matin, tant pour le plaisir que pour perpétuer la tradition. Au fil des tours, le cercle s'agrandit : tous sont invités, vite emportés par le rythme.

Les visiteurs sont rares, sur les prairies d'altitude des Pyrénées à la fin du XIXe siècle. Le photographe est pourtant venu jusqu'ici, au-dessus de Cauterets. C'est l'heure d'une courte pause : les chiens gardent le troupeau, on est entre deux traites. Bien rincés, les ustensiles servant à confectionner les fromages sèchent sur un tronc effeuillé : pour vivre là pendant des mois, le sens pratique est de rigueur.

Lait, laines et peaux

Du sud du Massif central aux contreforts pyrénéens, l'élevage des brebis et des moutons domine et organise toute la vie rurale. Jusque dans les villes, on en est tributaire : bien des métiers dépendent de ces troupeaux que l'on aperçoit, au printemps et à l'automne, sur les chemins de transhumance.

Au sortir de la bergerie, tout le troupeau est en ordre. Comme à l'habitude, il va gagner les plateaux de calcaire au-dessus de Roquefort, où l'herbe est rase mais riche. Les bêtes sont des Lacaune, race bien résistante au climat rude et contrasté de l'Aveyron. Vers 1910, on ne sait plus trop qui, un jour, a retrouvé un morceau de fromage de brebis piqueté de moisissures bleu-vert… Mais on sait que, désormais, dans les caves du pays, c'est un fromage de choix qui s'affine grâce au *Penicillium roqueforti*…

Que d'échantillons ! D'ailleurs, seul le commissionnaire en laine sait s'y retrouver. Il a de nombreux collègues à Mazamet, vraie capitale lainière dans les premières décennies du XXe siècle. Au point que, ici, on ne commercialise pas seulement les laines locales : on traite aisément avec l'Amérique latine pour acheter peaux et laines, puis les revendre dans toute l'Europe. Car la ville s'est fait une spécialité d'une technique judicieuse permettant de séparer la laine du cuir sans les endommager. Une aubaine pour les gantiers de Millau !

On est moderne à Roquefort : dès les premières années du XXe siècle, la jeune Société des Caves et Producteurs réunis gère habilement la commercialisation du fromage. Pour le transport, on n'hésite pas : les premiers camions aux roues à bandages pétaradent sur les chemins de l'Aveyron pour rejoindre les gares les plus proches.

Une fois de plus, voici l'heure de la traite. Il y a peu encore, le meilleur moyen de l'amorcer était de mettre le veau sous la mère, pour faire venir le lait. Aujourd'hui, vers 1910, réclame aidant, on utilise jusque pendant l'estive, près des burons de l'Aubrac, l'onguent du Cantalès : un peu de pommade sur les mains, et le lait vient aisément. Les pis sont préservés, et le travail facilité.

Tout le monde est sorti sur le trottoir de cette rue d'Entraygues pour la photographie : avec ça, on pourra faire la promotion de la maison ! Pour la faire marcher et fabriquer galoches et sabots, il ne faut pas être moins de cinq autour du patron, chacun assumant une tâche bien précise : dégrossir la bûche, façonner la forme à l'herminette puis au paroir, évider à la cuillère, poncer, découper puis coudre l'éventuelle lanière de cuir…
Et le travail ne manque pas dans ce domaine, en 1907 : il faudra attendre les années 1950 pour que le monde rural adopte les bottes de caoutchouc en lieu et place des sabots et des galoches.

L'odeur est forte dans l'atelier de mégisserie de la maison Guibert, mais pourtant moins qu'à la tannerie. En fait, c'est presque toute la ville de Millau qui sent le cuir… Depuis le Moyen Âge, le travail des peaux – surtout celles des moutons et des brebis des causses tout proches – est l'activité principale. Pas de plus beaux gants que ceux de Millau ! Vers 1900, il s'en fabrique ici près de 100 000 paires chaque année, aussi bien pour la haute couture que pour l'usage quotidien ou professionnel. Une vraie spécialité, un savoir-faire, et donc la qualité !

L'ours des Pyrénées fait déjà parler de lui… Lorsque les guides de montagne de Luchon en abattent un, c'est un événement. Sans doute la pauvre bête s'est-elle égarée un peu trop près des troupeaux ou des habitations. Demain, sa viande sera servie à la table des curistes : on la dit très goûteuse…

Pages suivantes
1903. De bonne heure ce matin, ils ont pris sur l'épaule l'ancre, sorte de pioche qu'ils utiliseront comme levier. Puis ils ont rejoint le Cayla, à 1 400 m au-dessus de Laguiole. C'est là que pousse la gentiane. Elle sera utilisée en pharmacie et – pour la meilleure, celle de l'automne – transformée en un délicieux apéritif.

Des saisons et des jours

Chasse, cueillette, culture : les années 1900 perpétuent des activités millénaires nées de la relation étroite entre les hommes et la nature. Un monde de toujours qui va bientôt s'effacer peu à peu. Nul n'imagine alors les bouleversements du progrès à venir. On vit simplement comme on l'a toujours fait, comme ses parents, comme ses ancêtres. Comme ses enfants ? C'est moins sûr…

Une seule prise, et vous voilà chasseur réputé. Car l'isard ne se laisse pas chasser facilement : il est d'une telle agilité ! C'est un émerveillement de le voir bondir de rocher en rocher, disparaître et revenir, esquiver, tromper le chasseur… Sur les plus hautes pentes des Pyrénées-Orientales, ce cousin du chamois épuise celui qui le traque en courses folles, parfois en plein hiver et après un bivouac pour le surprendre au petit matin… Ensuite, chargé de sa proie, il faut redescendre vers la vallée, à Font-Romeu, où la viande rouge sombre, tendre et forte, est des plus appréciées.

Des casse-noix ? Non, en 1905 comme depuis toujours, on utilise en Quercy des petits maillets pour, d'un coup sec, faire éclater les coques sans abîmer les cerneaux. Tout l'hiver, le grenier a été plein de noix mises à sécher, puis il a fallu se noircir les mains en les dépouillant de leur enveloppe. Beaucoup seront portées au moulin à huile, d'autres donneront du vin de noix.

La châtaigne, c'est pain bénit dans le Tarn ! Une fois séchée, on s'en nourrit tout au long de l'année, et on en donne aux cochons, aux chèvres et aux moutons… On les récolte quand elles tombent, avec la masseta, une pince de bois qui les déniche sous les feuilles et brise les bogues hérissées de piquants. Un grand panier leur est spécialement destiné : le castanhador.

Allez ! Cris et coups font avancer le baudet. La vieille araire retourne son sillon, dégageant les patates vite ramassées. À flanc de Cévennes, aucune parcelle n'est perdue, aussi pentue soit-elle. C'est qu'il en faut, des *patanas*, pour nourrir toute la famille ! Dans l'entre-deux-guerres, avant le seigle et les châtaignes, les pommes de terre sont encore la base de l'alimentation paysanne.

C'est la guerre. Le front est bien loin du Gers, mais les hommes d'Eauze, eux aussi, sont partis. Dans les champs, le spectacle est inattendu : ce sont les femmes qui mènent l'attelage et conduisent la charrue. En 1918, beaucoup le feront encore : tous les hommes ne vont pas revenir…

Fruits de la terre

1900. La France du nouveau siècle est rurale ; toutes les campagnes s'activent. De l'Aquitaine aux Pyrénées, de l'Aveyron au Languedoc, les exploitations les plus petites assurent la subsistance familiale, parfois au prix de durs efforts : la terre peut être ingrate, les saisons bien difficiles. Et, quand survient la guerre, tout est bouleversé… Mais on se bat pour survivre, malgré tout.

Il vente en Lauragais, autan venu de la mer ou cers descendu du nord. Pivotant au sommet du moulin, les ailes ont pris le vent. Pour la photo, le meunier de Cadours a sorti ses deux voitures, celles qui lui servent à collecter le grain et à livrer la farine de blé ou de maïs. Selon l'usage, il se paiera en gardant une part du fruit de son travail.

Un moteur pour actionner le van ? En 1950, l'exploitation de Planès, dans les Pyrénées-Orientales, est trop modeste. On tourne la manivelle qui actionne le soufflet pour débarrasser les grains de blé des poussières du battage. Même à la main, la tâche est plus facile qu'avec l'ancien crible, manié à bout de bras.

548XZ9

Le face-à-face est tendu. Aux portes des houillères de Carmaux, ce ne sont plus des gendarmes que les travailleurs grévistes ont devant eux, mais bien des militaires. Oui, l'armée, avec même des automitrailleuses ! La reconstruction économique de 1948 contraint le gouvernement à prendre des mesures difficiles, parfois impopulaires, au prix de durs mouvements sociaux. À Carmaux, la tradition des luttes ouvrières est bien réelle : c'est le pays de Jaurès, à qui on a fait appel en 1892 lors d'un conflit social déjà rude. Aujourd'hui, « ils » osent faire descendre à la mine des prisonniers allemands pour briser la grève ! Quinze ans plus tard, c'est Decazeville qui se rebellera.

Mine à grisou ? Au début du XXe siècle, les mineurs connaissent le danger à Decazeville, mais ils veulent l'ignorer… Les plus chanceux travaillent aux découvertes, immenses cratères à ciel ouvert où le charbon affleure, aux Combes ou à Lassalle. Mais à Cransac ou à Aubin, ils descendent dans les galeries. Tous sont reconnaissants à M. le baron Decazes d'avoir, en 1833, créé la Société des houillères et fonderies de l'Aveyron, apportant un sursaut économique à la région avec de nouveaux emplois. D'autant qu'on est alors en plein essor des chemins de fer, et que le site est le premier centre de production de rails.

1951, près d'Albi. L'un des premiers tracteurs arrivés au village est attelé à la moissonneuse-lieuse. Dans un bruit de tôle, la moisson se fait vite, et à deux seulement. Sans doute faudra-t-il mettre à la main les gerbes en tas, les charger sur un chariot puis engranger la récolte jusqu'à la venue de la batteuse. Il y a encore des progrès à venir…

La mine de Pala-Bidaou se trouve à 1 800 m d'altitude : il faut monter au travail, entailler la montagne, creuser et, surtout, redescendre la blende, riche en sulfate de zinc, que l'on extrait chaque jour. Il y a peu, on le faisait à dos d'homme ! Heureusement, il y a maintenant, et depuis 1900, un transbordeur aérien qui descend jusqu'aux fours.

9 juin 1907 : révolte dans les vignes

Assez des fraudeurs ! Assez de ces traîtres à la cause vigneronne qui ajoutent sucre et eau au vin ! Au tout début du xxe siècle, la révolte gronde chez les viticulteurs du Midi : les cours sont en chute libre en raison de la surproduction due aux fraudes. Une enquête parlementaire est diligentée. Sous l'égide de Marcelin Albert, les meetings se multiplient, mais la riposte de l'armée, envoyée par le gouvernement, est sanglante.

Le 11 mars 1907, menés par Marcelin Albert, des vignerons d'Argeliers et des communes voisines s'étaient rendus à Narbonne pour remettre leurs doléances à la Commission viticole, chargée d'une enquête par la Chambre des députés pour « remédier à la situation critique de la viticulture ». Dès lors, les manifestations se succèdent tous les dimanches dans les quatre départements concernés, devenant à chaque fois plus importantes. Ce 26 mai, près de 220 000 personnes, dont de très nombreuses femmes, se retrouvent à Carcassonne.

Le 9 juin, 600 000 à 800 000 personnes déferlent à Montpellier, une ville de 77 000 habitants ! La manifestation, qui compte des délégations de Toulouse, de Bordeaux, de Provence et même d'Algérie, est le point d'orgue de la crise viticole. Devant « une armée de gueux [qui] n'a qu'un drapeau, celui de la misère, n'a qu'un but, la conquête du pain », Marcelin Albert, surnommé « l'apôtre (ou le rédempteur) des vignerons », annonce la démission des municipalités des départements fédérés et la grève de l'impôt si aucune solution n'est apportée dans les trois jours. Le 19, la gendarmerie, venue arrêter Marcelin, constate sa disparition...

Alors que l'arrestation de Ferroul, le maire démissionnaire, a été annoncée, les Narbonnais érigent au matin du 19 juin des barricades autour de son domicile et devant l'hôtel de ville. Des incidents éclatent entre la population et les troupes d'infanterie, faisant un mort. Le lendemain, les affrontements se font plus violents : cinq personnes tombent sous les balles du 139e régiment d'infanterie…

Après les événements de Narbonne, où les émeutes ont fait six morts, et en pleine tourmente parlementaire, Clemenceau obtient la confiance de la Chambre en annonçant, fort à propos, la reddition des mutins du 17e régiment. Le 23 juin, le président du Conseil reçoit Marcelin Albert. Mais l'entrevue tourne au désavantage du « rédempteur des vignerons », qui, discrédité par la presse, se rend aux autorités quelques jours plus tard. La loi visant à réprimer la fraude sur les vins, en cours de débat, est finalement promulguée le 29 juin.

Le 20 juin, les « braves pioupious du 17e » entrent dans la légende : à l'annonce des événements de Narbonne, le 17e régiment de ligne, composé de jeunes recrues du Midi, refuse de tirer sur les manifestants ; les vignerons sont ses frères ! Il stationne sur les allées Paul-Riquet de Béziers, un endroit symbolique où sont fixés les cours du vin, mais finit par se rendre en fin d'après-midi.

Certains parlent espagnol, d'autres portugais, d'autres encore italien, et même, oui, français… Sur le chantier du plus grand barrage de France, celui de Sarrans, c'est un peu Babel. Les travaux s'achèvent : on décoffre alors l'énorme mur de béton qui va retenir les eaux de la Truyère et créer une retenue longue de 35 km. Au long de la vallée, la montagne est creusée de tunnels alimentant les centrales électriques : les années 1930 voient en effet s'amorcer la maîtrise de l'énergie hydroélectrique, dont le bassin de la truyère fournira 10 %.

L'homme du XXe siècle domine la nature : il le sait, et les moyens que la technique met à sa disposition font de lui un vrai démiurge… Alors tout devient possible : barrer les rivières, percer les montagnes, et tant d'autres travaux ambitieux qui effraient et émerveillent à la fois !

Grands travaux, durs travaux

L'équipe est sur le pont : après trop d'années où il a fallu franchir la Lène à gué, le joli bourg de Servian, près de Béziers, va retrouver son pont. Il sera inauguré bientôt, en 1910. Cela fait déjà trois ans qu'une crue a eu raison du vieux pont de pierre à trois arches. Celui-ci, le pont Ferrer, est métallique, et sa construction a intrigué bien des villageois, peu habitués à la mise en place de grandes poutrelles métalliques et au rivetage à chaud… En tout cas, on appréciera de pouvoir l'utiliser pour transporter les barriques de vin, la principale production de la région.

1908. Le chantier commence. Son but : franchir les Pyrénées par un tunnel. Il s'agit de relier par chemin de fer Toulouse et Barcelone, ce qui ne sera effectif qu'en 1929. Des travaux délicats, dans des conditions souvent périlleuses. Parfois, c'en est trop, et les ouvriers se rebellent ; ainsi les 149 habitants de L'Hospitalet, tête de pont du chantier, se découvrent-ils un matin assiégés par 50 gendarmes et 300 fantassins venus réprimer la grève !

Sous les solides voûtes de pierre, on parle catalan, que l'on soit d'ici ou venu de l'autre côté des Pyrénées pour trouver du travail. Et on parle fort, dans le bruit et la chaleur. Régulièrement, le martinet de 200 kg tombe sur les fers rougis, tandis que le soufflet respire comme un monstre veillant sur le foyer. À Arles-sur-Tech, au pied du Canigou, où le minerai abonde, les forges réclament encore beaucoup de main-d'œuvre vers 1905.

Le travail est dur, encore peu mécanisé, et la poussière vous emplit le nez et la gorge jusqu'à les irriter. Pourtant, on travaille ici avec une certaine fierté : le marbre est noble, et l'extraire, c'est se sentir héritier des tailleurs d'images de Saint-Bertrand-de-Comminges, des sculpteurs antiques… D'ailleurs, on exploitait le marbre de la vallée de la Garonne et de ses environs dès l'Antiquité, d'une manière assez proche de celle encore en usage ici, à Labarthe-de-Rivière, vers 1900. Rose, vert, gris ou blanc, le marbre pyrénéen a toujours été recherché.

1885. Un professeur de philosophie à la voix puissante que marque l'accent du Midi devient le plus jeune député de France. Il est né à Castres en 1859. Très vite, on remarque cet excellent tribun et penseur politique se lançant à corps perdu dans la défense des mineurs de Carmaux, qui assurent sa réélection en 1893. Le nom de Jean Jaurès est dès lors associé à son pays du Tarn, aux luttes ouvrières et au socialisme. Fervent partisan de la paix, il sera assassiné à Paris, le 31 juillet 1914.

Jean, Emma et Edmond

1866. Ingénieur, le fils du modeste maçon de Portel-les-Corbières, Edmond Bartissol (1841-1916), est sur le chantier du canal de Suez. Au pays, cela fait rêver... Déjà, il y a quatre ans, on était fier de lui quand il construisait la ligne de chemin de fer entre Perpignan et Port-Vendres. Puis ce sont les chemins de fer portugais, où il achète un vignoble et produit un apéritif, le Bartissol. Un quartier de Perpignan porte son nom.

Quel chemin entre Decazeville, industrieuse cité minière de l'Aveyron, et les plus grandes scènes lyriques du monde ! Emma Calvé (1858-1942) fait ses premières armes de soprano en interprétant Marguerite dans le *Faust* de Gounod. À la Scala de Milan, en 1888, son Ophélie, dans *Hamlet*, d'Ambroise Thomas, soulève l'enthousiasme. Mais c'est en 1892, à l'Opéra-Comique, qu'elle incarne le rôle de sa vie, une Carmen flamboyante qui l'emmènera tout autour du monde, jusqu'en Australie ! Aussi pose-t-elle pour ce cliché de 1904 dans le costume de scène de ce rôle.

À Massat, les femmes se sont réunies dehors pour le bargassado, ou broyage du lin ; une opération qui dégage une forte odeur. Comme pour le chanvre, qui servira à confectionner des vêtements de travail, chaque famille en a planté quelques rangs : de quoi livrer au tisserand le nécessaire pour le trousseau de la fille de la maison.

1929. Sur les claies, dans une forte chaleur, les cocons de la magnanerie subissent quatre mues. Tout au long de la journée, à Aramon, dans le Gard, il faut nourrir les vers à soie avec des feuilles de mûrier. Ébouillantés, les cocons seront vendus aux filatures des Cévennes.

De draps en feutres

L'histoire et la géographie se conjuguent pour apporter à certaines petites régions leur spécialité. Alors naissent des savoir-faire bien particuliers, liés à une région, à une vallée, parfois même à un seul village. Des Cévennes aux Pyrénées, cela ne peut que renforcer le sentiment d'appartenance à un pays, à un terroir.

Cardage, foulage, feutrage : tout est fait ici, à Espéraza, avant que l'on puisse donner forme aux chapeaux. Depuis 1870, on y connaît le secret de fabrication des feutres rapporté de Silésie. Très vite, c'est le succès : plus de 5 000 ouvriers font la fortune de la haute vallée de l'Aude, deuxième centre mondial du chapeau !

Les habitants de Lodève ? Ce sont les ventres-bleus, tant la teinture indigo marque les habits des ouvriers de Teisserenc et Harlachol. Teints à chaud dans de grandes cuves en cuivre, les draps de Lodève sont toujours réputés à la fin du XIXe siècle : ils habillent les armées depuis 1730 !

De plus en plus souvent, les chemins sont de fer. Mais les routes et les sentiers ne perdent pas leur rôle pour autant, surtout en région de montagne. Les rencontres y sont fréquentes : certains sont nomades, d'autres vont et viennent. Le commerce fleurit partout et, de plus en plus, il faut prendre garde et s'écarter : voici le tramway qui passe…

Chemin faisant…

Ils ont mauvaise presse, au XIXe siècle, les contrebandiers, mais on ne peut s'empêcher de les admirer quand ils parviennent à berner les douaniers ! Et si les Pyrénées sont une frontière, elles constituent aussi pour eux un refuge et… un terrain d'action. Soldats en déroute ou déserteurs, réfugiés politiques, bergers aux troupeaux ignorant les frontières, trafiquants en tous genres passant tabac, allumettes, étoffes ou sel : gendarmes et douaniers ont fort à faire, par monts et par vaux, en lisière de l'Espagne.

L'attelage en témoigne : ces gens sont aisés. De riches curistes, sans doute, venus prendre les eaux dans nos vallées de l'Ariège et profitant d'une belle journée de 1910 pour s'offrir une promenade. Alors, voyez, nobles personnes, notre misère et nos enfants si démunis. La vallée est aride, nos cultures ne donnent rien, les bêtes ont faim… À votre bon cœur !

Les Gitans, les Caraques… Non, les enfants, ne traînez pas près d'eux ! Ils ont mauvaise réputation, ces voleurs de poules venus on ne sait d'où. De loin, des montagnes mystérieuses des Carpates, peut-être, puisqu'on les dit bosniens… Qu'ils quittent vite Langogne, qu'ils partent vers l'Espagne, avec leur ours inquiétant, leurs roulottes, leurs paniers d'osier et leurs outils à tondre les chevaux.

Aucun doute : le tramway électrique, c'est la modernité ! Depuis que le premier a été mis en service, en 1889, à Clermont-Ferrand, toutes les villes veulent en avoir ! À Montpellier, c'est en 1898. La ligne 4, qui suit le cours Gambetta, va jusqu'à Celleneuve, d'où cette motrice va bientôt repartir. Quelle chance de pouvoir aller si facilement en centre-ville !

Oui, voici bien la gare de Molières, dans le Tarn-et-Garonne. Mais ne cherchez pas de véritable train : d'un côté, les voitures à chevaux, et de l'autre, le tramway à vapeur ! Il n'y a plus qu'à faire le transfert des marchandises. Depuis 1913, six lignes irriguent le département, dont celle qui va de Montauban à Molières via Lafrançaise : 35 km !

Le coche d'eau, la poste et tant d'embarcations lourdement chargées de vin, de fruits, de blé, de plâtre ou de chandelles… Riverain du canal du Midi, on ne se lasse pas de les voir passer. Et, quand des travaux rompent le rythme lent du trafic et le pas pesant des chevaux de halage, on les suit avec attention : c'est un peu le nôtre, ce canal des Deux-Mers qui va de Bordeaux jusqu'à Sète depuis deux cents ans déjà en cette fin du XIXe siècle.

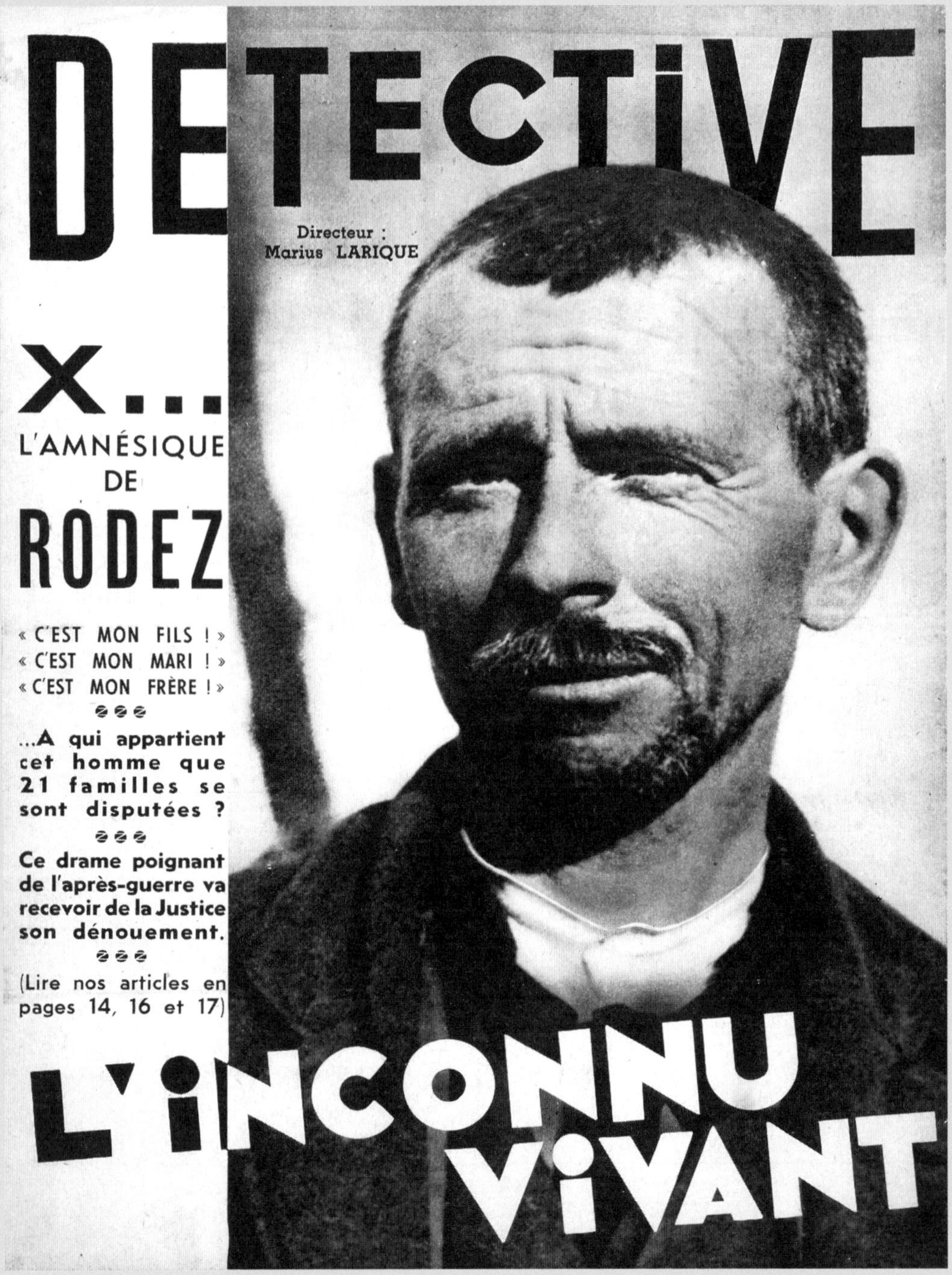

L'amnésique de Rodez

1er février 1918. Ce matin, sur le quai de la gare des Brotteaux, à Lyon, un homme erre... Sorti d'un convoi de rapatriés en provenance d'Allemagne, amnésique, ce poilu semble bredouiller un nom : Mangin. L'affaire du « soldat inconnu vivant » commence. Elle fascine l'opinion française de l'entre-deux-guerres, en deuil de ses fils disparus.

D'abord interné à l'asile psychiatrique de Bron, dans la banlieue lyonnaise, Anthelme Mangin est transféré à l'hospice de Clermont-Ferrand, puis à Rodez, où une certaine Louise Vessette, qui affirme être sa cousine, réclame sa garde. En 1920, *le Petit Parisien* publie plusieurs photos de soldats vivants non identifiés, dont celle de Mangin. Deux ans plus tard, tous les grands quotidiens font paraître son portrait. Plusieurs centaines de familles, à la recherche de leurs chers disparus, croient alors reconnaître un père, un mari, un frère, un fils... Il faut dire que près de 250 000 soldats français n'ont pu être retrouvés ou identifiés. Pour permettre un deuil collectif, l'État vient d'ailleurs d'honorer les disparus de la Grande Guerre en inaugurant, sous l'Arc de triomphe, la tombe du Soldat inconnu... Pour Mangin, expertises et contre-expertises – certaines violentes – se multiplient. Convaincus par Pierre Monjoin, originaire de Saint-Maur-sur-Indre, les experts concluent que ledit Mangin est bien Octave, son frère, né le 19 mars 1891, blessé en 1914 et successivement retenu prisonnier dans plusieurs camps allemands, dont celui de Karlsruhe. Le tribunal de Rodez, devant lequel des familles se déchirent, tranche en faveur de cette hypothèse en 1937. Mais, ironie du sort, Octave Monjoin ne rejoindra jamais sa famille : son père et son frère décèdent quelques semaines après... Celui que la presse surnomme « l'inconnu vivant » sera interné à l'hôpital Sainte-Anne, à Paris, où, abandonné de tous, il meurt d'inanition le 10 septembre 1942. D'abord enseveli dans une fosse commune à Bagneux, dans les Hauts-de-Seine, il est exhumé, puis enterré à Saint-Maur, dans le Val-de-Marne, où il repose dans une tombe anonyme. Le destin tragique de ce poilu sans mémoire a inspiré de nombreux écrivains et dramaturges, dont Giraudoux et Anouilh, dans *le Voyageur sans bagage*.

C'est l'heure du retour de la pêche : une attraction que quelques personnes en villégiature ne veulent pas manquer. Sur les côtes de l'Hérault, l'endroit se nomme bien Valras-Plage, mais la plage, vers 1900, est avant tout celle des pêcheurs. Par ici, ils pratiquent surtout le cabotage et la pêche dans les étangs côtiers, avec les barcas ou sardinas, qui prennent le vent dans leur voile latine. Pour eux, l'époque est faste : la Méditerranée est un vrai vivier, où ne manquent ni les sardines, ni les anchois, ni les maquereaux, ni les limandes…

Fruits de la mer

Dans les années 1900, en Languedoc et en Roussillon, la mer est avant tout le domaine des pêcheurs. On laisse la Côte d'Azur aux premiers touristes, et une bonne partie du littoral est déserte, étangs et zones marécageuses restant livrés aux moustiques… Seule autre activité : du côté de la Camargue, les montagnes de sel témoignent de l'activité des salins, qui deviennent de véritables entreprises industrielles.

Le photographe a demandé une pause… pour la pose : c'est une aubaine, car, aux Salins du Midi, on ne chôme pas ! Grâce au chemin de fer, l'entreprise est en expansion, et met en péril bien d'autres salines. Dans un instant, tous ces hommes retourneront donc au travail, entassant le sel en belles pyramides blanches, les camelles. Mais le gardien ne les quittera pas des yeux : de nos jours, en 1900, le sel vaut de l'or.

Une couche de sel, une couche d'anchois, une couche de sel, une couche d'anchois… Les fûts sont vite remplis : on sait y faire, à Collioure, et entre femmes, car les hommes sont en mer. Depuis le Moyen Âge, les petits poissons bleus sont une spécialité du port catalan. Peu avant 1900, on compte ici 800 pêcheurs ! Après trois mois, le sel aura renforcé le goût des anchois ; on pourra alors les mettre en boîtes ou en petits bocaux.

Au Grau-du-Roi, faire les planches ne signifie pas se promener en bord de mer, en 1935. Non : on s'installe là pour la criée, après le retour des pêcheurs. Si les professionnels emportent les plus gros lots, chacun peut faire affaire, et notamment des petits revendeurs que l'on retrouve sur les marchés de l'arrière-pays.

Bien sûr, plus on marche et moins la charge est lourde ! Mais ces gros pains de glace placés dans des sacs de jute sont tout de même bien pesants… En 1900, les gens des villes, les curistes et les premiers vacanciers apprécient la glace descendue des Pyrénées. Mais depuis quelque temps, on en fabrique plus bas, dans des puits où l'on tasse de la neige : un peu moins de marche jusqu'aux charrettes qui poursuivront la route.

Pas un coin du pays sans qu'une activité originale vienne faire vivre la campagne, s'ajouter aux travaux agricoles ou les compléter. Pas un moment perdu, non plus : on ne s'arrête jamais, il y a toujours quelque chose à faire.

Petits métiers

La sûreté du geste : tout est là ! Partout, dans la France des années 1910, on continue, depuis des siècles, à travailler le bois. Dans le spectaculaire village de Saint-Cirq-Lapopie, accroché en surplomb du Lot, les roubinetaïres, les tourneurs, sont réputés pour les robinets de fût, les gobelets ou les barreaux de chaise, et même les grains de chapelet…

La paille de seigle ? On ne connaît que ça, à Ambeyrac, en Aveyron. Les Lacroix, Guibert et Fizes sont de riches manufacturiers ; dans le village, on travaille pour eux les gerbes et les brins afin de fabriquer les chalumeaux qui recouvriront certaines bouteilles.

Toulouse

Toulouse, où l'on parle languedocien à l'est et gascon à l'ouest, où le canal du Midi rejoint enfin la Garonne, Toulouse est la ville rose à la chaude couleur de brique. Mais, depuis le XIXe siècle, c'est aussi une très active métropole régionale, entre Massif central et Pyrénées.

Rendez-vous place Wilson. Vous voulez dire square Lafayette ? Enfin, on se retrouvera forcément au Capoul ! Les Toulousains, qui désignent toujours la place par son ancien nom, lui sont très fidèles. Elle rassemble hôtels, restaurants, théâtres et surtout cafés, dont les terrasses ne désemplissent pas. En 1950, les cinémas et les boutiques ont remplacé les théâtres, mais les cafés perdurent : le Capoul, maison fondée en 1927, est devenu une institution. Son nom vient de celui de l'hôtel des frères Nougé, qui géraient en 1900 tous les grands cafés de la place.

En 1900, la rue Alsace-Lorraine est la grande artère commerçante de Toulouse. Au n° 28 a ouvert le premier grand magasin du centre-ville. Le père Labit y dirige la Maison Universelle. À son grand regret, son fils Georges préférera devenir explorateur plutôt que reprendre ce beau commerce. Mais son nom reste attaché au musée qui abrite les collections rapportées de ses voyages.

Les Minimes ? En 1900, on entre à Toulouse par ce faubourg en venant de Paris. Au-dessus de ses maisons basses, les colonnes de l'ancien octroi marquent le franchissement du canal du Midi, l'écluse des Minimes et la station de l'omnibus. Des audacieux utilisent ces vestiges de l'Ancien Régime comme support d'affichage : c'est à l'époque le cas de nombreux édifices de la ville, même les arcades de la place du Capitole !

1952. Enjambant la Garonne en amont du canal de Brienne dès 1849, le pont Saint-Pierre est déjà le troisième du nom. Le pont suspendu des Toulousains bénéficie d'une superstructure métallique depuis 1927. Elle ne suffira pourtant pas à éviter sa démolition en 1986.

Presque huit siècles que les magistrats municipaux, les Capitouls, tiennent ici leurs assemblées ! Le dernier édifice, bâti au XVIIIe siècle, allonge ses 128 m de façade sur la célèbre place du Capitole, lieu de toutes les fêtes et cérémonies. En 1950, Raymond Badiou, élu en 1944, est toujours maire de la ville ; il le restera jusqu'en 1958. Aujourd'hui, le marché est encore bien calme ; il est tôt, et les rares voitures ne gênent pas les wagons verts des tramways électriques.

Sur la place

Au village comme à la ville, la place, c'est la rencontre, l'échange et le partage : la vie, en un mot. C'est aussi le meilleur observatoire des usages et des coutumes : il suffit de regarder et d'écouter…

La discrétion, toujours ! Elle fait partie du rituel… Il s'agit bien de cela ce matin de 1939 au marché de Cahors. Le diamant noir se négocie rapidement, après pesage sur la petite balance romaine, au cœur du cercle fermé des spécialistes. Sitôt pesé, il passe du panier au petit sac de toile. L'air de rien, des truffes de quelques grammes viennent d'être vendues à un prix impressionnant.

Très tôt, dès le point du jour, l'accent chantant du Midi anime la place des Carmes, à Toulouse.
Les rideaux de fer du marché couvert ne sont pas encore relevés que déjà bien des transactions sont faites. On négocie ferme le prix des oies et des canards gras, chacun espérant en tirer le meilleur confit, le meilleur foie.

À Béziers, c'est un chameau ; à Pézenas, un poulain ; à Gignac, un âne ; et à Mèze, un bœuf… Dans les années 1900, au carnaval, bien sûr, mais aussi à bien d'autres fêtes, dans l'Hérault, on convie des animaux mythiques. Celui-ci était le compagnon du saint local, Aphrodise : il renaît chaque année sous forme de figure taillée dans le carton et le bois, que la jeunesse escorte joyeusement à travers la ville.

Goûtez-les pour choisir ! Les grands paniers débordent encore : le marché de Fournès commence à peine. Pas d'inquiétude : il y en aura pour tout le monde, de ces cerises de Remoulins, abondantes dans les vergers au débouché des gorges du Gardon. En 1929, on en récolte près de 30 tonnes par jour au plus fort de la saison !

Dans les années 1930, les montreurs d'ours parcourent toute la France. Leurs bêtes viennent de l'Ariège ou de Russie. Une fois dressées, elles n'ont plus qu'à prendre la pose avec les élégantes du village. Un tour de danse au son du tambourin, et l'orsatier les conduit sur de nouvelles routes…

Élégance et recueillement sont de mise en ce premier dimanche de septembre 1912, sous les vieux arbres du mas Soubeyran, à Mialet, dans le Gard. Comme chaque année, l'Assemblée du Désert réunit pasteurs et fidèles pour commémorer la résistance des camisards, les protestants cévenols pourchassés par les armées royales de 1702 à 1710, après la révocation de l'édit de Nantes.

Gestes de foi

Le Midi pyrénéen et le Languedoc ont connu le drame albigeois ; quelques siècles plus tard, la Réforme y trouva un terrain d'élection. Rien d'étonnant, donc, si la religion est encore très présente à l'aube du xxe siècle. D'autant que Lourdes et ses miracles brillent d'une aura grandissante…

La vieille tradition est toujours impressionnante. Quand les pénitents noirs déambulent sur les vieux pavés de Villefranche-de-Rouergue, en ce carême 1937, on s'écarte avec crainte et respect. Du sud du Massif central jusqu'à Perpignan, les confréries de ce genre, créées au XVIIe siècle pour affirmer la contre-Réforme catholique, poursuivent alors des œuvres de charité.

Un instant de repos au pied de la basilique : le pèlerinage de 1950 est épuisant ! Depuis les apparitions de 1858, les pèlerins ne cessent d'affluer à Lourdes, auprès de la grotte de Massabielle, le lieu des apparitions. Tous les diocèses de France organisent leur pèlerinage, et de plus en plus d'étrangers se rendent aussi au sanctuaire, vraie ville dans la ville.

Mer et montagne ne sont jamais loin pour les habitants du Midi : dès le début du XXe siècle, ils vont être des pionniers des loisirs et des sports suscités par cet environnement. Certes, on a souvent encore bien peu de temps libre. Le mot loisirs n'est guère connu ; mais, par petites touches, la notion prend forme…

Déjà des loisirs

Que restera-t-il bientôt du village de pêcheurs ? Depuis qu'un petit train relie Montpellier à Palavas, le bourg au casino tout neuf est le lieu de villégiature incontournable de la grande ville ! On s'y presse le dimanche, sur la plage comme sur les quais du canal. D'aucuns imaginent sans doute déjà quelques investissements possibles : qui sait si les bourgeois des villes ne vont pas prendre goût aux bains de mer ? Bientôt, on va construire…

On soutient l'effort des rameurs, on retient son souffle quand les barques se rapprochent, on crie lorsqu'un jouteur tombe à l'eau. Très vite on a choisi sa couleur ! Pour voir les joutes opposant rouges et bleus, la foule est toujours dense, chaque été, vers 1900, sur les quais de Sète : les meilleurs sont là, dans la capitale de ce sport venu du fond des âges.

Ce sont encore des audacieux, ou même des originaux : ils sont en tout cas perçus comme tels, ces skieurs et skieuses grimpés au-dessus de Luchon dans les années 1910. Certains sont sans doute aussi curistes à Bagnères. En altitude, tout est encore rudimentaire, même si un petit train à crémaillère permet d'atteindre les 1 800 m d'altitude. Personne n'imagine qu'au cours du siècle qui commence l'endroit deviendra une station sous le nom de Superbagnères…

Quarante personnes par cabine, pas plus ! Et chacun de faire le compte : il y a toujours une petite appréhension à prendre le téléphérique. Elle fait même partie du plaisir… Vacanciers ou pèlerins, ils s'offrent une escapade montagnarde grâce à ce moyen moderne inauguré en 1934. Depuis Lourdes, franchissant le gave, il ne met pas plus de quatre minutes pour rejoindre le sommet du Béout. Panorama garanti, bien au-delà de la ville mariale !

Un col : le Puymorens. Quelle chance de pouvoir y monter en automobile ! Cette année 1934 encore, on espère un exploit. Depuis son premier passage ici, en 1910, l'étape pyrénéenne du Tour de France est un grand moment. L'assaut du col peut remettre en cause tout le classement… Et quelle joie de pouvoir soutenir les efforts des forçats de la route dans les derniers mètres de la montée ! L'exploit sera au rendez-vous : dans un geste plein de grandeur, René Vietto cède noblement le passage, et sa roue avant, au chef de son équipe, Antonin Magne, qui vient d'être victime d'une chute… Gloire et beauté du sport, dans le cadre grandiose des Pyrénées !

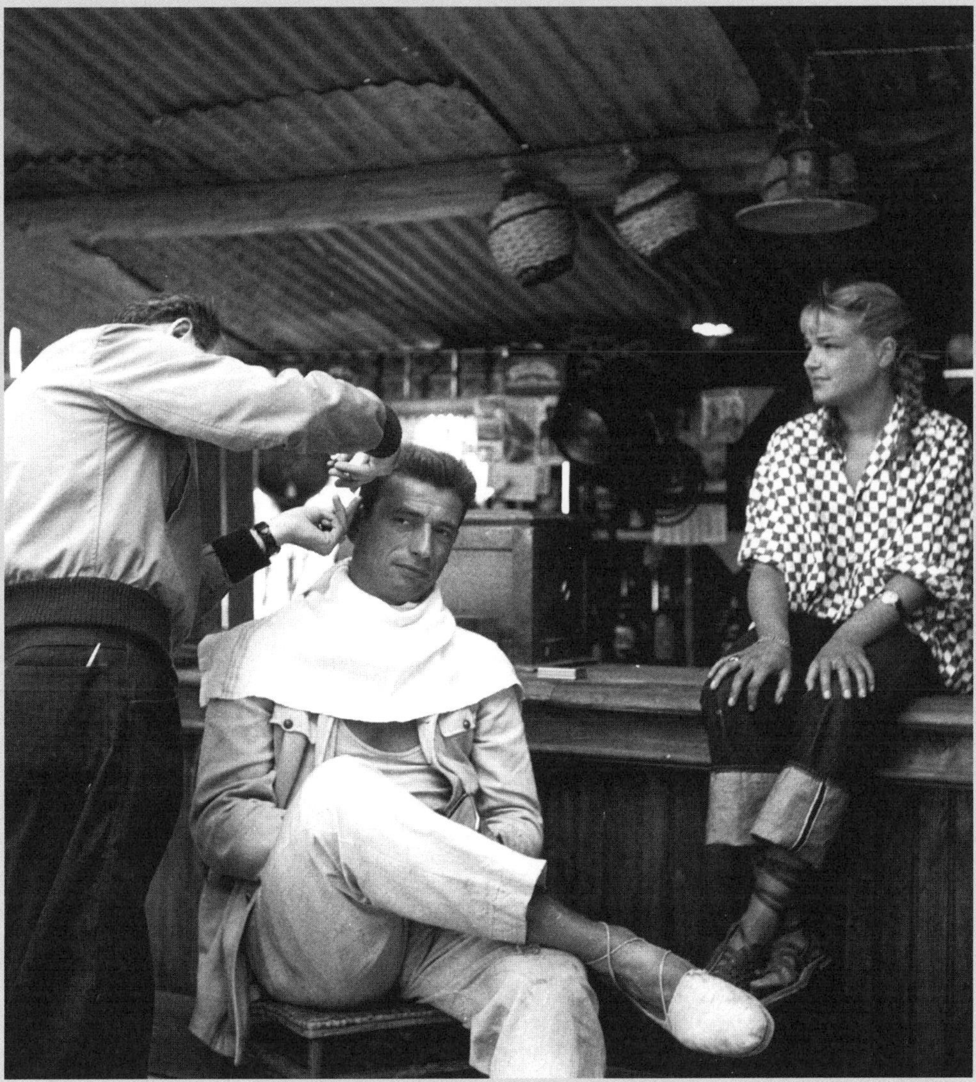

Ils sont chez nous ! Tout est bon pour tenter de les approcher… Vous ne connaîtriez pas le coiffeur ? Cet été 1951, Yves Montand (1921-1991) et sa toute récente épouse, Simone Signoret, rencontrée à Saint-Paul-de-Vence, sont entre Gard et Camargue. Henri Georges Clouzot a trouvé ici des paysages qui lui permettent de faire reconstituer un coin d'Amérique centrale : il tourne *le Salaire de la peur*, où le chanteur donne la réplique à Charles Vanel. Simone l'accompagne sur le tournage du film, qui sera un grand succès et lancera Montand comme acteur.

Hors la scène…

Un empereur à Prades ! Vers 1947, Bao Dai (1913-1997) et son épouse Nam Phuong sont en villégiature dans les Pyrénées. Bien que devenu empereur d'Annam dès l'âge de treize ans, Bao Dai n'a jamais eu vraiment la possibilité de gouverner. D'abord bridé par la France, il subit l'occupation japonaise puis la révolution de Hô Chi Minh… Il abdique le 25 août 1945, puis revient au pouvoir au Viêt Nam de 1949 à 1955, avant de se retirer définitivement en France.

Pour lui, catalan avant tout, le franquisme est inacceptable. Alors, dès 1936, le violoncelliste Pablo Casals (1876-1973) se réfugie à Prades et ne quitte plus le val Roc… Sauf pour une partie de boules sur la place ! Il rejoue en 1950 pour le bicentenaire de la mort de Bach, dans l'église Saint-Pierre, lançant ainsi le festival qui porte son nom.

La dynastie Violet

Fils de muletier, les Violet ont fait du chemin, mais à leur manière. Grands industriels, ils offrent au Roussillon l'épopée d'un véritable conte de fées des temps modernes, où la fée s'appelle… Byrrh.

Descendus des contreforts du Canigou pour se faire marchands ambulants, Pallade et Simon Violet se fixent dans une boutique, à Thuir, en 1866, pour vendre des articles de mercerie, des étoffes… Développant leur activité avec un négoce de vins importés d'Espagne, de Málaga et de Tarragone, ils se lancent bientôt dans la commercialisation d'un « vin tonique et hygiénique au quinquina ». Mais l'ordre des pharmaciens de Montpellier les attaque bientôt : il leur interdit d'utiliser le mot quinquina, nom d'une substance pharmaceutique… Alors ils déposent le 10 février 1873 la marque Byrrh, apéritif à base de vin de Málaga. Cette appellation énigmatique, choisie dans l'urgence, proviendrait d'un étiquetage de coupes d'étoffe du magasin… À partir de 1876, l'entreprise se consacre exclusivement au commerce du vin, et le succès est au rendez-vous ! Les goélettes chargés de tonneaux de vins d'Espagne débarquent en masse à Port-Vendres, et les chais se remplissent de près de 50 000 hl de Byrrh. Pallade meurt en 1884. Simon, resté seul, finance des infrastructures locales puis se lance dans des travaux d'extension des chais. Son fils Lambert lui succède à sa mort, en 1891. C'est une époque de grande expansion dopée par les progrès techniques et l'accroissement des échanges : l'usine est même reliée directement au réseau ferroviaire. Lambert se lance dans le mécénat culturel en organisant des concours d'affiches publicitaires tout en poursuivant la politique sociale engagée par son père. Il meurt brutalement en 1914, et c'est sa femme, Marie, qui assure la gestion de l'entreprise pendant la Première Guerre mondiale. Plus de 100 000 bouteilles sont alors livrées gratuitement dans les hôpitaux qui accueillent tous les blessés. Puis ce sont les petits-enfants, Jacques et Simone, qui prennent la suite, de 1921 à 1961, date à laquelle ils cèdent l'entreprise à la société Dubonnet-Cinzano.

Simon Violet est originaire de Corsavy, un petit village catalan. Ayant acquis une bonne connaissance des vins de sa région, il réussit à marier avec bonheur quelques hauts crus du Roussillon avec des plantes et des écorces de quinquina : le Byrrh est né !

Jacques et Simone Violet, les petits-enfants de Simon, poursuivent sa politique sociale : allocations familiales, retraite, institution de la semaine de quarante heures… Il faut dire que la formidable expansion des établissements familiaux le permet. Les dépôts s'ouvrent dans toute la France comme à l'étranger, et 32 à 35 millions de bouteilles sont vendues chaque année.

Le fils de Simon, Lambert Violet, fasciné par les débuts de l'art publicitaire, cède à la vogue pour les affichistes. Il lance en 1903 un grand concours sur le thème « Byrrh, tonique, hygiénique, à base de vins généreux et de quinquina ». Il sera président de la chambre de commerce et d'industrie de Perpignan de 1909 à 1914.

L'extension des chais de Thuir permet d'accroître considérablement la capacité de production. Le nouvel établissement, inauguré en 1892, comprend, entre autres, un grand hall d'expédition, long de 260 m et large de 20 m, qui couvre 5 200 m^2. Les trains de marchandises entrent directement sous l'immense charpente métallique, agrémentée d'une verrière qui a été dessinée dans les ateliers Eiffel.

La croissance gagne aussi les caves. Après un record de 420 500 litres établi en 1934, on envisage la construction d'une cuve de 1 200 000 litres. De la sélection des bois sur pied à sa fabrication en passant par le cintrage et le séchage en forme, sa construction dure quinze ans, jusqu'au 2 février 1950, date de sa mise en vin. C'est la plus grande cuve en chêne du monde !

Les noms et parlers locaux

Les noms de famille

Midi-Pyrénées

Pellafigue, de *pèle-figue* = fainéant

Bonnefe, Boulzac, Deleysses, Escadeillas, Mentieres, Nabies, Souffares…

Noms gascons

Casse = chêne
Puch = colline
Dubarri = du rempart

Dalhet = faucheur
Esclopier = sabotier
Horner = boulanger
Pastre = berger

Noms occitans

Vergne = aulne
Delprat = du pré
Rieu, Delrieu = de la rivière
Pech, Puch, Peuch, de *puèg* = colline
Serre, Laserre = montagne

Languedoc

Borie, Laborie, Lagarrigue = chêne
Planes, Roques, Boissière = planté de buis
Roumengoux = roncier
Pla = plateau
Pech, Peuch, de *puèg* = colline

Bayle = bailli
Bosquier = bûcheron
Boyer = bouvier
Cardaire = cardeur
Cassayre = chasseur
Fauras, Faurel = forgeron

Besson = jumeau
Guille = trompeur
Maur, Maurand, Maurel = brun comme un Maure
Negrou = noir
Pagan = païen
Rey = orgueilleux comme un roi

Berjouan, Migoule…

Roussillon

Esteve = Étienne
Martí = Martin
Maurí = Maurice
Salvat = Sauvé
Vidal = Vitalis

Figueres = figuier
Fons = source, fontaine
Fourcade = croisée des chemins
Mas = exploitation agricole
Noguès = noyer
Planas = plaine
Prats = pré
Puig = colline
Ribes, Rivesaltes = qui habite sur la rive
Salla, Sales = maison fortifiée
Torres = tour

Battle = bailli
Ferrer = forgeron
Pagès = paysan riche
Pastor = berger
Payré = maçon

Les mots de chez nous

Midi-Pyrénées

doucette = salade de mâche
remuer la salade = mélanger la salade
ceriser = cueillir des cerises

Mots occitans

mongetas = haricots
patanas = pommes de terre
alh = ail
manolha, rèst = longue tresse d'ail
fougasse, fogassa = petite brioche cuite au feu, salée ou sucrée selon les lieux

oelhas, fedas = moutons
jaça = bergerie
blanchièrs = mégissiers
cocanhas = pains de pastel
ostal = maison
carrièira, carrèra = rue
prangièra = sieste

Mots gascons

toy = beau garçon
hemna = femme
hilha = fille

blauda = blouse teintée d'indigo
talhola = ceinture de laine
crugo, ay guero = jarre de terre cuite

lua = lune
hlor = fleur
prua = prune

Mots du pays toulousain

gos = chien
melsat = melsa, saucisse de foie, de rate
milhàs = *milh*, pâte de farine de maïs
baloche = bal populaire
rifle = jeu de loto avec cartes et jetons qui se joue dans les cafés

Languedoc

cabrade = giboulée de printemps
cagnard = canicule
cadereau = mince cours d'eau

fatiguer la salade = mélanger la salade
cafetou = bon petit café
fougasset = repas de fête avec fougasses

torchon = serpillière
toile = serpillière (Roussillon)
toupi = pot de terre vernissé

papé = grand-père
pèque = petit enfant
couillette = sot
goulamas = personnage peu soigné
estrangiers = touristes

péguer = poisser
s'empéguer = se mettre dans l'embarras
se carciner, se rousiguer = s'inquiéter
se manger = s'inquiéter (Roussillon)
tomber debout = risquer de s'écrouler sous l'effet de la chaleur
profiter = rendre service
s'embronquer = se cogner
escamper = partir à la hâte

Catalan

anxona = anchois
pinxes = sardines
espet = petite friture de mer
escabetx = marinade
bunyol = beignet
pa dou = flan, crème renversée
cargol = escargot

borratxa = gourde en peau
borratxon = ivrogne

Les expressions

Midi-Pyrénées

à un pas de chat = tout près
frais comme un ail
= qui respire la bonne santé
se savoir mal de quelque chose = se vexer
plaindre quelque chose = donner quelque chose avec parcimonie
avoir un sadou de = en avoir assez de
lèva l'èga = dételer la jument ; battre les cartes ; faire une pause

Languedoc

à palpes = à tâtons
il tombe des rabanelles = il pleut à verse
faire le cagnot = faire la sieste
s'en croire = être prétentieux
ça marque mal
= ça fait mauvaise impression
marcher sur la queue du loup
= se réveiller de mauvaise humeur
être dans la mouscaille
= avoir de gros ennuis
partir de cinq en cinq
= décliner lentement
ces pichouns sont bien braves
= ces enfants sont bien serviables
ce vin nous a ensuqués
= ce vin nous a porté à la tête
il m'a escagassé mon pétarrou
= il a abîmé mon vélomoteur
quel pet ! = quel choc !
Boudu ! Quel couillon ! = Bon Dieu ! quel imbécile !

Catalan

fer un cluc d'ull = faire une petite sieste
nens, a dormir falta gent ! enfants, il manque des gens pour dormir
= les enfants, au lit !
tenir tants de diners com un grapau de plomes, avoir autant d'argent qu'un crapaud a de plumes
= ne pas avoir un sou
això se farà al temps de battre les carbasses, ça se fera au moment de dépiquer les citrouilles = à la Saint-Glinglin

Les adresses

ASSOCIATIONS

Midi-Pyrénées

Union généalogique
Midi-Pyrénées-Garonne
1 *bis*, rue Lamartine
31100 Toulouse
www.ugmpg.org

Entraide généalogique
du Midi toulousain
1 *bis*, rue Lamartine
31100 Toulouse
www.egmt.org

Association de recherche sur l'histoire des familles (ARHFa)
Archives départementales
218, rue des Cadourques
46000 Cahors
http://arhfa.org

Entraide généalogique
de Tarn-et-Garonne
5, place de la Liberté
82100 Castelsarrasin
www.egtg.org

Languedoc-Roussillon

Généalogie en Uzège et Gard
BP 71103
Hôtel de ville
Archives municipales
30701 Uzès Cedex
http://gugard.free.fr

Cercle généalogique de Languedoc
18, rue de la Tannerie
31400 Toulouse
www.cglanguedoc.com

ARCHIVES DÉPARTEMENTALES

Ariège
59, chemin de la Montagne
09000 Foix
05 34 09 36 80
archivesariege.over-blog.com

Aude
Avenue Claude-Bernard
11000 Carcassonne
04 68 11 31 54
www.aude.fr

Aveyron
25, avenue Victor-Hugo
12000 Rodez
05 65 73 65 30
archives.aveyron.fr

Gard
365, rue du Forez
30000 Nîmes
04 66 05 05 10
www.gard.fr

Haute-Garonne
11, boulevard Griffoul-Dorval
31400 Toulouse
05 34 31 19 70
Annexe
Espace Pégot
31800 Saint-Gaudens
05 62 00 73 00
www.archives.cg31.fr

Gers
81, route de Pessan
BP 90021
32001 Auch Cedex
05 62 67 47 67
www.archives32.fr

Hérault
Pierresvives
907, avenue du Professeur-Blayac
34000 Montpellier
04 67 67 37 00
archives-pierresvives.herault.fr

Lot
218, rue des Cadourques
46000 Cahors
05 65 53 49 00
archives.lot.fr

Lozère
12, avenue du Père-Coudrin
48000 Mende
04 66 65 22 88
archives.lozere.fr

Hautes-Pyrénées
5, rue des Ursulines
BP 1343
65013 Tarbes Cedex 9
05 62 56 78 65
www.archivesenligne65.fr

Pyrénées-Orientales
74, avenue Paul-Alduy
66100 Perpignan
04 68 85 84 00
www.cg65.fr

Tarn
1, avenue de la Verrerie
81000 Albi
05 63 36 21 00
archives.tarn.fr

Tarn-et-Garonne
14, avenue du 10e-Dragons
82000 Montauban
05 63 03 46 18
www.archivesdepartementales.cg82.fr

Entre Saône et Rhône :

Rhône-Alpes, Provence-Alpes-Côte d'Azur, Corse

Il y a eu bien sûr quelques mouvements d'épaules ironiques ou sceptiques quand on a vu partir de Chamonix ce groupe de femmes. Une course sur la mer de Glace, est-ce bien leur place ? Certes, dès 1820, un sentier d'accès au glacier a été ouvert ; mais, plusieurs décennies après, on ne se fait toujours pas à cette vision d'alpinistes en jupes et bottines ; la montagne, en 1895, c'est encore une affaire d'hommes !

En montagne, l'été est souvent très chaud. Pour les troupeaux, rien de tel alors que l'herbe fraîche et grasse des hauts alpages. Le lait n'en est que meilleur, les fromages encore plus savoureux. Cette cure d'altitude, c'est l'estive, où l'on se rend par les longs chemins de la transhumance.

Estive et trans

Ils ne seront pas trop de neuf, en cet été 1943, pour assurer plus de trois mois d'estive en altitude : il faut traire deux fois par jour chacune des cent bêtes du troupeau, les déplacer sur les alpages de Roselend, fabriquer le fromage et le beurre… Mais cela en vaut bien la peine : Curnonski n'a-t-il pas qualifié le beaufort de « prince des gruyères » ?

Au milieu du XIXe siècle, en Corse, les bergers ont troqué la laine de brebis tissée par les femmes contre le velours de Gênes ; ce berger est donc à la mode ! Bonnet sur la tête, fusil à l'épaule, il est prêt à conduire son troupeau loin du village, au cœur du maquis : il en connaît tous les secrets.

La carte postale annonce « types corses » et offre bien l'image attendue d'une population à l'époque presque exotique pour les gens du continent.
Vers 1905, les paysannes prennent ainsi volontiers la pose, l'une avec sa quenouille, l'autre veillant sur sa chèvre. Mais est-ce si différent ailleurs ?

humance

En rangs serrés, discipliné, le troupeau passe, occupant tout le chemin. Une fois encore, la transhumance lui fait quitter la vallée pour rejoindre les alpages des Hautes-Alpes. Il restera en altitude tout l'été 1910, puis regagnera la plaine pour l'hiver. Dans toutes les régions de montagne, le mouvement est identique, mais, depuis les années 1880, les choses changent : de plus en plus souvent, quand c'est possible, on met les bêtes dans des wagons de chemin de fer. Un peu plus tard, on utilisera aussi des camions. La transhumance n'en restera pas moins un événement fort de la vie rurale montagnarde, contraignant les hommes à l'isolement en la seule compagnie des bêtes entre 1 200 m et parfois plus de 2 000 m d'altitude.

Sous le climat corse, bien des tâches quotidiennes se font dehors. La traite des chèvres et des brebis achevée, on prépare le brocciu. Le petit-lait a chauffé dans le *paghjolu* de cuivre, et on y a ajouté du lait entier. Ensuite, il faut écumer le précipité blanc qui est monté à la surface puis le verser dans des petits paniers d'osier qui donnent leur forme aux fromages.

Sur les prairies de Tréminis, en Isère, à l'ombre du Dévoluy, les tracteurs sont encore bien rares en 1950. Comme depuis… toujours, ce sont plutôt des chevaux qui vont rentrer la fenaison à la ferme. Mais bientôt l'angélus sonne la pause ; on travaille depuis l'aube, le petit matin étant le meilleur moment pour couper l'herbe encore fraîche à la faux.

C'est l'estive : toute la vie se déroule à l'alpage. Pas question de redescendre au village : de juin à septembre, c'est le coiffeur qui monte ! Souvent, on s'en passe ; un berger peut aussi avoir un bon coup de rasoir…

Dans la rue principale du Châtelard, dans le massif des Bauges, le troupeau de tarines a la priorité : la fin de l'été marque le retour dans la vallée de ces bonnes laitières à la robe fauve qui ont transité par la montagnette en redescendant des hauts alpages. En 1949, la région est paisible : les maquisards sont entrés dans l'Histoire.

Ainsi va la vie

Le rude climat de la montagne impose ses contraintes, mais la vie quotidienne sait s'adapter et y répondre. On est tenace et courageux dans les vallées alpines, où les longs hivers donnent tout son sens au foyer : feu qui réchauffe et rassemble, centre de la vie familiale où trois ou quatre générations cohabitent. Parfois survient une difficulté, un drame, un accident, et la solidarité s'exprime alors spontanément. On est tous montagnards, et ce que l'un vit aujourd'hui, on le vivra peut-être demain.

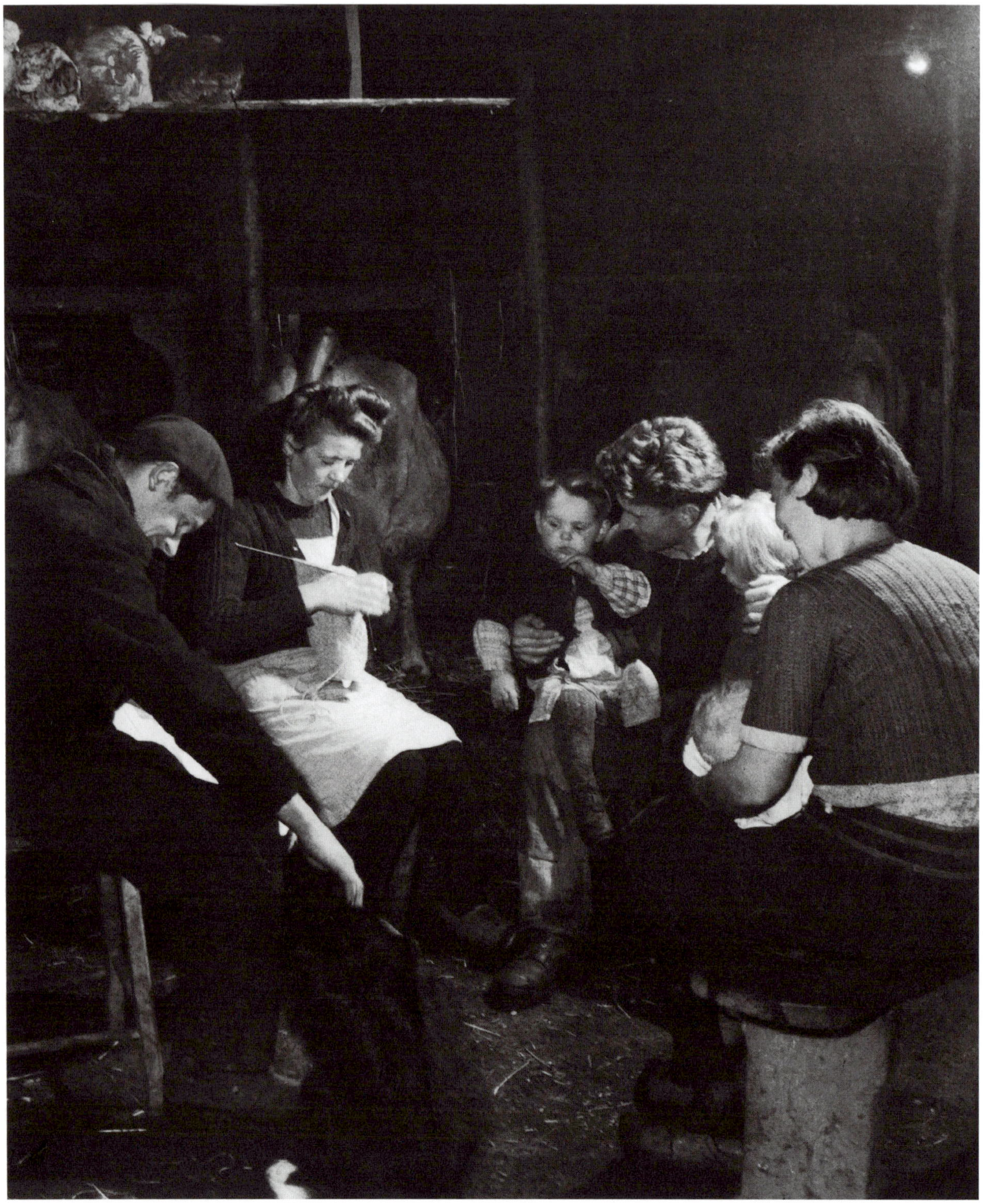

1945. Dehors, dans son petit tube de verre fixé sur une plaque d'émail, déjà le mercure annonce – 15 °C. À l'heure de la veillée, dans les chalets de Saint-Sorlin-d'Arves, on s'accueille à tour de rôle entre voisins, pour épargner aussi bien lumière que chauffage, dans le pêle, à la fois cuisine, pièce à vivre et étable. La chaleur des bêtes est la bienvenue. De plus, séchées, les bouses deviennent bois de vache, précieux complément de combustible…

Aussi imprévisible qu'inattendue, la coulée de neige dévalant depuis la combe de Barral a ravagé Saint-Colomban-des-Villards. Sept victimes et, pour un temps, un village coupé du monde. On ne peut que compter sur soi : tous se mettent à la tâche pour dégager les décombres et relever les maisons ruinées, comme cet hôtel, qui aura perdu sa saison d'hiver de 1943.

Au moins, il ne manque pas de cœur à l'ouvrage, monsieur le curé de Saint-Sorlin ! Il n'attend pas que l'une de ses ouailles fasse le travail à sa place… Et quand, durant l'hiver 1945, il faut s'ouvrir un passage dans la neige pour rejoindre l'église, il manie la pelle avec ardeur !

« Au cul des vaches », il fait plus chaud. Une chance aussi que l'étable soit en partie creusée dans la roche. Au village de Cervières, dans le Briançonnais, on est ainsi mieux abrité du froid. On a dressé là le lit de l'aïeule, qui émerge d'un monceau d'oreillers et de couvertures pour jeter un œil sur le travail de la fileuse. Il n'y a pas si longtemps, c'est elle qui faisait grincer le rouet durant les longues soirées d'hiver. Mais la vieillerie est là, et même le mouvement régulier du pied sur la pédale raviverait ses douleurs…

Pages suivantes

Étonnés et curieux, les habitants du village se tiennent sagement au fond… de la classe. En 1909, on ne parle pas encore de classes vertes, mais les petits Lyonnais sont heureux de profiter de l'école municipale de plein air du Vernay. Un bon bol d'air pur, un bain de nature, et les meilleures des leçons de choses possibles pour des citadins ! Attention, cependant : l'école reste l'école, et messieurs les instituteurs, dans leur costume sombre, se doivent de garder maintien et dignité. Investis d'une mission qu'il leur faut assumer trois cent soixante-cinq jours par an, ne sont-ils pas à cette époque les hussards de la République ?

1909
22 Mai

Pour apporter le lait à la fruitière — la fromagerie —, leurs mères portaient sur leur dos de lourdes seilles en bois de résineux. L'aluminium, matériau encore nouveau en 1938 et dans lequel est désormais fait la bouille, le bidon dorsal, est non seulement beaucoup plus léger, mais aussi plus facile à nettoyer et plus hygiénique ; toutes les femmes sont bien d'accord là-dessus. En Tarentaise, ici à Méribel, les années 1930 voient l'agriculture commencer à se métamorphoser.

Faut-il remonter au Moyen Âge pour trouver l'origine de la tradition qui fait d'Alby-sur-Chéran, en Savoie, la capitale régionale de la cordonnerie au début du XXe siècle ? Le bourg garde un aspect médiéval, et on y compte alors près de 300 artisans cordonniers ! Aux beaux jours, ils travaillent dehors, autour de la place du Trophée.

Longues jupes et fichus noirs : les paysannes corses se vêtent encore ainsi dans les années 1930. À l'époque se perpétue aussi un petit commerce qui écoule les surplus de la production domestique. Suspendues hors de portée des chats, volailles et viandes sont pesées avec une balance romaine.

Il est resté bien simple, Mgr Rodié, notre évêque d'Ajaccio depuis 1927. Pour sa tournée pastorale à travers son diocèse de Corse, ce fils du Tarn a renoncé à tout l'apparat de sa fonction. Il faut dire qu'il voyage à dos de mulet… Cela n'empêche pas ses ouailles de l'accueillir avec respect. Tout le village est là, car l'événement est d'importance dans une île au catholicisme fervent.

À Baix, village ardéchois des bords du Rhône, la fontaine publique est un incontournable point de rassemblement. Au début du siècle, l'eau courante à domicile n'est encore qu'un rêve, et les seaux se succèdent sous les deux becs du monument érigé au XVIIIe siècle. Le temps qu'ils se remplissent, et l'on échange quelques nouvelles. C'est aussi cela, la corvée d'eau.

Le Malassis ? C'est dans la Presqu'île, rue Jean-de-Tournes. Un vrai cani lyonnais, bistrot idéal pour apprécier un mâchon de milieu de matinée, des charcutailles arrosées de beaujolais. Il s'agissait naguère d'une pause sacrée pour les canuts ! Mais pourquoi a-t-il fallu que la loi de 1846 limite le pot de beaujolais à 46 cl ? Allez, on en remet un autre… Et les verres de se remplir sur les tonneaux qui servent de tables. En sortant, on sera sûr d'avoir goûté à la vraie tradition lyonnaise.

Lyon

L'ancienne capitale des Gaules est une ville carrefour, entre les Alpes et le Massif central, entre la vallée de la Saône et celle du Rhône. C'est une véritable métropole, qui, par-delà son histoire romaine et médiévale, est aussi une ville moderne. Aux XIXe et XXe siècles, on y innove tout en restant fidèle aux traditions. Transports, industries et commerces conservent alors à Lyon son rang de deuxième ville de France.

Des porcs dans la rue ? Vers 1930, la vision n'est pas rare aux portes des abattoirs de Lyon : la campagne n'est pas très loin et, souvent, les bêtes arrivent à pied. Réalisation d'avant-garde de l'architecte Tony Garnier, les abattoirs ont été inaugurés il y a deux ans, bien que le vaste chantier ait commencé dès 1909.

Nuit du 12 au 13 novembre 1930, 0 h 50. Un bruit sourd se propage dans la ville : une partie de la colline de Fourvière s'effondre sur ses habitants, privant en outre tout le quartier d'électricité. Bientôt, un deuxième éboulement tue 19 pompiers et 4 gardiens de la paix occupés à secourir les victimes… Vers 3 heures, nouveau glissement de terrain, qui entraîne des constructions de la montée du Chemin-Neuf et de la rue Tramassac. Le bilan est de 40 victimes, tandis que certains rappellent que la catastrophe aurait pu être évitée : en 1925, le doyen Desperet avait averti le maire des risques, mais la municipalité avait renoncé aux travaux de mise en sécurité nécessaires, chiffrés à plus de 6 millions de francs.

Grâces soient rendues à François Ier, qui accorda à la ville de Lyon le privilège de la fabrication de la soie en France ! Et à Jacquard, qui inventa le métier à tisser mécanique portant son nom. On en comptait 40 000 en 1890. En 1928, beaucoup d'ateliers ont émigré en dehors de la ville, mais ici, à la Croix-Rousse, résonne encore le bistanclac des ateliers de luxe qui perpétuent la tradition des soyeux et des canuts en travaillant pour l'ameublement et la haute couture.

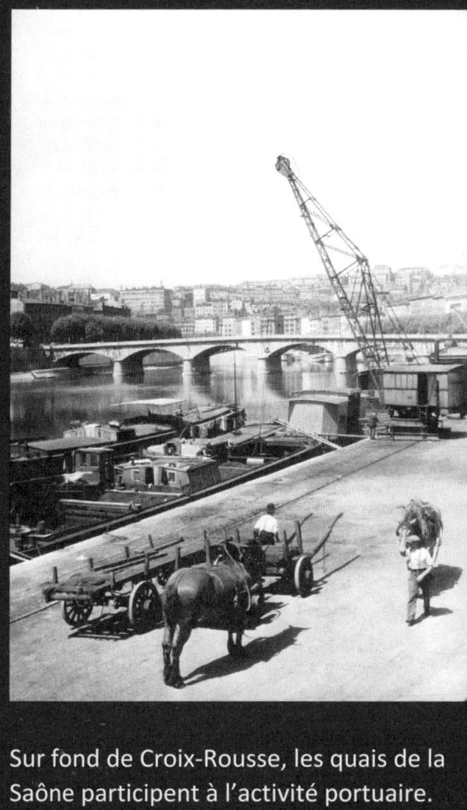

Sur fond de Croix-Rousse, les quais de la Saône participent à l'activité portuaire. Au XIXe siècle, le port de Lyon est important, et pas seulement pour le transport du troisième fleuve de la ville, le beaujolais… Légumes, charbon, pondéreux sont déchargés et stockés sur les quais. Des passagers utilisent aussi les voies fluviales bien au-delà de la ville, où circulent, de rive en rive, les mouches.

SAINTES MARIES
DE LA MER

C'est la fête

Malgré deux conflits mondiaux et le souvenir longtemps vivace de la guerre de 1870, le goût de la fête ne se dément pas. Peut-être même est-il d'autant plus fort... Du Lyonnais jusqu'à la Camargue, dans les vallées alpines comme au long du Rhône et jusqu'aux rivages méditerranéens, toute occasion est bonne pour raviver chaque année une tradition, une coutume fort ancienne, un événement profane ou religieux. C'est un acte d'appartenance à la société.

Oui, c'est la fête aux Saintes-Maries-de-la-Mer, comme chaque année. Le pèlerinage des Gitans, que certains appellent encore les Bohémiens et qui n'ont pas toujours bonne réputation, les voit affluer de toute la France. Les gardians de Camargue peinent à calmer les chevaux excités par la mer : ils sont la garde d'honneur de Marthe et Marie-Madeleine, ballottées dans la barque où on leur fait revivre en ce début de siècle leur débarquement en terre provençale, où elles ont dérivé depuis la Palestine.

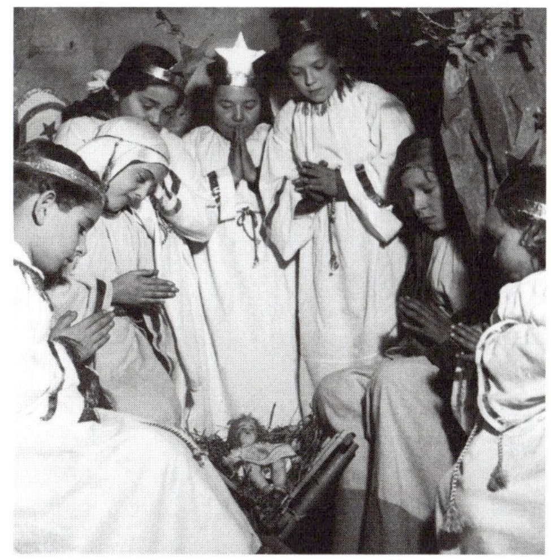

La cérémonie n'a que dix ans, mais elle semble immémoriale. Ce 15 août 1935, les guides de montagne sont appelés un à un sur le parvis de l'église de Chamonix. Au son des trompettes, on leur remet des médailles, et piolets et cordes sont bénis. Certains manquent à l'appel ; ce matin, on les a honorés au cimetière, puisque la montagne les a gardés.

Cette année, je suis Joseph, et mes camarades, les Rois mages… Tous les ans, les enfants de la région des Baux-de-Provence espèrent participer à la crèche vivante de la messe de minuit. Certes, ce Noël de 1948, l'Enfant Jésus est en cire mais, dans quelques instants, un berger lui offrira un tout jeune agneau bien vivant. Outre la messe, avec le récit de la fameuse Pastorale et le repas aux treize desserts, on aura vécu une fois de plus un vrai Noël provençal.

Mais qu'y a-t-il donc dans la gueule de la Tarasque, qui a quitté les rives du fleuve pour hanter les rues de Tarascon ? Malgré l'audace et la curiosité de ce jeune garçon — il n'était pas si fier les années précédentes ! —, l'animal fabuleux gardera cette année encore ses mystères. Personnifiant les crues du Rhône et leurs ravages, la Tarasque jaillissait des eaux, dit-on, pour dévaster la contrée. Parfois, elle poussait même jusqu'au Languedoc et en Catalogne. Dotée d'un corps ailé et de pattes fourchues, longtemps redoutée comme un monstre qui faisait peur dans les récits des veillées, elle est cependant chère au cœur des habitants de la ville : comme ici en 1946, ils l'invitent chaque année à leur fête. Peut-être parce que, depuis que sainte Marthe l'a vaincue, elle n'est plus qu'une pâle copie de carton-pâte…

Qui est au cœur de cette orange ? Une belle Mentonnaise, bien sûr ! Et fière de défiler sur un char de la fête des… citrons ! Car les agrumes sont la spécialité de Menton, dans les Alpes-Maritimes, et la manifestation rivalise en février 1938 avec les plus illustres carnavals. Elle a pris son aspect moderne en 1934 ; quatre ans plus tard, elle est encore plus fastueuse.

21 février 1938 : le carnaval de Nice bat son plein. Depuis une soixantaine d'années, les grosses têtes en sont le fleuron. Cette fois-ci, le thème est mauresque : fantaisie exotique garantie !

Il ira loin, ce petit… En 1943, la mère Blanc admire son petit-fils Georges devant l'auberge familiale de Vonnas, dans l'Ain. Depuis 1872, l'établissement est dans la famille ; les volaillers de la Bresse et les pêcheurs de la Dombes y font étape les jours de foire. Bien plus tard, le petit Georges, devenu grand, en fera l'une des tables les plus prestigieuses des années 1980.

La toque, la plume et le fusil

Galants, le poète et le romancier se tiennent debout derrière leur amie Mlle Ginaud dans le jardin du mas du Juge. Vers 1900, pour le photographe, les avoir tous les deux sur le même cliché est une aubaine. C'est en 1859 que Frédéric Mistral (1830-1914), le poète provençal par excellence, animateur du mouvement littéraire du félibrige, qui défend la langue provençale, et futur prix Nobel, s'est lié d'amitié avec Alphonse Daudet (1840-1897).

« Je ne parlerai point des frères Bellacoscia, dont la situation de bandits est presque officielle… », écrivait Maupassant. Et pourtant, ils sont bien romanesques, ces bandits corses. De 1848 à 1892, leur famille défraie la chronique et met en échec la maréchaussée. Ce vieil homme à l'allure grave, c'est Antoine Bonelli, dit Bellacoscia (Belle Cuisse). En 1892, il se rendit à la justice ; il fut acquitté et relégué à Marseille, avant de rentrer en Corse.

On travaille dur à Nice, où les oliviers alentour ont fourni une abondante récolte. Dans les premières décennies du XXe siècle, plusieurs producteurs d'huile d'olive se sont équipés de pressoirs hydrauliques, qui accélèrent la tâche sans remettre en cause la qualité de la première pression à froid, celle qui donne la meilleure huile.

Fontvieille. Les Alpilles, le moulin de Daudet… Toute la Provence en un seul nom. En 1900, la cueillette des olives se fait, comme toujours, à la main, patient et délicat travail qui présage de la qualité de l'huile et auquel participe toute la famille.

Le goût de la Provence

Des caractères bien typés grâce à des produits gorgés de soleil : la cuisine du Midi se reconnaît entre toutes. L'huile d'olive en est la base indispensable. Mais, aux XIXe et XXe siècles, comme toutes les cuisines locales, elles ne sort guère de sa région d'origine. La préservation des particularismes culinaires est de mise : elle fait partie des surprises du voyage.

Récolte faite, on trie les olives. Et il ne s'agit pas de s'interrompre plus que le temps nécessaire à la photographie : plus la récolte de 1900 sera fraîche, meilleure sera la première presse. Quant au tri, il est essentiel : la moindre impureté mettrait en péril les vertus de l'huile, si bienfaisante pour la santé. Panier après panier, tout le monde va s'y mettre, dans l'impatience de goûter la première coulée sortant du pressoir.

En 1930, une cuisine du Midi où il n'y aurait pas d'ail, c'est inconcevable ! Largement utilisé partout pendant des centaines d'années, il est spécifiquement méditerranéen depuis le XVIIe siècle. À Cavaillon, blanc ou rouge, on le récolte en mai et juin. Mais attention de ne pas couper les fanes : elles garantissent une bonne conservation durant le séchage, qui se fait à plat et prend huit à dix jours. D'un tour de main habile, voici les bottes liées : un passage au marché et il n'y aura plus qu'à préparer l'aïoli…

La vigne

Gouleyants et fruités, les vins du Beaujolais, de Savoie ou de Provence ne sont pas encore diffusés à l'échelle nationale ; les rudes vins corses non plus. Mais la consommation locale suffit à absorber la production. La vigne est partout ; alors bien sûr la crise du phylloxéra, qui ravage tous les vignobles dans la seconde moitié du XIXe siècle, est ici aussi un drame.

En 1925, les étals des marchés de Villefranche-sur-Saône s'étendent dans toute la ville : on ne construira les halles qu'en 1933. En ce lundi se tient sur la place Carnot le marché aux bennes – grands baquets de bois utilisés en Beaujolais pour les vendanges – et aux échelles. Affaires faites, viticulteurs, agriculteurs, éleveurs et négociants ont un seul point de ralliement : le bien nommé et très fréquenté café du Commerce.

On les dirait presque asiatiques, ces chapeaux plats tressés qui donnent un air exotique aux vendangeuses corses des années 1900, près d'Ajaccio. Mais comme ils protègent bien du soleil ! Elles ne les quittent que pour placer sur leur tête les lourds paniers de raisin qu'elles portent jusqu'au fouloir, ce pressoir carré rudimentaire où l'homme piétine, piétine jusqu'à s'enfoncer dans la masse juteuse, d'un rouge foncé presque noir. Dans quelques mois, le jus qui coule par les orifices du fouloir donnera un vin âpre et rude, à l'image de la terre corse.

ça y est ! L'alambic est là ! Les enfants de Fréjus ont assisté à son installation sur la place pour la campagne de 1930. Maintenant, tous les bouilleurs de cru en mal d'eau-de-vie arrivent avec leurs fruits. Ici, il s'agit de raisin, que le distillateur écrase d'abord dans la cuve en le foulant avant de le faire bouillir. Alors seront séparés distillat et résidu, le premier donnant l'alcool.

Chez les Isnard, à Aubagne, on travaille à façon, sur mesure. Le gamin veut-il son petit tonneau miniature ? Il l'aura ! Le maître tonnelier n'a-t-il pas réalisé jusqu'à un tonneau-tricycle ? Un bon support de réclame. Mais il n'a pas vraiment besoin de cela pour voir affluer les commandes boulevard Gambetta. Dans la région, en 1924, quiconque possède un lopin de terre y plante de la vigne, fait son vin et le met… en tonneau.

Les grands chapeaux de paille sont bien utiles sous le soleil de Grasse, qui a fait fleurir tous les orangers. Pour les nombreuses maisons de parfums de la ville, il faut maintenant cueillir les fleurs une par une, avec patience et délicatesse. Elles sont si fragiles et légères ! Il n'en faudra pas moins de 1 tonne pour obtenir, après infusion dans des graisses chauffées, à peine 1 kg d'essence pure !

Petits, ils sont portés jusqu'aux champs à dos d'homme ; plus gros, un mulet ou un cheval vient les tirer. Mais dans tous les cas, les alambics sont amenés jusqu'au lieu de récolte de la lavande. Là, près de Poët-Laval, dans un parfum entêtant, un appentis sommaire donne un peu d'ombre. Dans la Drôme, l'été 1943 est bien chaud…

De fleurs en parfums

Les charmes de la Côte d'Azur, auxquels les Anglais succombèrent les premiers dès le début du XIXe siècle, sont multiples. Sous un climat privilégié, la végétation participe à la séduction, et les fleurs y jouent un grand rôle. Entre Nice et Grasse, on les cultive depuis longtemps pour une production de parfums qui s'est développée à partir du XVIIIe siècle.

Depuis le XVIIIe siècle, les cultures florales de la région de Grasse sont réputées et fournissent maints ateliers de parfumerie. Chez Molinard – qui commercialisera sa production sous la marque Molinari –, en 1930, les alambics chauffent comme en 1849, année de sa fondation. À l'époque, seules des matières premières végétales étaient utilisées ; la fin du XIXe siècle verra apparaître les produits de synthèse.

Cours Saleya, l'artère la plus chic de Nice, les marchandes de fleurs sont toutes là, ce matin de 1900. Auront-elles pour clients ces Anglais qui ont « lancé » la Côte d'Azur ?

Dans l'arrière-boutique de cette confiserie de Nice, un délicat parfum de violette se mêle à celui du sirop. Cultivées dans l'arrière-pays, à Tourrettes-sur-Loup, les fleurs sont enrobées de sucre pour devenir de fins bonbons au goût à peine acidulé. Une spécialité niçoise très en vogue vers 1910. Rien de tel que des mains féminines pour cette préparation, où chaque geste doit préserver la fleur, d'une extrême fragilité.

Ce soir et demain encore, les nombreuses courbatures rappelleront combien le travail était dur. Le corps plié, l'attention en éveil, ce n'est pas rien d'assurer la cueillette des violettes ! Sous les vieux oliviers qui leur offrent un peu d'ombre et d'humidité, il faut cueillir les fleurs fragiles une à une, sans abîmer aucun pétale ni même y mettre les doigts, sinon, ils seraient vite flétris. Dans l'arrière-pays niçois comme à Grasse, on les cultive depuis 1880, car leur parfum est alors très recherché. Extrêmement délicate, la récolte nécessite une main-d'œuvre féminine abondante. En 1909, les cueilleuses portent une capeline pour se protéger du soleil ; ce chapeau de paille à larges bords est traditionnellement noir pour les femmes et clair pour les jeunes filles.

Aux abords de Menton, deux jeunes gens en costume traditionnel ont rejoint la famille occupée à la récolte des citrons. En 1930, la spécialité locale est déjà bien connue, et sa culture largement développée sur les pentes inondées de soleil, plein sud au-dessus de la mer. Les longues perches avec lesquelles on fait tomber les fruits ont été fichées dans le tas déjà récolté ; le prochain travail consistera à charger les grands paniers accrochés sur le dos de l'âne et du mulet, parfaits moyens de transport en terrain si pentu. Et il en faut des citrons, car non seulement ils sont appréciés en cuisine, mais leurs vertus médicinales, connues depuis plus d'un siècle, les font également utiliser en pharmacie.

Avant chacun de ses voyages officiels, le président de la République Émile Loubet s'assure que l'on n'oublie pas d'emporter du nougat… Car il ne cesse de promouvoir la spécialité de sa ville natale, Montélimar. La présence de cette confiserie est attestée dès les années 1600, depuis qu'Olivier de Serres a implanté l'amandier en Provence. Familiales et artisanales, les fabriques de nougat sont très nombreuses dans la ville en 1908. Une fois moulé, roulé, étuvé à 35 °C, il se présente en blocs de 100 kg, qu'il s'agit maintenant de découper ! Encore récente, la scie mécanique est alors bien pratique. Elle débite des barres de toutes tailles, bien plus maniables que les blocs de la « fabrique de la mère Françoise », que, en 1770, il fallait casser… au marteau !

Chamonix, 25 janvier 1924 : les premiers jeux Olympiques d'hiver

Annoncée dès 1921, la Semaine internationale des sports d'hiver se déroule en 1924 à Chamonix. Elle est organisée sous le patronage du Comité international olympique, malgré une longue réticence des dirigeants nordiques, qui craignent pour la suprématie de leurs traditionnels jeux Nordiques. D'ailleurs, quand Gaston Vidal, le sous-secrétaire d'État à l'Enseignement technique, ouvre les Jeux, le jeudi 24 janvier 1924, il se garde bien de prononcer le mot olympique…

Vendredi 25 janvier 1924. Un joyeux défilé a fendu la foule des spectateurs : les joueurs de curling arborent leurs balais, les bobeurs sont tirés par un cheval… Seize nations sont en lice, présentant 258 athlètes au total, qui vont concourir en biathlon, curling, bobsleigh, hockey sur glace, patinage et… ski ! Enfin, le chasseur alpin Camille Mandrilon, porte-drapeau de l'équipe de France et engagé dans la patrouille olympique – épreuve de démonstration ancêtre du biathlon –, prête le serment olympique. Les Jeux peuvent commencer…

L'aménagement du stade olympique ne s'est pas fait sans frissons… En effet, un mois avant le début des Jeux, la neige n'a pas encore fait son apparition à Chamonix. Et, quand elle tombe enfin, elle s'accumule sur 1,50 m en une nuit ! Les chasse-neige criant grâce, on réquisitionne des centaines d'ouvriers pour déblayer à la pelle. Puis surviennent le redoux et la pluie, qui changent la patinoire en lac… Un coup de gel opportun va finalement sauver les premiers Jeux d'hiver.

C'est l'une des surprises des Jeux : les débuts de Sonja Henie (1912-1969), une jeune Norvégienne de onze ans, dans l'épreuve de patinage artistique. Interrompant plusieurs fois sa prestation pour interroger son entraîneur, elle se contente cette fois de la dernière place, mais son sourire augure déjà d'une belle carrière : en 1926, elle est deuxième aux championnats du monde ; aux Jeux de 1928, 1932 et 1936, elle remporte l'or. Elle sera sacrée dix fois de suite championne du monde : un palmarès inégalé ! Ses sorties publiques déclencheront une véritable frénésie populaire…

Patinage artistique en couple, biathlon et curling par équipe : voilà pour les trois médailles (de bronze) françaises à l'issue de ces premiers Jeux d'hiver. Andrée Joly (1901-1993) et Pierre Brunet (1902-1991), les heureux patineurs, seront trois fois médaillés olympiques, remportant l'or en 1928 et 1932. Le couple sera également quatre fois champion du monde (1926, 1928, 1930 et 1932). Ils boycottent les Jeux de 1936, organisés par le régime nazi, puis quittent la France en 1940 pour les États-Unis, où ils deviennent entraîneurs, notamment de Carol Heiss, qui sera championne olympique individuelle en 1960.

Le 5 février 1924, la remise des médailles a précédé de peu le discours officiel de clôture. Ces premiers Jeux d'hiver, qui ne s'avouent pas encore olympiques, sont un succès : plus de 10 000 spectateurs payants y ont assisté ! Pierre de Coubertin se lance : « Les sports d'hiver sont parmi ceux dont la pureté est la plus grande, et c'est pourquoi j'ai pour ma part tant désiré les voir prendre place de façon définitive dans les manifestations olympiques. » En 1925, à Prague, le congrès du CIO accordera officiellement aux Jeux d'hiver leur statut olympique.

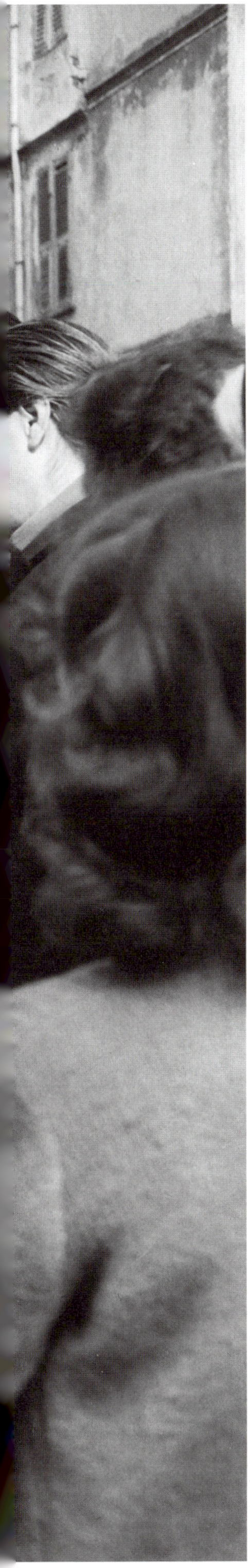

Thons, rougets, rascasses, dorades, bars, congres, murènes ou langoustes : les bouches de Bonifacio, tout au sud de la Corse, sont très poissonneuses. Dans les ruelles de la vieille citadelle, chacun retrouve sa place pour vendre sa pêche. Le marché est encore des plus sommaire dans les années 1950. Depuis des siècles, il se présente de la même manière : les poissons sont dans de grands paniers de châtaignier posés à même le sol, et les vendeurs utilisent une balance romaine pour la pesée.

Tout est curieux pour ceux qui, dans les années 1920, viennent en villégiature en Corse. Ce couple élégant et fortuné – il a fallu s'offrir une traversée coûteuse – s'étonne de trouver, sur le port de L'Île-Rousse, un pêcheur de langoustes. Belle prise ! Efficace, cette nasse qu'il a fabriquée avec des tiges de myrte tressées.

Quand la pêche est bonne

À côté des grands ports, Marseille, Toulon, ou des stations déjà à la mode de la Côte d'Azur, le littoral corse et provençal réserve encore, au tournant du siècle, la surprise de coins charmants d'une authenticité assurée. Saint-Tropez, par exemple... Partout la mer fait vivre – souvent pauvrement – des familles qui s'entassent dans les maisons hautes de bourgades resserrées sur leurs ruelles ; mais déjà quelques touristes apprécient le littoral : un autre âge s'annonce.

Ce n'est qu'un petit port de pêche actif où l'on construit quelques bateaux. Alors pourquoi voudriez-vous qu'on vienne de loin et en nombre à Saint-Tropez, vers 1905 ? Bien sûr, M. Signac et son ami Matisse dressent çà et là leur chevalet, mais ce sont des artistes !

On la monte, on la descend, on saute du tram pour la parcourir à pied. Ben oui, peuchère ! Le tram, c'est pour se déplacer, pas pour faire la Canebière ! Et les amis qui vous interpellent depuis la terrasse du café Riche, alors, ils méritent bien une pause autour du pastis ! L'artère de 1 km de long prolongeant le Vieux-Port est la voie royale de Marseille ; et la vie des Marseillais, c'est bien connu, c'est d'abord la Canebière... Cafés, magasins, immeubles modernes donnent vers 1900 sa physionomie au boulevard mythique, point focal des habitants comme de ceux qui transitent par le grand port méditerranéen ouvert sur l'Afrique et l'Asie.

Marseille

Paris, Lyon, Marseille : le PLM, le chemin de fer mythique, enchaîne les trois plus grandes villes de France. Marseille est le dernier maillon : après, c'est l'exotisme, les colonies, l'outre-mer... Mais, pour bien des gens du Nord – qui commence bien sûr à Avignon –, l'exotisme est déjà là. Accent, ambiance cosmopolite, exubérance : Marseille, oui, c'est tout un monde.

Le grand port de Marseille est à la Joliette, là où les eaux profondes accueillent les navires de fort tonnage. Ici, c'est le Vieux-Port. Pensez ! Les Grecs, déjà, devaient apprécier les sardines comme celles-ci, sitôt débarquées, sitôt grillées. Tu la regardes, tu la goûtes, et l'affaire et faite ! De la belle comme ça, y en a pas ailleurs... Dans les années 1950, le port historique de Marseille n'est plus voué qu'à la pêche et à la navigation de plaisance ; mais cela ne le rend pas moins actif.

Un tour sur les quais du port, et on rêve de lointains voyages. Les entassements de marchandises, les sacs postaux ou les flots de passagers, tout dit l'immensité du globe. En 1903, les Messageries maritimes, dont les navires vont en Afrique et au Brésil, mais aussi jusqu'en Chine, dans toutes les colonies, connaissent leur âge d'or. Les traversées durent parfois deux mois : de vraies aventures.

« Tu tires ou tu pointes ? » Le geste est d'importance ! Casquette vissée sur le crâne, mouvement de recul et concentration : une attitude théâtrale ? Non, le moment est grave, il y a de l'honneur, Môssieur, dans une partie de pétanque… À partir des années 1900, le sport national marseillais envahit toutes les places, toutes les allées. Ponctuée d'interjections bien senties, la partie entre à jamais dans le folklore local.

Les petits décrotteurs semblent un peu trop sages devant le photographe de 1910… À Marseille, on se méfie de ces gamins des rues venus tenter leur chance dans la grande ville, souvent depuis les Alpes. Cireurs de chaussures, ils sont à l'affût d'une opportunité pour gagner quelques sous. Plus tard, s'ils tournent bien, ils seront peut-être dockers sur le port…

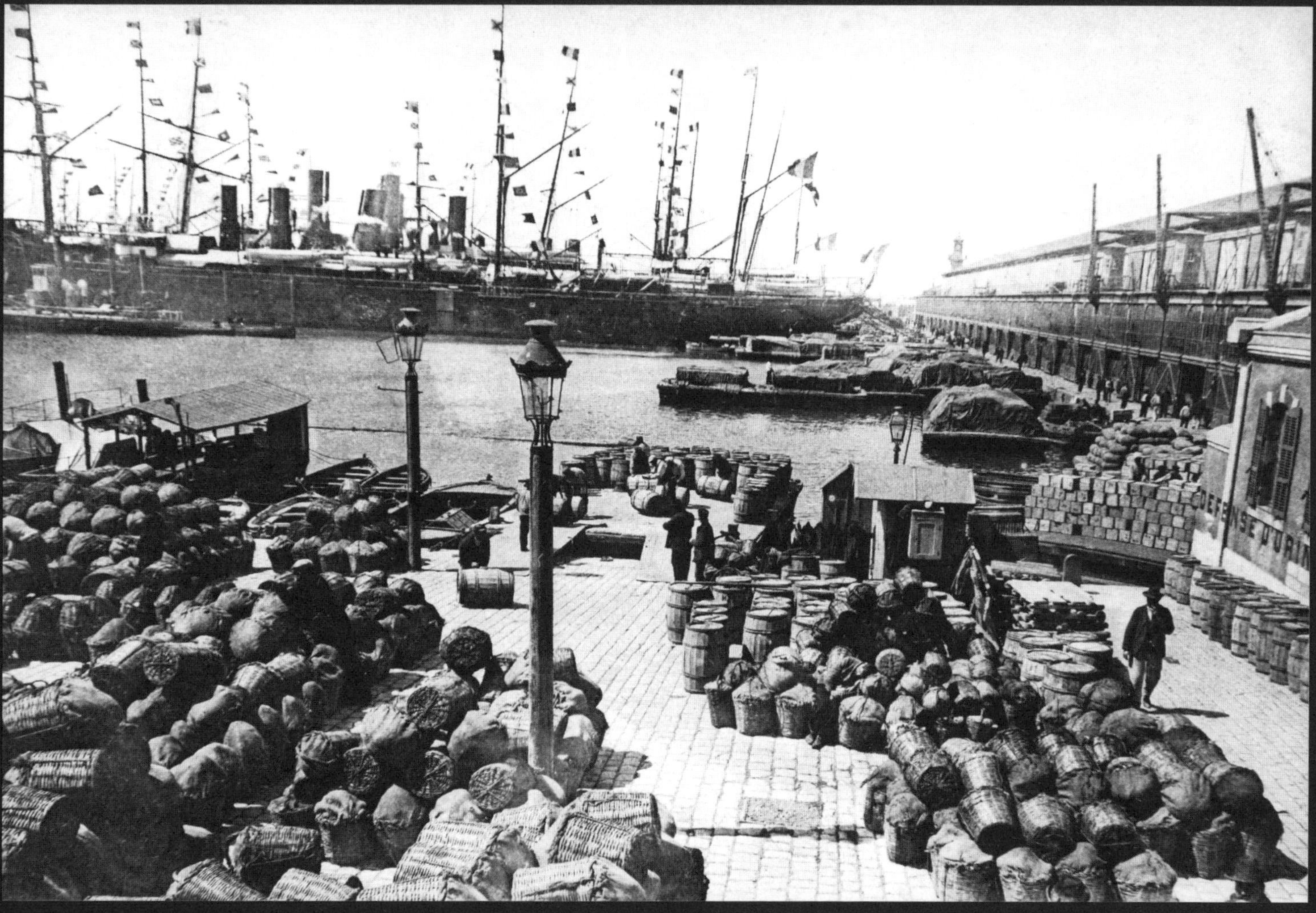

Il faut que la pesée soit précise. Le matériau, que l'on expédiera bientôt à Saint-Claude, dans le Jura, est d'importance : des souches de bruyère dans lesquelles seront bientôt taillés les ébauchons des fourneaux des pipes. En 1912, tout homme arrivé se doit de fumer la pipe. Mais beaucoup ignorent l'origine de ce bois qui résiste si bien à la combustion : ces rhizomes viennent surtout de Corse.

Le bois dans tous ses états

Jusqu'aux années 1950, dans le sud-est de la France comme partout, le bois est omniprésent. Entre la forêt et la maison, les multiples étapes que son travail représente offrent de nombreux emplois. Seul l'essor des matières plastiques modifiera cette situation. Pour l'heure, les activités domestiques, les métiers du bois mais aussi, localement, des productions spécifiques parfois très originales maintiennent la relation des hommes avec le bois.

À Saint-Sigismond, près d'Albertville, en Savoie, la scie à ruban attaque les troncs d'épicéa. Bruit strident, sciure, poussière… et bonne odeur emplissent tout l'atelier. Les poutres deviendront du bois d'œuvre destiné à la structure des chalets, aux charpentes. Débité en minces plaques, l'épicéa est aussi utilisé en moyenne montagne comme bardage, sur les murs. Nombreux également dans les 2 000 km^2 de la forêt savoyarde, les pins cembro et les mélèzes font le bonheur des ébénistes des vallées, qui produisent coffres et armoires. Durant les longs hivers, ils servent encore, dans les années 1940, aux artisans, souvent aussi paysans, qui confectionnent jouets et petits objets en bois.

1944. C'est encore la guerre. Les rares véhicules non militaires qui peuvent rouler sont équipés de gazogènes alimentés au charbon de bois. Cela redonne toute son importance à un vieux métier de la forêt : charbonnier. Sur le plateau de Bonnevaux, en Isère, une famille est venue du Piémont pour installer son campement sommaire en forêt, là même où le père suit la lente combustion du bois savamment agencé en une grosse meule.

En 1905, au chantier Cauvin de Cogolin, c'est le moment du tri. Le golfe de Saint-Tropez est ourlé de roselières, et les cannes à pêche réalisées avec les plus beaux roseaux sont réputées dans le monde entier. Tout aussi renommées, mais plus rares, des anches pour instruments à vent sont également taillées dans ces tiges.

Perché sous l'appentis, le gamin suit avec curiosité la visite des négociants sur le chantier où l'on prélève l'écorce des chênes-lièges. Les hommes, eux, pensent peut-être à toutes les bouteilles qui trouveront là leur bouchon… Près de Porto-Vecchio, sur la côte orientale de la Corse, la production de liège est importante en 1905, quand les bouchons de liège synthétique n'existent pas encore. Le travail est saisonnier : entre fin juin et mi-août, l'écorce est détachée du tronc et les plaques sont rassemblées en ballots puis expédiées sur le continent, dans les régions de vignobles où sont fabriqués les bouchons.

Issus de la glace ou du feu, de la terre aussi, bien des produits sont transformés artisanalement. Dans les vallées alpines, l'arrière-pays méditerranéen ou la vallée du Rhône, beaucoup de villages possèdent au moins un atelier. Et, peu à peu, les machines y apparaissent.

Chaud et froid

1905. Chacun est concentré sur son travail à Vallauris. Il ne s'agit pas de faillir à la réputation de qualité de l'atelier Delphin Massier. C'est que la petite localité de la Côte d'Azur commence à être connue pour ses productions de céramiques ; l'utilisation de la barbotine, terre crue moulée sous forme liquide, permet de réaliser des pièces aux formes complexes. Une technique qui, dans près d'un demi-siècle, séduira aussi Picasso.

L'installation de la presse mécanique a bien facilité le travail à l'entrepôt d'Apt où l'on conditionne la poudre d'ocre. Ce colorant aux multiples usages est abondamment exploité dans des carrières du Vaucluse. En 1931, même si se répandent déjà les colorants artificiels, l'ocre est toujours expédiée, bien tassée, dans des tonneaux de bois.

Une famille parisienne en villégiature à la montagne durant l'hiver 1910 visite le lac de Sylans. Dans la capitale, on voit tous les matins les voitures à chevaux des Glacières de Paris livrer leurs gros pains de glace ; voilà donc d'où ils viennent ! Chaque jour, 150 ouvriers récoltent péniblement 10 tonnes de glace, qui sont emportées par 20 à 30 wagons.

Malabar Princess : aucun rescapé

On est sans nouvelles. L'angoisse grandit, jusqu'à la confirmation du drame : ce 3 novembre 1950, le Constellation de la compagnie Air India assurant la liaison Bombay-Londres, le *Malabar Princess*, s'est abîmé sur le sommet du mont Blanc. À son bord, une quarantaine de personnes, dont huit membres d'équipage.

Malgré des conditions météorologiques déplorables, les débris de l'avion sont repérés le 5 ; les éclaireurs-skieurs de Chamonix se mobilisent, sous l'autorité de René Payot, moniteur-chef de l'École de haute montagne. Hélas ! emporté par une coulée de neige, celui-ci chute dans une crevasse ; il succombera le 7 novembre. Lorsque son corps est redescendu dans la vallée, à Chamonix, l'émotion est grande. Finalement, c'est la caravane partie de Saint-Gervais qui parviendra jusqu'à l'épave… Elle ne trouvera nul survivant. Et les causes de l'accident n'ont jamais été élucidées, mais les rumeurs les plus folles sur une cargaison de lingots d'or ont couru. Si le glacier des Bossons rend régulièrement les débris de la carlingue, le fabuleux trésor demeure, lui, à jamais prisonnier des neiges éternelles !

Par les routes et les chemins, la vie va au rythme de la marche ou du pas des chevaux. Que survienne une automobile, et on se presse pour la regarder passer : c'est encore une curiosité, surtout dans les régions reculées de montagne. Pourtant, on bouge, on circule. Jamais personne ne demeure vraiment complètement isolé. Dès les dernières années du XIXe siècle apparaissent çà et là les signes de la révolution des transports. Bientôt le facteur sera motorisé, la poste sera automobile, et des cars ou des petits chemins de fer locaux, tellement pittoresques, conduiront les nouveaux vacanciers en des lieux jusque-là inaccessibles.

Par les chemins…

Le facteur ? C'est le lien social avant… la lettre ! Partout, comme ici dans le hameau de Tréminis, dans l'Isère, en 1950, son passage rompt l'isolement de l'habitat dispersé en montagne. Il connaît bien sûr tout le monde et ne manque pas de transmettre les nouvelles au long de sa tournée, qui est partie du bureau de poste de Mens, à 13 km… et de l'autre côté du col !

Trop d'accidents, trop de morts… En 1821, la municipalité de Chamonix crée la première compagnie de guides de montagne. On ne verra plus de pirates proposer leurs services aux étrangers avides de courses en montagne. En 1880, être guide est bien un métier : compétences et devoirs sont codifiés, sécurité et dévouement sont assurés.

Une rencontre crétoise ? Non, corse. Car, en 1895, le monde méditerranéen offre souvent partout les mêmes scènes, celles de modes de vie ancestraux, tel ce départ pour le marché de L'Île-Rousse. L'âne est pour l'homme, et la femme porte la lourde charge des produits du jardin : c'est bien là le monde méditerranéen de l'époque…

Dans un instant, la voiture va s'ébranler : le courrier se doit de partir à l'heure, entre Barcelonnette et Prunière comme partout. Service oblige ! Et si l'attelage connaît bien les tours et détours des chemins de montagne, les chevaux ne sont pas trop de quatre pour affronter les pentes. Dans les sacs de correspondance, sans doute y a-t-il quelques lettres lointaines : en 1905, les habitants de la vallée alpine sont nombreux à s'être installés comme commerçants au Mexique, alors dirigé par Porfirio Diaz.

Non, ce n'est pas un jeu, et encore moins une compétition ! Par ce froid matin des années 1950, ces petits Parisiens avancent avec prudence vers leur école de ski. Il y a quelques jours, ils ignoraient tout de la montagne. À l'initiative du docteur Max Fourestier, ils bénéficient en Savoie de l'opération « Joues rouges, tableau noir et pistes blanches » : les premières classes de neige, dont le succès va être immédiat.

1936 : enfin, ça y est ! Sur les routes de France et un air de Charles Trenet, on part en congés payés. La vente de vélos fait un bond, et l'on est fier d'enfourcher sa Peugeot ou l'Hirondelle de la Manufacture d'armes et de cycles de Saint-Étienne. Celle-ci, on l'a choisie sur le fameux tarif-album de ce qui va devenir Manufrance.

Sur les 900 m de dénivelé du parcours, la pente est raide. L'engin à vapeur, presque aussi attrayant que le fabuleux panorama, s'accroche à sa crémaillère. En 1948, on fête les quarante ans de ce train du Montenvers qui relie Chamonix et ce belvédère au-dessus de la mer de Glace. On met alors pas moins de cinquante-cinq minutes pour parcourir les 6 km de la ligne, avec arrêt de deux heures aux Planards pour faire du charbon et de l'eau !

Pour l'autocar de Bastelica, attendez d'apercevoir le nuage de poussière… Mais sachez aussi qu'il est toujours complet ! Au point que les plus jeunes s'y accrochent tant bien que mal… Mais, dans les années 1940, quel progrès, tout de même, pour voyager sur les mauvais chemins de l'île de Beauté !

Ils chantent, ils dansent, ils prient ; ils mangent et boivent ; ils galopent aussi, entre le sable et les vagues. Fin mai 1940, des milliers de Gitans ont afflué comme chaque année au pèlerinage des Saintes-Maries-de-la-Mer. Souvent, la fête est d'abord pour eux l'occasion de retrouvailles : on a toujours des cousins qui ont pris d'autres routes. Beaucoup de roulottes, en bois peint de couleurs vives, sont encore tirées par des chevaux ; ce n'est qu'après guerre qu'apparaîtront peu à peu automobiles et caravanes. Si la dévotion aux saintes Maries est fort ancienne, le pèlerinage gitan, qui vénère surtout sainte Sara, ne date, lui, que du début du XXe siècle. Le marquis avignonnais Folco de Braoncelli-Javon, grande figure camarguaise, contribua beaucoup à sa réussite.

1908. Sont-elles pas mignonnes, nos gardianettes des Saintes-Maries ? Et à l'aise, avec ça, montées en croupe pour la parade qui suit la ferrade, le marquage des taureaux. Malgré le soleil de plomb de la fin d'après-midi, les arènes sont combles : la manade d'El Marquès, créée en 1895 par le marquis de Braoncelli, est toujours réputée.

Jusqu'au bout, il a tenu ses pinceaux. Installé entre 1943 et 1948 à Vence, dans la villa Le Rêve, Henri Matisse (1869-1954) est immobilisé depuis une opération chirurgicale subie en 1941. Veillé par son *Grand Intérieur rouge*, accroché au-dessus de la cheminée, il surmonte son handicap et réinvente son art en commençant la série des papiers gouachés. Il réalise là son rêve ultime de peintre : « découper à vif dans la couleur », comme un sculpteur taille dans la pierre.

La Riviera

Joue-t-il incognito ? Il y a déjà tant de célébrités sur notre Côte d'Azur dans les années 1930 ! Charlie Chaplin est l'un des clients des palaces qui connaissent alors leur heure de gloire : le Beau-Site, le Métropole ou le Carlton à Cannes, le Continental à Nice. En plus, la tenue homologuée aide à garder l'anonymat : chemise et pantalon immaculés pour tous les messieurs.

Quel succès ! Pour notre bal organisé sur la plage de Juan-les-Pins, cet été 1930, nous avons eu Mistinguett, la « môme de Paris », « la Miss » en personne ! Entrée en 1909 au Moulin-Rouge, c'est aujourd'hui une vedette internationale. En villégiature sur la Côte, elle ne danse plus dans les bras de Maurice Chevalier, son ancien compagnon, mais avec un inconnu. Enfin, l'important, c'est qu'elle danse !

Hôteliers et commerçants jubilent : on ne vient plus seulement en vacances sur la Côte d'Azur en hiver. Dans les années 1930, soleil et sport sont à la mode, et sur la plage de Juan-les-Pins comme dans les autres stations, les amis d'un jour se joignent à la famille pour des jeux sportifs entre deux bains.

Le temps des vacances

Réservée à l'origine à l'aristocratie, aux riches Anglais et à la bourgeoisie fortunée, la villégiature dans le Midi – et d'abord sur la Côte d'Azur – se démocratise peu à peu. Partir en vacances est de plus en plus répandu, surtout après l'instauration des congés payés. Mais le Midi reste cher…

Audacieuses ? Non, élégantes et à la mode, simplement. Pour cet été 1931, elles ont adopté le style pyjama, avec d'amples jupes-pantalons préconisées par Mlle Chanel. Depuis que, dans les années 1920, les Américains de Montparnasse ont lancé Juan-les-Pins, on rivalise d'élégance sur le front de mer de la station, même si celle-ci n'ose pas se comparer à ses deux grandes sœurs, Nice et Cannes.

1923. Les petits Cannois quittent parfois leurs jeux de plage pour jeter un regard curieux sur les belles dames et les beaux messieurs qui s'aventurent jusque-là : le luxueux hôtel Carlton, fleuron de la Croisette, est à deux pas.

Galbée comme une sculpture et tellement dans le goût de son époque… Imaginiez-vous, chère amie, qu'une locomotive puisse être belle ? Entre la machine et les voyageuses, voici presque un concours d'élégance.
La compagnie de chemin de fer PLM (Paris-Lyon-Marseille) tient en tout cas là, en 1937, un beau succès : Paris-Marseille en neuf heures, avec juste de très brefs arrêts pour changer de machine ou lui redonner de l'eau à Laroche-Migennes, Dijon, Valence et Avignon. Une prouesse bien digne de la qualité des chemins de fer français, toujours à la pointe du progrès. Vitesse, élégance, confort : ce sont bien là des valeurs de l'entre-deux-guerres.

La haute Tarentaise en hiver ? Personne ! Les hôtels n'accueillent de clients qu'en été. Il faut qu'à Val-d'Isère Pierre Rond soit bien audacieux pour ouvrir en hiver son hôtel de La Galise dès 1929 ! Mais c'est un précurseur. Avec Jacques Mouflier, industriel entreprenant, il discerne le potentiel des champs de neige de la région. Grâce aussi à la volonté du maire, Nicolas Bazile, Val-d'Isère vit aussi en hiver. Première remontée mécanique en 1934, école de ski : un beau départ.

« Allez, un bon bol bien chaud vous fera du bien ! » La fermière, qui a quitté un instant son rouet, est heureuse d'accueillir des jeunes dans son chalet du Queyras. Chez elle, les skieurs, épuisés mais contents, font étape. Quelle épreuve que ce raid à ski Nice-Chamonix, organisé en 1942 pour oublier un temps la débâcle et se plonger dans l'effort ! L'idée vient du commandant Coche, chasseur au 6e bataillon alpin, qui crée le mouvement Jeunesse et Montagne. Il faut bien occuper les jeunes, d'autant que beaucoup d'hommes sont prisonniers ! Encadrés par des engagés volontaires démobilisés, ils peuvent faire des travaux utiles, et les guides et moniteurs de ski recrutés à Chamonix organisent camps, travaux divers et activités sportives.

En ces années 1900, sur la terrasse, la longue-vue est mise à la disposition des visiteurs… Oui, mais ne la bougez pas : elle cadre juste la face nord du mont Blanc, celle des exploits des alpinistes. D'ailleurs, là-bas… on dirait bien… Ou serait-ce des chamois ? Si haut ? Quelle bonne idée, en tout cas, d'être venu au Brévent, et sans trop de peine. On y découvre le massif 1 500 m plus haut qu'à Chamonix !

La dynastie Guichard

Une épicerie de village, de nombreux magasins, le grand commerce moderne : tels sont les jalons de la saga des Guichard, aventure emblématique des temps modernes et histoire d'une famille qui a laissé son empreinte bien au-delà du seul département de la Loire en se forgeant un destin national.

Geoffroy Guichard à vingt-deux ans. Il vient d'épouser Antonia, la fille de Jean-Claude Perrachon. Né le 27 juillet 1867 à Feurs, dans la Loire, à 40 km au nord de Saint-Étienne, il est l'aîné d'une famille de quatre enfants et travaille depuis cinq ans dans l'épicerie.

Les Guichard ? Un Casino où l'on gagne ! Tout commence en 1889, quand les destins des familles Perrachon et Guichard se mêlent à l'occasion du mariage de Geoffroy et d'Antonia. Les parents du jeune homme, Jean-Marie et Catherine Guichard, tiennent alors une épicerie place Grenette, à Feurs. Le père de la jeune fille, Jean-Claude Perrachon (1841-1926), a racheté en 1864 l'épicerie installée dans l'ancien casino lyrique de Saint-Étienne, rue des Jardins, où il travaillait. Il la cède à son neveu Paul Perrachon (1852-1919) en 1879. Après son mariage, Geoffroy Guichard s'associe avec son cousin par alliance, puis devient, en 1892, le seul propriétaire de l'établissement de la rue des Jardins. Jusqu'en 1898, Geoffroy et Antonia Guichard vivent dans le casino, les fenêtres de leur appartement donnant même à l'intérieur du magasin. Afin d'améliorer l'efficacité de la gestion, Geoffroy Guichard décide d'ouvrir une succursale à Veauche, près de Saint-Étienne, et signe un contrat avec son premier gérant, M. Coffie, le 9 juin 1898. Il fonde une société en commandite par actions, dont le couple Guichard détient 35 % du capital, et multiplie les magasins : le 29 septembre 1904, Casino inaugure sa centième succursale, à Lamastre, en Ardèche. En 1920 est créée l'Association sportive du casino. Sous l'impulsion de Pierre Guichard, elle s'ouvre en 1923 à tous les sportifs de la ville. Mais il faut penser au stade : construit sur un terrain fourni par Geoffroy Guichard, il est inauguré en 1931. En 1933 naît l'Association sportive de Saint-Étienne, consacrée au football : elle sera le creuset d'une équipe mythique : les Verts. Geoffroy et Antonia Guichard ont eu sept enfants ; les cinq garçons ainsi que l'un des gendres entrent successivement dans l'entreprise.

Antonia Perrachon a dix-huit ans quand elle épouse Geoffroy Guichard. Compagne attentive et discrète, elle travaille avec lui dans l'établissement de la rue des Jardins et l'aidera à franchir toutes les étapes de sa carrière.

Groupée, en 1920, autour du grand-père, Jean-Marie Guichard, la famille s'est agrandie avec neveux, nièces et petits-enfants. Au dernier rang, les fils se mêlent aux oncles : de gauche à droite, Mario, Paul, Jean, l'oncle Georges, Pierre, les cousins Marius et Antoine, le gendre François Kemlin et Georges. Colette, la plus jeune fille, arbore un joli nœud dans les cheveux, tandis que Clémence est assise sur le banc avec ses cousines. Antonia, soutenant l'un de ses petits-fils, Charles, est toujours aux côtés de Geoffroy Guichard, debout à sa droite.

En 1928, les onze joueurs de l'équipe de football de l'Association sportive stéphanoise posent avec leur président, Pierre Guichard, debout à gauche. Il sera aux commandes du club à trois reprises (1933-1943, 1950-1952, 1959-1961). Vêtus de blanc et de vert, les joueurs portent les couleurs de Casino : le stade résonnera bientôt de son immortel « Allez les Verts ! »

Fermé pour cause de « mœurs légères » en 1858, le casino lyrique de Saint-Étienne rouvre en 1860. Il a été racheté par M. Bréchard, qui a transformé l'établissement en épicerie mais a gardé l'enseigne : Casino. Un nom que les Guichard, reprenant l'affaire en 1834, mèneront loin !

Les noms et parlers locaux

Les noms de famille

Rhône-Alpes

Noms de Savoie

Mercerot = colporteur
Perrillat = en péril
Ballefin, Pomathios, Semillon…

Noms du Lyonnais

Boreas = bourreau
Defossard = bêcheur, terrassier
Farverjon = forgeron (Loire)

Chalinel = qui aime à se chauffer, frileux
Darpheuille = où pousse le houx (Loire)
Virissel = originaire de *Viricelles* (Loire), petite vallée
Bolevy…

Noms franco-provençaux

Caillon, Cayat, Cayette, de *caye*, *cayon* = truie, porc

Provence-Alpes-Côte d'Azur

Boyer = bouvier
Fournier = qui tient le four
Meige = médecin
Moliner = meunier
Tessèdre, Tissandier = tisserand

Coste, Truc = hauteur
Arnaud, Aubert, Borel…

Noms du Sud-Dauphiné

Rivial = près du ruisseau, de la rive
Voulant = agile
Durero…

Noms provençaux

Blancas = très pâle
Cougourdan = semblable à une courge
Goï, Gambi = boiteux
Gibous = bossu
Rascous = avare

Estelon, d'*estello* = étoile
Panisson…

Noms italiens

Giordano = Jordan
Esposito = enfant trouvé
Ferrero = maréchal-ferrant
Rossi = roux

Corse

Cinarca = nom d'une seigneurie
Casamaggiore = grande maison
Pescetti = poissonnier ou pêcheur
Rissoglio = Maurice

Bartoli = ceux de Bartolu
Marchi = ceux de Marcu
Mattei = ceux de Matteu

I Ghjulii = ceux de Julie
I Marii = ceux de Marie
I Lisandreddi = ceux d'Alexandre
I Pauleddi = ceux de Paul

Romani = de Rome
Siciliano = de Sicile

Bonaggiunta, Mazzacami…

Les mots de chez nous

Rhône-Alpes

radée = averse
chautemps = été
adieu = bonjour

mâchon = petit repas
laitue à lièvres, salade de levrette = salade de mâche (Beaujolais)
ambrune, ambresaille = myrtille
racine jaune, pastenade = carotte
racine rouge, carotte = betterave
brique = miette, débris
crochon = quignon de pain

panosse = serpillière
cornet = sac de papier
pôche, pôchon = louche
pôche percée = écumoire
picholette = pichet

cuchon = un tas, une grande quantité
galetas = grenier, combles
agassin = cor au pied

plier = emballer
réduire = ranger
petafiner = abîmer
siper = boire en aspirant

Mots de Savoie

rampon = salade de mâche
tartifle, catiffles = pomme de terre
pélâ = tartiflette
patte = chiffon

Mots du Lyonnais

bugnes = beignet
mâtefaim = crêpe épaisse

gones = enfants
gandoises = sornettes, histoires drôles
vogue = fête foraine

traboule = passage
ficelle = funiculaire

Provence et Sud-Dauphiné

rayas = forte pluie

pièce à frotter, toile = serpillière
pastis = mélange, confusion
bordille = détritus

ensuqué = abruti, abasourdi
fatigué = très malade
étranger = quelqu'un qui n'est pas né au pays, voire dans le village
estomac = poitrine féminine, surtout si elle est opulente !

lever la table = débarrasser la table
blaguer = bavarder abondamment
espérer = attendre
péguer = coller

Mots provençaux

cèbe, cébette = oignon frais
farigoule = sarriette

estrasse, d'*estrasso* = vieux chiffon
bugade, de *bugado* = lessive

arapède = patelle, pour qualifier un gêneur dont on ne se débarrasse pas
fada, fadade, de *fadado* = niais, niaise
bouléguer, de *boulega* = remuer
espincher, d'*espincha* = épier

Corse

cismonte = en-deçà des monts, en Haute-Corse

pumonte = au-delà des monts, en Corse-du-Sud

cacara, mammona, minnanna = grand-mère
cacaru, babbonu, missiavu = grand-père
cane, ghjacaru = chien
chjucu, minori = petit
grande, maiori = grand

Les expressions

Rhône-Alpes

à la chotte = à l'abri de la pluie
à bouchon = à l'envers, sur le ventre
prendre du souci = songer à partir
donner de l'air à quelqu'un = ressembler à quelqu'un
donner une bonne main = donner un pourboire
toucher la main = serrer la main
mettre quelqu'un huit jours sous une benne = priver quelqu'un de nourriture un temps pour lui apprendre à être moins difficile
il y sait bien = il le sait bien
j'y terminerai demain = je le terminerai demain

Provence

an pebre = loin dans le passé
se dépéguer = se sortir d'une situation embarrassante
avoir les yeux bordés d'anchois = avoir les yeux rouges
être comme le tambour de Cassis = être un bavard impénitent
avoir les trois sueurs = avoir peur
c'est tout barque à travers = en désordre
chercher garouille = chercher querelle
crier sèbe = demander grâce
patin-couffin = et patati et patata
bateau ! = facile !

Corse

buciardu quant'e a filetta = menteur comme la fougère
hè cascatu di culu ni sciacci, il est tombé le derrière dans les *sciacci* (crêpes de *brocciu*) = il a beaucoup de chance

Les adresses

ASSOCIATIONS

Rhône-Alpes

Centre d'études généalogiques Rhône-Alpes
Centre Atoll
14, rue des Glairaux
38120 Saint-Égrève
http://cegra.fr

Ain-Généalogie
Maison de la vie associative
2, boulevard Joliot-Curie
01006 Bourg-en-Bresse Cedex
www.ain-genealogie.fr

Cercle généalogique de la Drôme provençale
1, avenue Saint-Martin
26200 Montélimar
www.genea26provence.com

Centre généalogique du Dauphiné
20, avenue du Général-Champon
38100 Grenoble
www.cgdauphine.org

Généalogie pour tous
9, allée des Balmes
38170 Seyssinet-Pariset
www.genealogiepourtous.org

Centre généalogique de Vienne et de la vallée du Rhône
Maison des syndicats
Chemin des Aqueducs
38200 Vienne
www.cgvvr.org

Association généalogique de la Loire
Archives départementales
6, rue Barrouin
42000 Saint-Étienne
www.loiregenealogie.org

Ceux du Roannais
9, rue de la Résistance
42300 Roanne
www.loiregenealogie.org

Société généalogique du Lyonnais et du Beaujolais
39 *bis*, rue de Marseille
69007 Lyon
www.sglb.org

Association de recherche et d'entraide pour la documentation et les études savoyardes
Maison des associations
67, rue Saint-François
73000 Chambéry
http://aredes.org

Maurienne Généalogie
312, rue des Murgés
73870 Saint-Julien-Mont-Denis
www.maurienne-genealogie.org

Centre généalogique de Savoie
Centre de résidence d'Évires
3, rue des Martyrs-de-la-Déportation
74940 Annecy-le-Vieux
www.cgsavoie.fr

Centre généalogique savoyard – Paris et région parisienne
6, rue Saint-Didier
75116 Paris
www.savoieparis.org

Provence-Alpes-Côte-d'Azur

Centre généalogique du Midi-Provence
BP 70030
13243 Marseille Cedex 01
www.cgmp-provence.org

Cercle généalogique des Alpes-de-Haute-Provence
Maison des associations
209, boulevard du Temps-Perdu
04100 Manosque
www.genea04.org

Association généalogique des Hautes-Alpes
19, rue de France
05000 Gap
www.agha.fr

Association généalogique des Alpes-Maritimes
Archives départementales
Route de Grenoble
06206 Nice Cedex 3
www.agam-06.org

Association généalogique des Bouches-du-Rhône
194, rue de l'Abbé-de-l'Épée
13005 Marseille
www.ag13.org

Cercle généalogique de Vaucluse et terres adjacentes
École Sixte-Isnard
31 *ter*, avenue de la Trillade
84000 Avignon
http://devaucluse.cerclegen.free.fr

ARCHIVES DÉPARTEMENTALES

Ain
1, boulevard Paul-Valéry
01000 Bourg-en-Bresse
04 74 32 12 80
www.archives.ain.fr

Alpes-de-Haute-Provence
2, rue de Trélus
04000 Digne-les-Bains
04 92 36 75 00
www.archives04.fr

Hautes-Alpes
22, route de Rambaud
05000 Gap
04 92 52 56 00
www.archives05.fr

Alpes-Maritimes
Route de Grenoble
06206 Nice Cedex 3
04 97 18 61 71
www.cg06.fr

Ardèche
Place André-Malraux
07000 Privas
04 75 66 98 00
www.ardeche.fr

Bouches-du-Rhône
18, rue Mirès
13003 Marseille
04 91 08 61 08
25, allée de Philadelphie
13100 Aix-en-Provence
04 13 31 57 00
www.archives13.fr

Corse-du-Sud
Rue François-Pietri
20000 Ajaccio
04 95 29 14 26
www.cg-corsedusud.fr

Haute-Corse
Chemin de l'Annonciade
20405 Bastia Cedex 9
04 95 55 55 81
www.haute-corse.fr

Drôme
14, rue de la Manutention
26000 Valence
04 75 82 44 80
archives.ladrome.fr

Isère
2, rue Auguste-Prudhomme
38000 Grenoble
04 76 54 37 81
www.archives-isere.fr

Loire
6, rue Barrouin
42000 Saint-Étienne
04 77 93 58 78
www.loire.fr

Rhône
Section ancienne
2, chemin de Montauban
69005 Lyon / 04 78 28 05 73
Section moderne
57, rue Servient
69003 Lyon / 04 72 61 10 73
archives.rhone.fr

Savoie
244, quai de la Rize
73000 Chambéry
04 79 70 87 70
www.savoie-archives.fr

Haute-Savoie
37 *bis*, avenue de la Plaine
74000 Annecy
04 50 66 84 20
archives.cg74.fr

Var
157, avenue Alphonse-Daudet
83300 Draguignan
04 98 10 22 40
www.archives.var.fr

Vaucluse
Palais des Papes
84000 Avignon
04 90 86 16 18
archives.vaucluse.fr

Généalogie mode d'emploi

I – Premiers pas

Établir sa généalogie consiste à rechercher toutes les personnes avec lesquelles on a un lien de parenté. On distingue alors les ancêtres qui composent la généalogie ascendante – la plus facile à établir – et ceux avec lesquels on a simplement des ancêtres en commun, les « cousins » au sens large, que l'on trouvera en établissant une généalogie descendante. Celle-ci pose, en général, plus de problèmes en raison de la dispersion actuelle des familles et de l'impossibilité d'avoir libre accès aux documents d'état civil de moins de cent ans.

Les documents personnels

On commence une généalogie chez soi, en examinant tous les documents personnels dont on dispose. On la poursuit chez ses proches, parents, frères, cousins, dans le même but : consulter, copier, photocopier ou photographier (de préférence avec un appareil numérique) le plus de documents personnels possible. Mais quels sont-ils ?

Il y a d'abord les **documents officiels.**

- **Le livret de famille.** Il regroupe trois générations : les mariés, leurs parents et leurs enfants, avec l'état civil complet de chacun et la référence à un éventuel contrat de mariage.

- **La carte d'identité.** Outre l'état civil du titulaire, elle comporte une photo d'identité et l'adresse au moment où elle a été établie.

- **La carte électorale.** Moins intéressante, elle fournit néanmoins l'état civil complet et l'adresse. Les plus anciennes, datant d'avant l'instauration du suffrage universel, témoignent d'une bonne situation de fortune, puisque c'était le critère qui permettait de voter !

- **Le passeport.** Il fournit les mêmes informations que la carte d'identité, plus des indications sur les voyages effectués. Hélas ! il faut rendre l'ancien à l'Administration pour en recevoir un nouveau, de sorte qu'il n'y a jamais de série continue.

- **Le livret militaire.** Il indique lui aussi l'état civil complet, mais il sera surtout intéressant lorsque son titulaire aura eu une carrière militaire dépassant le simple service autrefois obligatoire – guerres, campagnes, actions d'éclat récompensées par des citations ou des décorations.

- **Les diplômes.** Peu importants sur le plan généalogique, ils sont surtout émouvants et représentatifs du niveau d'études du titulaire.

- **Les copies d'actes notariés.** Elles constituent la base de toute étude sérieuse du mode de vie et du niveau social des individus ; c'est pourquoi elles sont traitées à part, p. 338.

Mais il ne faut pas négliger les **documents privés,** bien que ceux-ci doivent être examinés avec prudence, tant il est fréquent qu'ils comportent des inexactitudes.

- **Les lettres.** Très nombreuses avant la démocratisation du téléphone, elles étaient souvent conservées par les familles. On y trouve des adresses (celle du destinataire et la plupart du temps celle de l'expéditeur), des noms de lieux (importants lorsqu'il s'agit d'une référence à un événement familial), ainsi que d'autres informations d'une grande variété qu'il faudra noter avec soin.

● **Les carnets d'adresses.** Au-delà de l'indication des adresses, il est intéressant de connaître les personnes avec lesquelles le propriétaire du carnet était en relation. Lors d'une recherche de généalogie descendante, ils peuvent fournir l'adresse de cousins perdus de vue.

● **Les faire-part.** Les faire-part de naissance permettent de retrouver le véritable acte de naissance, beaucoup plus complet ; souvent trompeurs, les faire-part de mariage ne mentionnent en général que le lieu et la date de la cérémonie religieuse, qui peuvent être très différents du mariage civil, obligatoirement antérieur. Les plus intéressants sont les faire-part de décès du XIXe siècle, qui faisaient apparaître toute la parentèle du défunt.

● **Les généalogies existantes.** Elles sont parfois très sommaires lorsqu'elles ne servaient qu'à préciser des liens de parenté. Mais elles peuvent aussi être plus élaborées si un membre de la famille a déjà entrepris quelques recherches. Elles constitueront alors le point de départ de votre propre travail.

● **Les photos.** Elles agrémentent toutes les généalogies. Hélas ! il n'est pas toujours possible d'identifier les personnes représentées lorsque les noms et prénoms n'ont pas été inscrits au dos. Toutefois, dans la mesure où les procédés photographiques ont beaucoup évolué dans le passé, il est souvent possible de dater les photos, ce qui permet au moins d'éviter quelques erreurs ou confusions de personnes.

Une fiche par personne

Tous les renseignements recueillis ne seront vraiment exploitables que si vous les rassemblez ensuite sur une **fiche individuelle.** Il n'existe aucun modèle normalisé, mais sachez que vous devez mentionner, outre l'état civil complet et précis, toutes les informations dont vous disposez sur la personne et, surtout, l'origine de ces informations. Ainsi, il sera toujours possible, pour vous-même ou quelqu'un d'autre, de les vérifier ultérieurement si cela s'avère nécessaire. Ces fiches vous serviront à établir des **arbres généalogiques.**

II – Remonter d'acte en acte

Remonter le plus haut possible dans le temps est le rêve de tout généalogiste. Malheureusement, les limites sont trop vite atteintes : documents manquants ou illisibles, actes trop imprécis ne permettant pas d'établir des liens de parenté, etc. En général, il n'est guère possible de remonter au-delà du XVIIe siècle. Cela permet néanmoins d'établir de belles généalogies !

L'état civil

Il a été créé en 1792, lorsque la charge d'enregistrer les **événements familiaux** a été transférée des autorités religieuses catholiques aux maires des communes.

Il est particulièrement complet aujourd'hui, puisque toutes les informations concernant un individu doivent, depuis 1945, être reportées en marge de l'**acte de naissance** : mariage(s), divorce(s), changement de nom ou de prénom, décès. Jusqu'à cette date, il suffit donc de remonter d'un acte de naissance à celui des parents pour disposer de toutes les informations généalogiques nécessaires.

Auparavant, seuls les **actes de mariage** permettaient cette démarche, dans la mesure où ils précisaient les lieux et dates de naissance des époux. Ainsi, un acte de mariage permettait de retrouver deux actes de naissance, puis de rechercher l'acte de mariage de la génération précédente, qui avait en général précédé la naissance. Ce schéma théorique est, hélas, souvent compliqué par des changements de résidence, si fréquents depuis le XIXe siècle.

Toutefois, la recherche est facilitée par l'existence de **mentions marginales,** apparues au fil des ans, qui consistent en un rappel en marge d'un acte (d'où leur nom) de l'existence d'un autre acte concernant la personne : par exemple, un acte de mariage en marge de l'acte de naissance de chacun des époux. Par ailleurs, pour éviter d'avoir à feuilleter tous les registres, des **tables décennales** (établies tous les dix ans, d'où leur nom) permettent de retrouver rapidement les actes : par exemple un mariage avant (ou après) une naissance. A contrario, si le mariage recherché ne figure pas dans la table décennale, cela signifie qu'il a été célébré dans une autre commune, qui reste alors à déterminer.

Rappelons enfin que les actes de naissance et de mariage de moins de cent ans ne sont communiqués qu'aux personnes elles-mêmes, à leurs ascendants ou à leurs descendants. Inutile donc d'essayer d'obtenir celui d'un cousin pour préciser une généalogie descendante : seul un extrait, non filiatif, pourrait vous être fourni. En revanche, les **actes de décès** peuvent être obtenus sans restriction.

Les registres paroissiaux

Avant 1792, ils étaient tenus par les curés, puisque l'Église catholique était alors, officiellement, la religion de tous. Les registres ont été remis aux autorités civiles lors de la création de l'état civil, de sorte qu'ils sont aujourd'hui conservés dans les **mairies** ou les **dépôts d'archives départementales,** où ils sont consultables (mais de plus en plus souvent remplacés par des copies, des microfilms ou des dépouillements informatiques).

Comme les registres d'état civil, ils permettent de remonter d'acte en acte, mais force est de constater qu'ils deviennent de plus en plus lacunaires au fur et à mesure que l'on remonte les générations. Les dates et les lieux de naissance des conjoints disparaissent des **actes de mariage,** qui ne précisent plus que leurs âges et éventuellement une paroisse d'origine. Les parents des défunts ne sont plus mentionnés. Quant aux actes de naissance, ce sont en fait des **actes de baptême...**

Mais la plus grande difficulté, qui apparaîtra assez rapidement, est celle de l'**écriture.** Les lettres n'avaient pas toutes leur forme actuelle, des abréviations étaient utilisées, les écritures étaient serrées pour économiser le papier, et celui-ci, souvent de mauvaise qualité, pouvait être traversé par une encre trop abondante, ce qui rendait illisibles les deux côtés de la feuille !

L'implexe des ancêtres

Lorsque les familles bougeaient peu, les mariages avaient souvent lieu entre cousins, avec dispense éventuelle de l'Église.
Par conséquent, le nombre d'ancêtres de leurs enfants était plus faible que leur nombre théorique (un multiple de deux), puisque, du fait de ce cousinage, les époux avaient des ancêtres en commun. Ce phénomène, que l'on rencontre pratiquement dans toutes les ascendances et qui détermine le **degré de consanguinité**, est mesuré par le rapport nombre réel/nombre théorique, appelé **implexe.** Ce rapport est d'autant plus faible que la consanguinité est forte, ce que l'on retrouve surtout dans les villages isolés... ou les familles royales !

L'arbre d'ascendance

Il permet de représenter les **ancêtres** d'une personne. Chaque individu sera inscrit dans une case et aura deux cases pour enregistrer ses parents.
Si ceux-ci ou l'un des deux sont inconnus, les cases resteront blanches. À l'inverse, si des ancêtres apparaissent plusieurs fois dans une **ascendance**, ils seront inscrits autant de fois. Naturellement, plus les générations seront lointaines, plus le nombre de cases vides sera important... avec toujours l'espoir de les remplir un jour !

III – Les archives des notaires

Si nous ne fréquentons plus guère les notaires que pour les transactions immobilières, les règlements de succession et parfois les contrats de mariage, il n'en était pas de même autrefois. Le notaire, véritable témoin de la vie sociale et économique, intervenait à tout moment dans celle de nos ancêtres. Près de cent cinquante types d'actes différents étaient officialisés dans son étude.

Les minutes ou grosses

Les actes que nous pouvons aujourd'hui consulter dans les dépôts d'archives, où ils doivent (théoriquement) être déposés au bout de cent ans, sont les originaux qui ont été conservés par les notaires. Ils sont appelés **minutes** et ont une valeur légale, contrairement aux copies remises aux familles, appelées **grosses,** et qui ont également souvent été conservées.

Alors que les actes d'état civil ou les registres paroissiaux n'apportent que des indications sommaires – noms, prénoms, dates et lieux de naissance, mariages et décès, éventuellement professions et décorations –, les minutes notariales nous permettent de connaître véritablement la vie privée ou professionnelle des individus.
Quelques types d'actes doivent être particulièrement recherchés.

Le contrat de mariage

Jusqu'à la fin du XIXe siècle, la signature d'un contrat précédait presque toujours le mariage, même si les biens apportés par les époux étaient de faible valeur.

Cette signature était l'occasion d'une véritable **réunion de famille,** car il était de tradition que de nombreux parents et cousins fassent alors un **don.** Le notaire enregistrait les apports des uns et des autres, en précisant toujours le lien de parenté de chacun.

Ainsi le **contrat de mariage** est-il beaucoup plus important que l'acte de mariage, puisqu'il ne se limite pas aux époux, à leurs parents et à leurs témoins, mais fait apparaître tout l'environnement familial.

Par ailleurs, la valeur des différents apports permet d'évaluer la fortune de chacun, et en particulier celle des époux.

Le testament

Moins fréquent que le contrat de mariage, car on pense en général que l'on a bien le temps de se préoccuper de sa mort, le **testament** est très important, car il donne la **liste des biens** dont dispose le testateur et leur évaluation.

Une comparaison est quelquefois possible avec les biens inscrits dans le contrat de mariage, ce qui donne une idée de la gestion qui en a été faite.

Toutefois, le testament n'est pas toujours complet d'un point de vue généalogique, car n'y apparaissent pas les enfants déjà décédés ou déshérités. Par contre, il fait apparaître les **legs** particuliers à des amis, à des domestiques ou à des institutions. Il peut également prévoir, surtout sous l'Ancien Régime, le **nombre de messes** qui devront être dites, révélant ainsi les convictions religieuses du testateur.

L'inventaire après décès

C'est sans doute le document le plus émouvant, car il décrit en détail tout ce que possédait le défunt. Pièce par pièce, le notaire – et nous avec lui – visitait la maison, notait et évaluait, avant de faire le **partage** entre les différents héritiers. À cela s'ajoutaient les autres biens, mobiliers et immobiliers, révélant parfois des fortunes méconnues.
Une comparaison avec les biens inscrits dans le contrat de mariage est aussi particulièrement intéressante.

Les autres actes

Il n'est guère possible d'en donner la liste tant elle serait longue. Certains, cependant, sont très précieux.

Les **accords et transactions** signés entre deux ou plusieurs personnes d'une famille peuvent révéler des conflits parfois anciens ou expliquer des situations juridiques ou financières particulières. Ces actes étaient fréquents sous l'Ancien Régime, lorsque le droit d'aînesse accordait l'essentiel d'une succession à l'aîné, sous réserve qu'il règle des dots à ses sœurs et des indemnisations à ses frères cadets… ce qu'il ne pouvait pas toujours faire.

Les **contrats de travail** étaient également passés devant le notaire. Ils définissaient les conditions dans lesquelles devaient s'exercer le travail et la rémunération. Les apprentis étaient le plus souvent logés et nourris par leur patron, qui devait s'engager à assurer leur formation.

Enfin, le généalogiste s'intéressera aussi aux **donations,** aux **actes de partage,** aux **nominations de tuteurs,** etc., qui expliqueront souvent des situations familiales compliquées.

Les tables de l'enregistrement

Pour des raisons essentiellement fiscales, ces différents actes devaient être notés sur des registres qui nous permettent aujourd'hui de les retrouver, à l'aide de leurs **tables alphabétiques.**

Nous pouvons ainsi retrouver un acte dont nous ne connaissons ni la date à laquelle il a été enregistré, ni le lieu où il a été passé, ni le nom du notaire qui l'a établi. La recherche est facilitée par le fait que les registres et les tables diffèrent selon les catégories d'actes.

Ces registres et ces tables, tout comme les actes eux-mêmes, sont conservés dans les **dépôts d'archives départementales,** à consulter sur place ou sur Internet quand les archives ont été numérisées.

IV – Les autres archives à consulter

En France, les différentes autorités administratives ont voulu très tôt consigner par écrit tout ce qui concernait les individus, ce qui n'a pas toujours été bien vécu par ceux-ci ! Aujourd'hui, tous les documents établis constituent des fonds d'une très grande richesse pour le généalogiste, qui n'aurait pas trop d'une vie s'il voulait retrouver tout ce qui concerne ses ancêtres.

Les archives militaires

Sous l'Ancien Régime, l'**armée** ne comportait que des soldats de métier. Elle était complétée par la **milice**, formée d'hommes tirés au sort et qui en principe ne devaient pas participer aux combats. Le **service militaire** n'est apparu qu'avec la Révolution, mais il ne concernait pas tous les hommes. Ce n'est qu'en 1905 qu'il est devenu obligatoire pour tous. Ainsi tous nos ancêtres n'ont-ils pas nécessairement porté l'uniforme à un moment de leur vie.

Par contre, depuis la Révolution, tous ont été **recensés** pour pouvoir éventuellement servir la nation. C'est aux **archives départementales** que se trouvent les documents les concernant, avec éventuellement les dates d'incorporation. Ces listes sont particulièrement intéressantes à partir de 1905, car elles comportent alors des indications sur le niveau d'instruction des conscrits et sur leurs aptitudes éventuelles à soigner les chevaux, à jouer de la musique ou à conduire une automobile…

Les **archives de l'armée,** le service historique de la Défense, installées au château de Vincennes (Val-de-Marne), conservent d'autres documents intéressants : les dossiers personnels des officiers, les registres de contrôle des troupes, qui permettent de suivre les affectations successives des sous-officiers et des soldats, ainsi que les historiques des régiments, qui renseignent sur les éventuels combats auxquels ils ont participé.

Les documents fiscaux

Sous l'Ancien Régime, la complexité était la règle : taille, capitation, vingtième, gabelle, aides, traites, droits seigneuriaux s'abattaient sur les Français, qui devaient également régler la dîme à l'Église.
La Révolution simplifia ce système lourd et injuste, qui frappait davantage les pauvres que les riches, et le remplaça par des contributions basées essentiellement sur les revenus.

Tous ces **impôts** ont évidemment entraîné l'établissement de nombreuses listes qui permettent aujourd'hui de savoir qui était assujetti et pour quel montant.

Un document fiscal mérite une attention particulière : **le cadastre.** Créé en 1791 pour mesurer exactement les parcelles de terrain de chaque commune et établir une égalité des citoyens devant l'**impôt foncier,** il permet aujourd'hui de localiser les biens que possédaient nos ancêtres, d'en connaître les mutations successives et d'en estimer la valeur. Il permet également, lors de l'établissement d'une généalogie descendante, de localiser une personne qui aurait déménagé si elle a gardé un bien dans sa commune d'origine.

Les archives révolutionnaires

La **Révolution** est à l'origine de nombreux bouleversements administratifs et sociaux. Ceux-ci ont entraîné une abondante production de documents : rôles d'habitants, **listes** d'électeurs, d'enrôlés volontaires, de veuves et d'orphelins secourus, d'émigrés, de suspects, d'emprisonnés, etc. Il serait bien étonnant que vos ancêtres n'aient pas été inscrits sur une liste à un moment ou à un autre !

Tous ces documents, ainsi que ceux concernant les ventes de biens nationaux, sont conservés aux **archives départementales.**

Les archives judiciaires

Sous l'Ancien Régime, le système judiciaire était d'une incroyable complexité : justices royale, seigneuriale, municipale et ecclésiastique se superposaient et, parfois, se contredisaient. Si le **droit écrit** dominait dans le sud de la France, le Nord avait recours au **droit de coutume.** Or il y avait plus de 300 coutumes locales !

Là aussi, c'est la Révolution qui permit l'unification et la simplification du système judiciaire. Mais ce qui était le cauchemar de nos ancêtres peut faire aujourd'hui la joie des généalogistes, tant les documents conservés sont nombreux. À consulter aux **archives départementales** (sur place ou sur Internet).

Les archives ecclésiastiques

Avant la Révolution, l'Église était devenue le plus gros propriétaire foncier, et la plus grande partie de ses biens était louée à des laïques, qui les exploitaient. Les **baux de location** ainsi que les **versements de redevances** sont aujourd'hui des sources intéressantes.

Mais on portera une attention particulière aux **dossiers de l'officialité,** c'est-à-dire ceux du tribunal ecclésiastique, qui devait se prononcer en particulier sur les oppositions à un mariage, les demandes de dispense pour consanguinité ou les demandes d'annulation de mariage.

Enfin, les archives ecclésiastiques rassemblent les **registres** qui ont continué à être tenus par les curés **après la création de l'état civil,** en 1792. Ceux-ci n'ont certes plus de valeur légale mais ils peuvent rendre de précieux services lorsque les actes officiels ont été détruits.

Tous ces documents, considérés comme des archives privées, sont conservés par les **évêchés.**

V – Quelques cas particuliers

En généalogie, comme dans bien des domaines, il existe naturellement des cas particuliers ou des situations exceptionnelles qui nécessitent ou permettent le recours à des documents spécifiques. Même si seul un nombre réduit d'ancêtres peut être concerné, il est utile de connaître ces documents pour éviter des recherches inutiles et progresser plus rapidement.

Les familles nobles

Elles étaient peu nombreuses avant la Révolution : moins de 20 000, soit environ 1 % de la population. Mais, compte tenu de la place qu'elles occupaient dans la société, des documents particuliers les concernent.

Si les familles de la **noblesse dite d'extraction** ont toujours été nobles, aussi haut que l'on puisse remonter dans leur généalogie, les autres ont, au contraire, changé de statut à un moment de leur histoire et un **acte d'anoblissement** l'a concrétisé. Dans certaines situations, cette noblesse devait ensuite être confirmée ou réhabilitée. Autant d'actes qui étaient enregistrés et comprenaient souvent des généalogies sommaires.

Par ailleurs les familles nobles ont été plus que les autres étudiées par des généalogistes. Il existe donc de nombreux dossiers les concernant aux **Archives nationales,** ainsi que des **nobiliaires** (registres des familles nobles).

Enfin, rappelons que l'existence d'une **particule** dans un nom n'est pas toujours un signe de noblesse. De nos jours, pour 4 000 familles nobles – qui n'ont pas toutes une particule –, 10 000 familles à particule ne sont pas nobles !

Les familles protestantes

Elles ne se distinguent des autres que sous l'Ancien Régime, lorsque le **protestantisme** était interdit et sévèrement réprimé.

En fait, il convient de distinguer **trois périodes.**
– De 1559, promulgation de l'édit de Nantes, à 1685, date de sa révocation, les protestants disposent, à l'instar des catholiques, de temples, de pasteurs et de **registres** pour inscrire les baptêmes, mariages et sépultures. Mais seul un petit nombre a été conservé.

– De 1685 à 1787, date de promulgation d'un édit de tolérance permettant un **enregistrement civil des actes,** les protestants subissent une répression souvent violente.
Les enfants, baptisés de force, sont inscrits dans les **registres catholiques.** Les décès y sont aussi enregistrés, mais pas les mariages,

car les époux préfèrent se contenter d'un simple **contrat devant notaire** et vivent officiellement en **concubinage.**
Pendant cette période, d'autres documents concernent les protestants : **registres d'abjuration,** listes d'**enfants retirés à leurs parents,** de **fugitifs** ayant quitté le royaume, de **nouveaux convertis** (terme utilisé pour désigner ceux dont la conversion paraissait douteuse), ou de **prisonnières** et de **galériens.**

– De 1787 à la création de l'état civil, en 1792, des **registres civils** permettent à la fois d'enregistrer les événements familiaux et de régulariser ceux qui n'avaient pu l'être auparavant, les mariages notamment.

Avec la création de l'état civil, les recherches concernant les familles protestantes se font, comme pour les autres, dans les registres tenus par les **mairies.**

Les familles juives

Elles étaient très peu nombreuses en France sous l'Ancien Régime : seules quelques communautés existaient en Alsace, en Lorraine, à Avignon, à Bordeaux et à Bayonne.

Les documents les concernant sont très peu nombreux et souvent conservés par les familles. Ce sont essentiellement les **registres de circoncision** tenus par les rabbins (sans équivalent pour les filles) et les **ketoubot,** actes de mariage religieux. Quelques **registres de communauté** où étaient notés les naissances, bar-mitsvas (majorité religieuse des garçons), mariages et décès ont été conservés.
Enfin, on peut signaler le dénombrement des juifs d'Alsace (1784), des registres pour Avignon, Carpentras, Cavaillon, et L'Isle-sur-la-Sorgue (après 1763), ainsi que les très importants registres de 1808 sur lesquels les juifs ont inscrit le nom de famille qu'ils adoptaient de manière définitive pour eux et leurs descendants.
Les registres de l'**état civil** permettent ensuite de suivre les familles juives.

Abandons et adoptions

Les **abandons** furent nombreux dans les villes à partir du XVIe siècle. C'est l'Église qui recueillait et élevait les enfants. Après la Révolution, cette charge a été assurée par l'État, et le nombre des abandons a véritablement explosé au cours du XIXe siècle.
Des dossiers sont alors constitués pour chaque enfant, mais ils n'apportent en général aucune information sur les parents.

L'**adoption plénière,** telle que nous la connaissons, est de création récente. Elle ne permet pas plus de remonter une ascendance dans la mesure où elle fait disparaître tout lien avec la famille d'origine.

Le cas de Paris

Il mérite une mention particulière, car tous les registres **paroissiaux** et d'**état civil** ont **brûlé** en 1871, lors de la répression de la Commune. Des reconstitutions ont été faites, mais elles sont très incomplètes, surtout pour l'Ancien Régime, et les recherches doivent alors être effectuées à l'aide des **minutes notariales.**
Or il n'y avait pas moins de 122 études de notaire à Paris !

VI – Les noms de famille

Au Moyen Âge, les individus n'avaient qu'un seul nom : celui de leur baptême. Mais au fil des siècles, avec l'augmentation de la population, cet usage s'est révélé peu commode. Les cas d'homonymie étaient très fréquents dans la mesure où l'Église imposait l'usage de noms de saints. L'habitude d'ajouter un surnom est alors apparue à partir du xe siècle et s'est peu à peu généralisée au cours des deux siècles suivants. Ces surnoms, devenus héréditaires, sont nos actuels noms de famille. Mais comment se sont-ils formés ?

Les noms de baptême

Ce sont les plus nombreux et parmi les plus anciens tant il était naturel de désigner quelqu'un par le nom de son père : Guillaume fils de Bernard devenait rapidement Guillaume Bernard, et les générations suivantes héritaient du surnom Bernard.

Il arrivait souvent que ce surnom soit par la suite déformé. Bernard se transformait en Bernadet ou Bernadin. Un adjectif pouvait aussi être accolé, comme dans Grandjean, Petitcolin ou Beaubernard.

Les noms de famille dérivés d'un **nom de baptême** ne sont pas toujours faciles à identifier en raison des déformations successives qu'ils ont pu subir – Guy, Guillot, Guillotin, par exemple –, mais aussi parce que certains noms de baptême ne sont plus, ou très peu, utilisés de nos jours, tels Gautier, Durand ou Chrétien.

Les noms d'origine géographique

Ce sont les plus anciens, car les nobles ont très tôt pris l'habitude d'ajouter à leur nom de baptême celui de leur **fief** : Guillaume de Beaulieu ou Bernard de La Motte, par exemple, pouvaient très bien être deux frères possédant des fiefs différents. Mais, surtout, il est devenu par la suite très pratique de désigner une personne par son **lieu d'habitation** ou d'**origine** : Duval, Dupont, Dubois, Lepicard, Dallemagne, Besançon, etc.

Comme les autres, ces noms ont subi par la suite des déformations : Lafontaine, Delafontaine, Lafont, ou Picard, Picardet, ou encore Besançon, Besancenot.

Il est parfois possible d'identifier le lieu qui a donné son nom à une famille : Tabarly existe dans le Tarn-et-Garonne et Le Pompidou en Lozère, mais ce ne sera jamais le cas pour les Dubois ou Deschamps, tant il y avait de bois et de champs dans la France du Moyen Âge.

Les noms issus de métiers

On comprend leur apparition, car il était toujours facile d'identifier une personne par son **métier,** et on imagine aisément qu'ils aient pu devenir héréditaires dans une société où les fils succédaient le plus souvent à leur père.

Ces noms sont en général facilement identifiables : Boulanger, Boucher, avec parfois quelques déformations, comme Boucheron. Ils proviennent aussi de métiers aujourd'hui disparus : Fournier, celui qui faisait fonctionner le four à pain, ou tous les dérivés de forgeron (Faure, Févre, Lefèvre, Favre, Ferrand, etc.).

Les noms provenant de sobriquets

Ils sont à la fois nombreux et variés. Certains sont faciles à comprendre : Petit, Legrand, Roux ou Leroux, Leriche, Lheureux... Toutefois, on peut se demander si, par dérision, Petit ne désignait pas quelqu'un de très grand ou Leriche le pauvre du village.
D'autres étaient sans doute plus **ironiques** : Roy ou Leroy, Lecomte, Lévêque, Labbé, Lebœuf, Mouton, etc. Mais un grand nombre sont difficiles à comprendre : Millet, Froment, Compagnon, Leclerc, Hiver, Chautemps, etc.
Enfin, certains étaient sans doute très **malveillants** : Cocu, Crétin, Ribaud (voleur), Prentout (avare), Malivois ou Malchaussé, par exemple. Ces noms ont tendance à disparaître aujourd'hui, car il est aisé de les remplacer par d'autres, plus faciles à porter.

Les noms des enfants trouvés

Sous l'Ancien Régime, les enfants trouvés prenaient habituellement le nom de la famille qui les éduquait, sans qu'aucun acte n'officialise cette attribution.

Avec la création de l'état civil et l'augmentation rapide du nombre des enfants trouvés au début du XIXe siècle, ce sont les **officiers d'état civil** qui ont eu la responsabilité de leur donner un nom. Certains ont été affublés de noms ridicules, comme Grenadier et Annibal. Mais la plupart ont reçu des noms, usuels par ailleurs, rappelant les circonstances de leur découverte : Laporte, Avril, etc.

Aujourd'hui, les enfants abandonnés à la naissance reçoivent **trois prénoms** usuels, dont le dernier fait office de nom jusqu'à leur adoption.

Les noms d'origine non française

Ce sont ceux qui se sont formés dans une autre langue que le français. Celle-ci peut être représentée sur le territoire national : alsacien, corse, basque, breton ou occitan, par exemple. Mais leur origine peut aussi être totalement étrangère : polonais, espagnol, portugais...

Dans tous les cas, on retrouve sensiblement les mêmes mécanismes de formation des noms, mais la découverte de leur signification est impossible sans la connaissance de la **langue d'origine.** Beaucoup d'étrangers ont francisé ou totalement changé leur nom à l'occasion de leur **naturalisation,** ce qui réservera quelques surprises aux générations futures.

VII – Associations et Internet

La généalogie a connu un tel développement ces trente dernières années qu'il n'est plus toujours indispensable de faire soi-même l'ensemble des recherches. Beaucoup de travaux ont été effectués par des associations de généalogistes, et une grande partie de ceux-ci sont maintenant imprimés ou disponibles sur Internet.

Les associations

Elles sont très nombreuses en France et regroupent des dizaines de milliers de généalogistes amateurs. Le nombre de leurs adhérents est en constante augmentation, ce qui est la preuve de leur utilité.

Ce sont tout d'abord des **lieux de rencontre.** Des réunions régulières permettent aux membres d'échanger informations, découvertes et conseils. Si l'un d'eux rencontre une difficulté, il peut se faire aider pour la résoudre. Cette entraide s'effectue également par l'intermédiaire des **bulletins** que les associations publient le plus souvent.

Ce sont aussi des **lieux de formation.** Au-delà de la simple entraide, certaines organisent des cycles de cours ou de conférences. On ne devient pas un bon généalogiste sans un minimum de connaissances.

Enfin, ce sont des **lieux de travail.** Dans le but de protéger les registres anciens et de faciliter les recherches, des travaux de **dépouillement** ont été entrepris dans toute la France. Ils permettent de constituer des **bases de données** consultables par Internet. Ces travaux sont également souvent complétés par l'établissement de **généalogies,** dont beaucoup font même l'objet de publications que l'on peut acheter.
Les principales associations de généalogie, classées par département, figurent à la fin de chaque chapitre de cet ouvrage.

Internet

En généalogie, **Internet** a connu un développement extrêmement rapide. Il est utilisé soit pour des échanges avec d'autres généalogistes, soit pour la consultation de sites.

Les échanges d'informations sont la forme moderne de l'entraide pratiquée au sein des associations. Des **forums de discussion** permettent d'interpeller d'autres internautes pour trouver la réponse à certaines questions, et de se constituer ainsi un réseau de correspondants intéressés par les mêmes familles ou les mêmes régions. Beaucoup de généalogistes ont également constitué leur propre site et mettent les résultats de leurs recherches à la disposition de tous… en espérant que d'autres viendront les compléter. Pourquoi ne pas leur emboîter le pas ?

Les principaux sites

Il existe plusieurs sites, gratuits ou payants, qu'il faut consulter avant d'entreprendre une recherche qui a peut-être déjà été faite.

www.geneanet.org Sa base de données, composée des listes éclairs d'ancêtres déposées par les généalogistes, est consultable gratuitement. Mais le site propose aussi un grand nombre de services : annuaires, cartes postales, portraits, forum de discussion, newsletter et boutique en ligne.

www.genealogie.com Comme le précédent, ce site met à la disposition de tous les arbres généalogiques qui y ont été déposés et propose un certain nombre de services payants : relevés d'actes, données historiques, cartes postales, photos aériennes, etc.

www.patro.com C'est le plus important site d'achat d'actes d'état civil en ligne. Il est alimenté par les dépouillements qu'effectuent les associations de généalogistes amateurs et ne cesse donc de se développer.

www.geneabank.org Ce site regroupe les travaux effectués par un certain nombre d'associations, qui ont décidé de les mettre en commun. Adhérer à l'une de ces associations permet d'avoir accès aux relevés effectués par les autres sans être obligé d'y adhérer également.

www.culture.fr/genealogie Ce portail géré par les Archives de France et la Fédération française de généalogie permet d'accéder facilement à un ensemble de références et de ressources indispensables à toute recherche.

www.bigenet.org Il propose un index des relevés effectués par des associations membres de la Fédération française de généalogie. La consultation est gratuite, mais l'obtention des actes eux-mêmes est payante. À moins qu'on ne préfère aller les consulter sur place aux archives départementales.

www.familysearch.org Il s'agit du site des mormons. C'est sans doute le plus important au monde, mais il concerne relativement peu les familles françaises. De plus, il est en anglais. Trois fichiers sont consultables : l'International Genealogical Index (IGI), qui regroupe les ancêtres de mormons retrouvés par des mormons ; l'Ancestral File, qui présente des généalogies ; et le Pedigree Resource File, qui rassemble les noms déposés par les usagers du site, mormons ou non.

Enfin, un grand nombre de **dépôts d'archives** mettent en ligne des actes ou des documents intéressant les généalogistes. Les adresses des archives de chaque département ainsi que leur site Internet figurent à la fin de chaque chapitre de cet ouvrage.

VIII – Cousins, cousines…

La généalogie est clairement une activité fraternelle et relationnelle. Si certains – peu nombreux – se limitent à la recherche de leurs ancêtres, le plus grand nombre est vite tenté de retrouver les cousins et cousines qu'il ne connaît pas et de nouer avec eux des relations suivies et enrichissantes.

Une recherche difficile

S'il ne s'agit que de retrouver ses ancêtres, remonter dans le temps, d'acte en acte, est assez simple lorsque les documents existent et sont complets et lisibles.

Mais partir d'un couple d'ancêtres pour en chercher les descendants s'apparente plutôt à une enquête policière. D'une part, une **descendance** peut se révéler extrêmement nombreuse, tant les familles d'autrefois pouvaient l'être si les enfants ne décédaient pas en bas âge. Ainsi, un couple vivant au début du XIXe siècle peut très fréquemment avoir plus de mille descendants aujourd'hui.

D'autre part, la **dispersion géographique** des familles fait que ces descendants peuvent résider maintenant dans toutes les régions de France, voire dans plusieurs pays étrangers, parfois lointains.

Il n'y a pas de réelle méthode de recherche. Pour les premières générations, il faut dépouiller les **tables décennales** afin de déterminer le nombre d'enfants de chaque couple. Puis il faut consulter des **minutes notariales** ou des **cadastres,** lorsqu'ils ont quitté le lieu de leur naissance, pour savoir où ils se sont installés. D'autres documents, tels que des **lettres** ou des **faire-part,** peuvent aussi vous donner des indications.

Lorsque vous arriverez aux générations actuelles, pour lesquelles l'état civil n'est pas librement consultable, il faudra utiliser les **annuaires** téléphoniques, **Internet** ou vos **relations.** Un cousin retrouvé pourra vous mettre sur la piste de plusieurs autres.

À vous de savoir ensuite garder le contact, ce qui n'est pas facile lorsque les personnes retrouvées n'ont aucun intérêt particulier pour la généalogie…

Le journal de famille

C'est souvent le moyen le plus simple et le plus économique pour maintenir des liens entre des personnes dispersées. Un ordinateur, un petit logiciel de mise en page, un scanner pour les documents ou les photos suffisent pour produire un **journal de famille** qui donnera à tous les membres des nouvelles des autres et fournira surtout des informations sur les ancêtres.

Le fichier des adresses postales et Internet est facile à tenir à jour et pourra être consultable directement en créant un **site Internet familial.**

La cousinade

Ce mot d'invention récente désigne une réunion organisée sur une base généalogique, c'est-à-dire regroupant toutes les personnes d'une même famille ou tous les descendants d'un même couple. Les **cousinades,** de plus en plus nombreuses chaque année et toujours appréciées, doivent être bien organisées, ce qui nécessite une longue préparation.

Une fois la liste des futurs participants établie, il faut généralement trouver un lieu de réunion en rapport avec l'histoire de la famille, choisir une date suffisamment longtemps à l'avance (au moins un an) pour que chacun puisse organiser son emploi du temps, réserver les lieux de restauration et d'hébergement et prévoir des animations pour que jeunes et vieux y trouvent de l'intérêt.

Durant les mois précédant la réunion, on enverra différents courriers pour annoncer le programme et demander la participation financière nécessaire – qui sera très bien acceptée si elle reste raisonnable.

Pour la réunion elle-même, il faudra prévoir des badges, car les personnes ne se connaîtront pas nécessairement, et, si possible, afficher un grand arbre généalogique permettant à chacun de trouver sa place et de mesurer sa parenté avec les autres participants.

L'organisation d'une telle réunion nécessite en général trop de travail pour une seule personne et, de toute façon, il est plus amusant de le faire à plusieurs cousins ou cousines.

L'association familiale

Il est parfois utile d'en constituer une à l'occasion d'une cousinade importante pour que les sommes récoltées et dépensées ne transitent pas par le compte bancaire d'un des organisateurs et que des comptes détaillés puissent ensuite être fournis.

Mais l'**association familiale** peut aussi servir à la diffusion du journal de famille, à la publication éventuelle d'un livre reprenant l'ensemble de la généalogie, à la copie ou à la sauvegarde de documents intéressant l'histoire familiale ou à toute action dans ce sens.

La principale difficulté est de trouver des bonnes volontés pour l'animer, car cela représente un travail non négligeable.

Le site Internet

C'est un membre de la famille qui doit se charger bénévolement de sa réalisation. Le site pourra être consulté par tous les descendants, éventuellement avec un mot de passe. Outre les adresses des membres, on y trouvera une généalogie complète, des photos de lieux et de personnes, la reproduction de documents et de tout objet jugé intéressant.

Régulièrement complété par les personnes concernées, ce site finira par se transformer, au fil des années, en véritables **archives familiales** : un vrai trésor pour les générations futures.

Crédits photographiques

Couverture : RAPHO/Nora Telkes de Kelenfold dite Nora Dumas (vers 1935).
4e de couverture : Roger-Viollet (Jean Gabin, en 1937) ; Leemage/Delius (Quartiers pauvres du sud de Paris) ; Roger-Viollet/Boyer (Tour de France 1937, étape Lille-Charleville) ; Roger-Viollet/CAP (Marché sur l'eau, Amiens, vers 1925).

Pages 6/7, 8/9 : GHFP/Rapho-Top/Édouard Boubat ; 10/11 : GHFP/Rapho/Robert Doisneau ; 12/13 : GHFP/Rapho/Janine Niepce ; 14/15 : GHFP/Rapho/Robert Doisneau ; 18/19, 20/21 h : Kharbine-Tapabor/Collection IM ; 20/21 b, 21 h : Roger-Viollet ; 22 h : Kharbine-Tapabor/Collection IM; ; 22 b, 23 hg : Photothèque du Centre Historique Minier du Nord/Pas-de-Calais, Lewarde ; 23 d, bg : Leemage/Delius ; 24 hg : Kharbine-Tapabor/Collection IM ; 24 h : GHFP/Keystone-France ; 24 b, 25 b : Photothèque du Centre Historique Minier du Nord/Pas-de-Calais, Lewarde ; 25 hd : Roger-Viollet ; 26 g, 26/27 d : GHFP/Rapho/A. Gamet ; 28 : Roger-Viollet/Albin-Guillot ; 29 h : GHFP/Keystone-France ; 29 c : Kharbine-Tapabor ; 29 b : Roger-Viollet/Branger ; 30/31 hd : Leemage/Selva ; 30 h : Kharbine-Tapabor/Collection IM ; 30/31 bd : Notrefamille.com ; 30 b, 31 h : Leemage/Selva ; 31 b : Kharbine-Tapabor/Collection IM ; 32 h : Roger-Viollet ; 32 cd : Roger-Viollet/Lipnitzki ; 32 b : Roger-Viollet/Branger ; 33 h : Kharbine-Tapabor/Collection IM ; 33 g : GHFP/Keystone-France ; 33 b : Leemage/Delius ; 34/35 : Photos12.com-1Clic ; 36 h, 37 : GHFP/Rapho/A. Gamet ; 36 b : GHFP/Keystone-France ; 38-39 : Archives départementales du Nord, Collection C. Boquet ; 40 h, bg : Roger-Viollet/Boyer ; 40 c : GHFP/Rapho/A. Gamet ; 40 bd : Leemage/Selva ; 41 h : Kharbine-Tapabor/Collection IM ; 41 g : GHFP/Keystone-France ; 41 b : Roger-Viollet/Boyer ; 42 g, 42/43 d, 43 h : GHFP/Keystone-France ; 43 d : Leemage/Bianchetti ; 44 h : Leemage/Delius ; 44 g : GHFP/Keystone-France ; 44 d : Kharbine-Tapabor ; 45 : Roger-Viollet/ Harlingue ; 46 hd : GHFP/Rapho/A. Gamet ; 46 g : Kharbine-Tapabor/Collection IM ; 46 b : Roger-Viollet/CAP ; 47 h : Leemage/Selva ; 47 c : Roger-Viollet/LL ; 47 b : GHFP/Keystone-France ; 48 h : GHFP/Mary Evans/Keystone-France ; 48 d : Bridgeman-Giraudon ; 48 b : Roger-Viollet ; 49 h : Roger-Viollet/Boyer ; 49 d, b : GHFP/ Rapho/A. Gamet ; 50 hg : GHFP/Keystone-France ; 50/51 d : Roger-Viollet/Boyer ; 50 c : Archives départementales du Nord, Collection C. Boquet ; 51 h : Roger-Viollet/CAP ; 51 d : Roger-Viollet/Branger ; 52-53 : Photographie Collection GROUPE HOLDER-PAUL-SAINT PREUX ; 56/57 : Roger-Viollet/LL ; 58 h : Roger-Viollet/ND ; 58/59 d, 59 : Roger-Viollet ; 58 bg : Leemage/Selva ; 60 h : Roger-Viollet/ND ; 60 bg : Notrefamille.com ; 60 bd, 61 : Roger-Viollet ; 62 h : Roger-Viollet/Boyer ; 62 b : Kharbine-Tapabor ; 63 h : Roger-Viollet/ND ; 63 b : Kharbine-Tapabor/Collection IM ; 64 h : Kharbine-Tapabor ; 64 b, 65 hd, bd : GHFP/Keystone-France ; 65 g : Kharbine-Tapabor ; 66 h : Roger-Viollet/ND ; 66 b : Roger-Viollet ; 67 h : Écomusée de Saint-Nazaire/Collection des Chantiers de l'Atlantique ; 67 b : Roger-Viollet/Boyer ; 68 h : Roger-Viollet/ND ; 68 b : Kharbine-Tapabor/Collection IM ; 69 h : Roger-Viollet ; 69 bg, bd : Kharbine-Tapabor/Collection IM ; 70/71 : Roger-Viollet/Boyer ; 71 h : Leemage/Selva ; 71 b : CartoBreizh ; 72 : Roger-Viollet/Boyer ; 73 h, bg : Roger-Viollet ; 73 cd : CartoBreizh ; 74 h : Roger-Viollet/Gaston Paris ; 74 d : Roger-Viollet ; 74 bg : Roger-Viollet/Harlingue ; 75 : Roger-Viollet ; 76 : Roger-Viollet/Boyer ; 77 h : Notrefamille.com ; 77 bg : Arch,depsarthe FI00497 Imp-Phot-A,Dolbeau ; 77 bd, 78 g : Kharbine-Tapabor/Collection IM ; 78/79 d : Roger-Viollet/Gaston Paris ; 80 h : CartoBreizh ; 80 b : Notrefamille.com ; 81 hd, g : Roger-Viollet/ND ; 81 bd : Leemage/Selva ; 82 h, b : GHFP/Keystone-France ; 83 : Leemage/Delius ; 84 g : Roger-Viollet ; 84 bd : Photos12.com ; 85 hg, hd : Kharbine-Tapabor/Collection IM ; 85 b : Kharbine-Tapabor ; 86 hg, hd : Roger-Viollet ; 86 b : GHFP/Keystone-France ; 87 h : Kharbine-Tapabor/Avant-Demain ; 87 bg : CartoBreizh ; 87 bd : Kharbine-Tapabor/Collection IM ; 88/89, 90/91 d : Roger-Viollet ; 90 c : Leemage/Selva ; 90 b : Kharbine-Tapabor/Collection IM ; 91 h : CartoBreizh ; 91 b : Kharbine-Tapabor/Collection MA ; 92-93 : Photographie Collection Gérard Bollée ; 96/97, 98/99 hd : Roger-Viollet/ND ; 98 cg : Roger-Viollet/CAP ; 98 bg : Kharbine-Tapabor/Collection IM ; 99 d : Roger-Viollet/Lapi ; 99 bg : Roger-Viollet/CAP ; 100/101 h, 101 : GHFP/Rapho/R. Doisneau ; 100 c : Roger-Viollet/Lapi ; 100/101 b : Roger-Viollet/Harlingue ; 102 h, 102/103 h : Roger-Viollet ; 102 b : CartoBreizh ; 103 b : Roger-Viollet/Lapi ; 104/105 hd : Roger-Viollet/Boyer ; 104 cg : Roger-Viollet/Harlingue ; 104 b : Roger-Viollet/Boyer ; 105 c : Leemage/Delius ; 105 b : Roger-Viollet/Boyer ; 106 hd : Roger-Viollet/Harlingue ; 106 bg : GHFP/Keystone-France ; 107 : Roger-Viollet/LL ; 108 hg : Leemage/Delius ; 108 h : Roger-Viollet/Lapi ; 108 b : Roger-Viollet/Boyer ; 109 h, bd : Roger-Viollet ; 109 bg : Leemage/Selva ; 110 h, b : Roger-Viollet/Harlingue ; 111 : GHFP/Rapho/R. Doisneau ; 112, 113 h : Leemage/Delius ; 113 b : GHFP/Rapho/R. Doisneau ; 114/115 : Leemage/Delius ; 115 : Leemage/Selva ; 116 hg : Leemage/Delius ; 116/117 hd : Roger-Viollet/ND ; 116 bg : Leemage/Delius ; 117 c : Kharbine-Tapabor/Collection IM ; 117 b : GHFP/Keystone-France ; 118 h, cd : Roger-Viollet/Branger ; 118 bg : Roger-Viollet/Boyer ; 119 : Leemage/Delius ; 120, 122 : Roger-Viollet/ND ; 123 : Leemage/Delius ; 124 hg : AKG-Images/P. Almasy ; 124/125 hd : Roger-Viollet ; 124 b : Roger-Viollet/Boyer ; 125 cd, b : Leemage/Delius ; 126 hd : Leemage/Selva ; 126 g : Roger-Viollet ; 126 bd : Roger-Viollet/Harlingue ; 127 h : GHFP/Keystone-France ; 127 c : Roger-Viollet/Harlingue ; 127 b : Roger-Viollet/Branger ; 128 : GHFP/Rapho/R. Doisneau ; 129 h : Roger-Viollet/Lapi ; 129 g : Roger-Viollet ; 129 bd : Leemage/Delius ; 130 h, bd : Roger-Viollet ; 130/131 h : Kharbine-Tapabor/Collection IM ; 131 h : Roger-Viollet ; 131 b : Roger-Viollet/Henri Martinie ; 132 hg : GHFP/Rapho/W. Ronis ; 132 cd : GHFP/Keystone-France ; 132 b : Leemage/Selva ; 133 h, bg : Roger-Viollet/Harlingue ; 133 bd : Leemage/Selva ; 134-135 : Photographies Collection Christophe Monnaye ; 138/139 : GHFP/Rapho/J. Niepce ; 140 h : Roger-Viollet ; 140/141 b : Roger-

Viollet/CAP ; 141 h : Kharbine-Tapabor/Collection IM ; 141 b : Notrefamille.com ; 142 : Roger-Viollet ; 143 h : Roger-Viollet/Boyer ; cg : Notrefamille.com ; bd : Roger-Viollet/CAP ; 144/145 hd, 144 g : Écomusée Creusot-Montceau ; 145 hd : RUE DES ARCHIVES/Tallandier ; 145 bd : Roger-Viollet ; 146 h : Kharbine-Tapabor/Coll. S. Kakou ; 146 b, : Roger-Viollet/Boyer ; 147, 148 : Roger-Viollet ; 149 h : Kharbine-Tapabor ; 149 b : Notrefamille.com ; 150 h : Musée de la vie bourguignonne Perrin Puycousin, Dijon/F. Perrodin ; 150 b : Roger-Viollet ; 51 hd : GHFP/Rapho-Top/J. Ph. Charbonnier ; 151 cg : RMN/SHMCEM ; 151 b : Leemage/Selva ; 152 hg, b : Kharbine-Tapabor ; 152 hd : Kharbine-Tapabor/Collection IM ; 153 : GHFP/Keystone-France ; 154/155 : GHFP/Rapho/J. Niepce ; 156 hg : Roger-Viollet/Harlingue ; 156 hd : Fonds photographique de la Société Potain SAS ; 156 b : Roger-Viollet/Lapi ; 157 h : Roger-Viollet ; 157 b : Roger-Viollet/CAP ; 158 : RMN/SHMCEM/H. Tremaud/DR ; 159 h : Roger-Viollet/Boyer ; 159 b : RMN/SHMCEM/L. Margerit/DR ; 160/161 : Kharbine-Tapabor ; 161 h : Roger-Viollet/LL ; b : Photos12.com ; 162 hg : GHFP/Rapho/J. Niepce ; 162/163 b : RMN/SHMCEM/P. Soulier/DR ; 163 hg : Roger-Viollet ; 163 hd : Roger-Viollet/CAP ; 163 b : RMN/SHMCEM/G. Pison/DR ; 164 g : Roger-Viollet/Lapi ; 164/165 d, 166 hg, b : Roger-Viollet ; 166 cd : Collection Frederic Gravier ; 167 h, bd : Roger-Viollet/LL ; 167 cg : Roger-Viollet/Boyer ; 168-169 : Photographie Conservatoire SEB, Lyon ; 172/173 : CartoBreizh ; 174/175 h : RUE DES ARCHIVES/Varma ; 174 b : CRI Nancy-Lorraine ; 175 h : Kharbine-Tapabor/Collection IM ; 175 b : Photos12.com ; 176 h : Roger-Viollet/Boyer ; 176/177 b : Kharbine-Tapabor/Collection IM ; 177 h : CRI Nancy-Lorraine/Engref (Nancy) ; 177 b : CRI Nancy-Lorraine ; 178 hg : Roger-Viollet/Boyer ; 178 d : CRI Nancy-Lorraine/R. d'Avril ; 178 bg : Kharbine-Tapabor/Collection IM ; 179, 180 hg, 180/181 bd : Roger-Viollet/Boyer ; 180 b : GHFP/Keystone-France ; 181 h : Kharbine-Tapabor/Collection IM ; 181 b : CRI Nancy-Lorraine/J. Scherbeck ; 182 h : CartoBreizh ; bg : Roger-Viollet ; 182 bd : Roger-Viollet/ND ; 183 hd : Roger-Viollet/Harlingue ; 183 d : CRI Nancy-Lorraine/J. Grand-Montagne ; 183 bd : Roger-Viollet ; 184/185 : CRI Nancy-Lorraine ; 185 h : Roger-Viollet ; 185 b : Notrefamille.com ; 186 h : CRI Nancy-Lorraine/J. Scherbeck ; 186 b : CRI Nancy-Lorraine ; 187 h : CRI Nancy-Lorraine/J. M. Althuser ; 187 b : GHFP/Top-Rapho/E. Boubat ; 188 h : GHFP/Keystone-France ; 188 bg : Roger-Viollet ; 189 h : Roger-Viollet/Harlingue ; 189 d : Leemage/Selva ; 189 cg : Photos12.com ; 190/191 h : GHFP/Keystone-France ; 190 g : CRI Nancy-Lorraine/J. Scherbeck ; 190 b : GHFP/Keystone-France ; 191 hd : CRI Nancy-Lorraine/J. Scherbeck ; 191 b : Bibliothèque nationale universitaire de Strasbourg ; 192/193 hd : Collection Privée ; 192 ch : Roger-Viollet/Boyer ; 192 b : Collection Privée ; 193 bg : GHFP/Keystone-France ; 193 bd : GHFP/Rapho/A. Gamet ; 194 h : Roger-Viollet/Boyer ; 194 g : Notrefamille.com ; 194 bd : Collection A. Grégoire ; 195 : Notrefamille.com ; 196 h : GHFP/Rapho/A. Gamet ; 196 b : CRI Nancy-Lorraine ; 197 : GHFP/Rapho/W. Ronis ; 198 g : GHFP/Rapho/A. Gamet ; 198/199 d : CRI Nancy-Lorraine/P. Quirin ; 199 : Roger-Viollet/Boyer ; 200 hd : GHFP/Keystone-France ; 200 g : Roger-Viollet ; 200 bd : Photos12.com ; 201 hd : CRI Nancy-Lorraine ; 201 g : CRI Nancy-Lorraine/J. Riston ; 201 bd : Collection A. Grégoire ; 202/203 : Roger-Viollet/LL ; 204 h : Photos12.com ; 204 b : Kharbine-Tapabor ; 205 : Collection A. Grégoire ; 206-207 : Photographie Collection Gérard Triboulot ; 207 bd : Notrefamille.com ; 210/211 : RUE DES ARCHIVES/PVDE ; 212 : Roger-Viollet ; 213 h : Roger-Viollet/J. Boyer ; 213 b : CartoBreizh ; 214 h : Roger-Viollet/Boyer ; 214/215 b : Kharine-Tapabor ; 215 hg, d : Roger-Viollet/Boyer ; 215 bg : CartoBreizh ; 216 g : Roger-Viollet/CAP ; 216/217 d : Roger-Viollet/J. Boyer ; 217 h : Collection SRD ; 217 b : RUE DES ARCHIVES/PVDE ; 218/219 : RMN/SHMCEM/J.P. Delagarde/E. Chery ed, ; 220/221 h : Kharbine-Tapabor/Collection IM ; 220 bg : Photos12.com ; 220 bd : GHFP/Keystone-France ; 221 h : GHFP/Rapho/A. Gamet ; 221 b : Leemage/Delius ; 222 : Roger-Viollet/ND ; 223 h : Roger-Viollet/J. Boyer ; 223 b : Roger-Viollet ; 224 hd : Collection SRD ; 224 g : Collection Privée ; 225 : Collection SRD ; 226/227 h : AFP/STF ; 226 c : L'ILLUSTRATION ; 226 b : PARISMATCH/SCOOP/M. JARNOUX ; 227 c : AFP/STF ; 227 b : L'ILLUSTRATION ; 228 g : GHFP/Rapho/J. Niepce ; 228/229 d : Roger-Viollet/J. Boyer ; 230 : Roger-Viollet ; 231 : Musée municipal, Parthenay, Fonds Cordier, n° inv. 988.1.173 ; 232 hd : GHFP/Keystone-France ; 232 bg : Leemage/Gusman ; 232 bd : Roger-Viollet ; 233 h : Leemage/Selva ; 233 bg : Roger-Viollet ; 233 bd : RMN/SHMCEM/J.P. Delagarde/Yvon ; 234 g, 234/235 b : Collection Privée ; 234/235 c, : RUE DES ARCHIVES/PVDE ; 235 h : GHFP/Keystone-France ; 235 d : Roger-Viollet/ Boyer ; 236 : Roger-Viollet/CAP ; 237 hg, d : GHFP/Keystone-France ; 237 bg : Roger-Viollet/J. Boyer ; 238 h : GHFP/Rapho/R. Doisneau ; 238 b : Roger-Viollet ; 239 h : Kharbine-Tapabor/Collection IM ; 239 c : Roger-Viollet/Lipnitzki ; 239 b : Roger-Viollet/LL ; 240 hg, d : GHFP/Keystone-France ; 240 b : Roger-Viollet/Harlingue ; 241 h : Leemage/Selva ; 241 c : Roger-Viollet ; 241 b : RUE DES ARCHIVES/PVDE ; 242 hg : CartoBreizh ; 242 hd : GHFP/Keystone-France ; 242/243 d : Leemage/Delius ; 242 b : RMN/SHMCEM/J. Guiraud ; 243 h : CartoBreizh ; 244 - 245 : Photographie Collection Historique Hennessy ; 248/249 : Jean Dieuzaide ; 250 h : BITP/Laboratoire GEODE-CNRS/Collection Jean-Paul Métailié ; 250/251 b : RMN/SHMCEM/MTIL/DR ; 251 h : RUE DES ARCHIVES/Varma ; 251 b, 252 h : RMN/SHMCEM/J.P. Delagarde ; 252 cg : RMN/SHMCEM/E. Carrère ed. ; 252 bd : Kharbine-Tapabor/Collection IM ; 253 h : Collection N. Dijoux ; 253 b : Collection S. Roca ; 254/255 : RMN/SHMCEM/J.P. Delagarde/G. Malroux ; 256 hd : Collection Vincent Cauquil ; 256 cg : Kharbine-Tapabor ; 256 b : GHFP/Top-Rapho/É. Boubat ; 257 h : Kharbine-Tapabor/Collection IM ; 257 cd : Roger-Viollet/Ch. Hurault ; 257 b : Collection Olivier Prioux ; 258 : Roger-Viollet ; 259 h : GHFP/Keystone-France ; 259 bg : Archives départementales de Haute-Garonne ; 259 bd : RMN/SHMCEM/Frères Labouche, Toulouse ; 260/261 h, 261 cg : Roger-Viollet/Branger ;